Modernes Russisch

Für den schulischen Russischunterricht

von
Ursula Gardeia, Monika Gerber, Rainer Groh, Ludger Hüls,
Wolfgang Lücke, Hans-Christoph Pocha, Christa Salzl,
Gudrun Sauter, Irina Schieweck, Monika Schuster, Ludmilla Tzschach
und Irmgard Wielandt

1
OKNO

Ernst Klett Verlag
Stuttgart Düsseldorf Leipzig

Modernes Russisch - ОКНО 1

für den schulischen Russischunterricht in Klasse 7 und 8 bzw. Klasse 9

von
Dr. Ursula Gardeia, Jena; Dr. Monika Gerber, Leipzig; Rainer Groh, Stuttgart; Ludger Hüls, Elchingen; Wolfgang Lücke, Kaarst; Hans-Christoph Pocha, Bottrop; Christa Salzl, Hösbach; Gudrun Sauter, Heilbronn; Irina Schieweck, Leipzig; Monika Schuster, Grimma; Ludmilla Tzschach, Königs Wusterhausen; Irmgard Wielandt, München

Muttersprachliche Beratung
Swetlana Allmendinger, Stuttgart und
Natalja Krüger, Greifswald

Visuelle Gestaltung
Alexander Lebedew, Moskau (Illustrationen)
Ilja Medowoj, Moskau (Umschlagphoto)
Beate Reichert, Bruchsal (Karten)
Hanjo Schmidt, Stuttgart (Umschlag und Layout)

Wortschatzarbeit
Dr. Bettina Neumann, Leipzig

Landeskundliche Beratung
Ljubow Jakowlewa, Schulforschungsinstitut, Moskau

Sprachkassetten

Zur Verbesserung der Aussprache empfiehlt es sich die Begleitkassetten zu diesem Lehrwerk zu verwenden.

- Kassette für Schüler und Lehrer 1, mit Lektionstexten, Gedichten und Liedern des Kernteils. Beide Seiten besprochen. Klettnummer 527444
- Kassette für Schüler und Lehrer 2, mit Texten und Liedern des Additums. Beide Seiten besprochen. Klettnummer 527445
  Lieferung durch jede Buchhandlung oder, wo dies auf Schwierigkeiten stößt, zuzüglich Portokosten per Nachnahme vom Ernst Klett Schulbuchverlag, Postfach 1170, 71398 Korb.
- Kassette für Lehrer mit Hörverstehenstexten, Ausspracheübungen, Musterlösungen etc. Beide Seiten besprochen. Klettnummer 52744
  Lieferung direkt an Lehrernde, Schulstempel erforderlich.

---

1. Auflage   1 25 24 23 22 21 | 2022 2021 2020 2019 2018

Dieses Werk folgt der reformierten Rechtschreibung und Zeichensetzung.
Alle Drucke dieser Auflage können im Unterricht nebeneinander benutzt werden, sie sind untereinander unverändert.
Die letzte Zahl bezeichnet das Jahr dieses Druckes.
© Ernst Klett Verlag GmbH, Stuttgart 1993. Alle Rechte vorbehalten.
Das Werk und seine Teile sind urheberrechtlich geschützt. Jede Nutzung in anderen als den gesetzlich zugelassenen Fällen bedarf der vorherigen schriftlichen Einwilligung des Verlages.
Hinweis zu § 52 a UrhG: Weder das Werk noch seine Teile dürfen ohne eine solche Einwilligung eingescannt und in ein Netzwerk eingestellt werden. Dies gilt auch für Intranets von Schulen und sonstigen Bildungseinrichtungen.
Internetadresse: http://www.klett.de

Redaktion: Martina Kammerer

Satz: Druckerei zu Altenburg GmbH, ehemalig Maxim Gorki-Druck GmbH, Altenburg
Repro: Repro Maurer GmbH & Co, Tübingen
Druck: AZ Druck und Datentechnik GmbH, Kempten/Allgäu
ISBN 3-12-527440-0

Inhaltsverzeichnis

Урок/Themen	* Sprechabsichten/Textsorten	* Grammatische Inhalte	Seite
Вводный курс Ein Freundeskreis in Nowgorod Nowgorod – eine alte Stadt Eine Nowgoroder Familie	– Sich und andere vorstellen – Sich begrüßen und verabschieden – Ortsangaben machen – Richtungsangaben machen – Informationen einholen und geben – Das Alphabet	– Fehlen von „ist" und „sind" – Personalpronomen im Nom. – Akk. Singular von unbelebten Substantiven – Präp. Singular von Substantiven – Nom. Plural von m. und f. Substantiven – e-Konjugation – Vaters- und Familiennamen	9
O **Школа**			23
A Играет рок-группа „Авиа" Schule und Konzert	– Informationen einholen und geben – Ein Telefongespräch führen	– и-Konjugation	24
Б В классе Fächer und Stundenplan Schulutensilien	– Zeitangaben machen – Besitzangaben machen	– Possessivpronomen мой, твой im Nom.	26
В Мой класс Lehrer und Mitschüler	– Besitzangaben machen	– I. und II. Singulardeklination von Substantiven	28
Г На уроке литературы Eine Unterrichtsstunde	– Eine Handlung wiedergeben – Vorlieben bzw. Abneigungen ausdrücken		31
Д Пойдём в школу!			33
O **Давайте считать!**		– Kardinalzahlen 0–39	34
A О Свете и Вике Gespräche über Freunde	– Altersangaben machen – Namensangaben machen – Besitzangaben machen	– Personalpronomen im Dat. und Akk. Singular – haben/nicht haben	35
Б Россия Aus der Geographie Russlands Familienbeziehungen	– Ortsangaben machen – Über die Familie sprechen		37
В В школе дискотека Aktivitäten in der Schule	– Besitzangaben machen – Anwesenheit bzw. Abwesenheit ausdrücken	– Personalpronomen im Gen., Instr. und Präp. Singular – sein/nicht sein	39
Г Надя пишет письмо Ein Brief aus dem Norden Russlands	– Einen Brief schreiben – Eine Begründung geben		42
O **Мы живём в Новгороде**			44
A Новгород – старый город Eine Stadtbesichtigung	– Informationen einholen und geben – Ortsangaben machen – Mengenangaben machen	– Adjektive im Nom. Singular und Plural – Nom. Plural von n. Substantiven – Rektion der Kardinalia 1–4	45

* Es werden bei jeder Lektion nur die wichtigsten Ziele der Texte und Übungen aufgeführt. Eine vollständige Übersicht über die Lernziele gibt das Lehrerbuch (Klettnummer 527443).

Урок/Themen		* Sprechabsichten/Textsorten	* Grammatische Inhalte	Seite
	Б Квартира Swetas neues Zimmer	— Ortsangaben machen — Ratschläge geben — Aufforderungen äußern		47

	В О вас, о нас, о них
	Wohnen in
	Nowgorod
		— Beziehungen wiedergeben
		— Vorlieben bzw. Abneigungen
		  ausdrücken
		— Aufforderungen aussprechen
			— Pluraldeklination der
			  Personalpronomen
			— Ordinalzahlen 1—20
				49

	Г Меняю квартиру Das Wohnungs- problem	— Ortsangaben machen — Eine Wohnungsanzeige lesen		52
4	О Утром, вечером и днём	— Die Uhrzeit angeben		54

	А Один день в семье
	Der Tagesablauf
	einer russischen
	Familie
		— Sagen, was man täglich macht	— Konsonantenwechsel und
			  л-Einschub bei der
			  и-Konjugation
				55

	Б Приятного аппетита! In der Schulmensa	— Speisen und Getränke		57
	В За столом Beim Mittagessen	— Mengenangaben machen — Sagen, was man gerne isst — Einen Wunsch ausdrücken	— Partitiver Gen. auf -а und -у — хотеть — von Adjektiven abgeleitete Adverbien	59
	Г Рыбалка на льду Eine winterliche Angeltour	— Eine Handlung nacherzählen — Bericht über einen Tagesablauf — Freude und Verdruss ausdrücken		61
	Д ⟨Зимой⟩	— Ein Rezept, ein Gedicht		63
5	О Свободное время	— Einen Fragebogen beantworten		64

	А Спорт, спорт, спорт
	Laras Volleyball-
	training
		— Über Freizeitgewohnheiten sprechen
		— Möglichkeiten und Fähigkeiten
		— ausdrücken
			— Konjugation reflexiver
			  Verben
			— мочь, уметь
			— Konjugation der Verben auf
			  -ова-/-ева-
				65

	Б Чем вы занимаетесь? Hobbys russischer Jugendlicher	— Vorlieben und Abneigungen ausdrücken — Kleinanzeigen lesen		67

	В В кинотеатре
	Eine Verabredung
	ins Kino
		— Eine Verabredung treffen
		— Informationen einholen und geben
		— Zeitangaben machen
		— Kinokarten kaufen
			— Singulardeklination der
			  Adjektive mit hartem
			  Stammauslaut und der
			  Ordinalia
				69

	Г ⟨У вас есть билеты?⟩	— Eintrittskarten, Programmhefte		72
	Д Моё хобби Anjas Kummer mit der Freizeit	— Vorlieben und Abneigungen ausdrücken — Begründungen geben — Falsche Aussagen richtig stellen		73
6	О Праздники	— Gratulieren		75
	А Готовимся к празднику Wowa hat Geburtstag	— Besitzangaben machen — Ortsangaben machen	— Singulardeklination der Possessivpronomen — чей, чья, чьё, чьи	76
	Б Каждый год Feiertage in Russland	— Das Datum angeben — Gratulieren und Glückwünsche aussprechen		78

Урок/Themen		* Sprechabsichten/Textsorten	* Grammatische Inhalte	Seite
В	День рождения Вовы Auf Wowas Geburtstagsfeier	− Besitzangaben machen − Bitten äußern − Eine Glückwunschkarte schreiben − Informationen über Personen einholen und geben	− свой − Singulardeklination von этот − Relativsätze mit который	80
Г	Новоселье Ein Einzugsfest	− Jemanden begrüßen − Gratulieren − Sich bedanken − Einen Trinkspruch ausbringen − Dramatische Szenen lesen und einstudieren		83
Д	‹Всего хорошего!›	− Ein Lied, ein Gedicht, ein Rätsel		85
7	0	На даче			86
	А	Как они жили Erinnerungen zweier alter Menschen	− Von Vergangenem erzählen − Gefallen und Missfallen ausdrücken − Möglichkeiten ausdrücken	− Präteritum	87
	Б	Погода и природа Wetter und Natur	− Über das Wetter sprechen		89
	В	Они построили дом Bei Sorokins auf der Datscha	− Von Vergangenem berichten − Um Erlaubnis bitten − Eine Fabel	− Gebrauch der Aspekte im Präteritum − Modale Fragen mit можно	91
	Г	Жили-были Ein Märchen	− Nacherzählen		94
8	0	Санкт-Петербург			96
	А	Все в Петербург! Ein Ausflug nach Petersburg	− Bitten und Aufforderungen äußern − Erlaubnis erbitten und geben	− Imperativ	98
	Б	Экскурсия по городу Eine Bootsfahrt auf der Newa	− Ratschläge geben − Ein Einkaufsgespräch führen − Im Restaurant bestellen	− Nom. Plural der Substantive auf -á, -я́	100
	В	Погуляйте по Петербургу Orientierung in der Stadt	− Ortsangaben machen − Nach dem Weg fragen − Sich entschuldigen	− flüchtiges -o-/-e- bei Substantiven	102
	Г	Рассказы о Петре Eine Anekdote über Peter I.	− Wissen zum Ausdruck bringen − Eine Situation beschreiben		104
9	0	В чём мы ходим в школу			106
	А	Какой цвет вы любите? Kleidung und Farben	− Personen beschreiben − Gefallen und Missfallen ausdrücken	− Instr. des Mittels	107
	Б	Какой у них характер? Bekanntschafts- anzeigen	− Personen beschreiben		109
	В	Брюки мне велики Eine Geschichte vom Einkaufen	− Einen Zustand beschreiben − Über Ähnlichkeiten sprechen − Zustimmung und Ablehnung ausdrücken	− Kurzformen der Adjektive	111

Урок/Themen			* Sprechabsichten/Textsorten	* Grammatische Inhalte	Seite
	Г	Друзья Eine Kurzgeschichte über Freundschaft	– Die eigene Meinung äußern – Personen charakterisieren		113
	Д	‹Цвет и характер›	– Zeitungsartikel, Cartoons		115
10	О	Москва вчера ... Die Geschichte Moskaus			116
	А	... и сегодня Sehenswürdigkeiten von Moskau	– Orte beschreiben	– Superlativ mit самый – Aussagesatz mit Substantiv im Instr.	117
	Б	Люди и улицы в Москве Persönlichkeiten aus Moskau	– Eine kurze Biographie verfassen – Wegbeschreibungen geben		119
	В	Москва и москвичи Tagebuchnotizen einer jungen Moskauerin	– Zeitangaben machen – Personenangaben machen	– Deklination von весь – Deklination von тот	122
	Г	Русские цари Eine historische Begebenheit	– Eine Zusammenfassung geben – Begründungen geben	– Unbestimmt-persönliche Ausdrucksweise	124
11	О	Будьте здоровы!			126
	А	Света больна Ein Arzt bei Sweta	– Über das eigene Befinden sprechen – Verhaltensregeln geben – Über ein Gespräch berichten	– можно, надо, нельзя – Indirekte Rede	127
	Б	Как ваше здоровье? Gymnastik Beim Arzt	– Über das Befinden anderer sprechen		129
	В	Куда они идут? Ein Interview über Freizeitverhalten	– Über Freizeitverhalten Auskunft geben – Über Verpflichtungen sprechen	– Verben der Bewegung: идти – ходить ехать – ездить	131
	Г	Лёля и Минька Eine Erzählung von M. Soschtschenko	– Informationen entnehmen – Eine Zusammenfassung geben – Die eigene Meinung äußern		134
12	О	Приезжайте в гости!			136
	А	Скоро каникулы Swetas Ferienpläne	– Über Pläne sprechen – Einen Brief lesen	– Einfaches und zusammen- gesetztes Futur	137
	Б	Где можно отдыхать? Urlaubsziele in Russland	– Nach Plänen fragen bzw. darüber berichten – Einen Reiseprospekt lesen – Sehenswürdigkeiten in der Heimat- stadt darstellen		139
	В	Летний отпуск Urlaubsvorberei- tungen	– Bedürfnisse ausdrücken – Bedingungen formulieren	– Unpersönlich-modale Aussagen mit нужен – Konditionalsätze – Deklination von Adjektiven mit weichem Stammauslaut	141
	Г	Мои планы на лето Eine Kurzgeschichte über Ferienpläne	– Die eigene Meinung äußern		143
	Д	‹Багаж›	– Ein Gedicht		145

Форточка	* Sprechabsichten/Textsorten	* Grammatische Inhalte	Seite
Die **Форточки** enthalten Zusatzmaterialien zu den entsprechenden Lektionen.			
Форточка 1	— Angaben zur Person machen — Ortsangaben machen — Beziehungen wiedergeben — Einen Brief lesen		146
Форточка 2	— Sich und andere vorstellen — Altersangaben machen — Nichtvorhandensein ausdrücken — Photos beschreiben		149
Форточка 3	— Informationen einholen bzw. geben — Ortsangaben machen — Besitzangaben machen — Die Zimmereinrichtung beschreiben		152
Форточка 4	— Einen Tagesablauf schildern — Über Gewohnheiten sprechen — Mengenangaben machen		155
Форточка 5	— Über sich selbst berichten — Über Freizeitgewohnheiten und Hobbys sprechen — Eine Anekdote lesen		158
Форточка 6	— Beziehungen wiedergeben — Informationen einholen und geben — Sich bedanken — Einen Tagesablauf wiedergeben — Eine lustige Geschichte lesen		161
Форточка 7	— Besitzangaben machen — Vergangenes wiedergeben — Nach Möglichkeiten fragen — Einen Comic lesen — Eine Hundegeschichte lesen		164
Форточка 8	— Bitten und Aufforderungen äußern — Vorhandensein und Nichtvorhandensein ausdrücken — Mengenangaben machen — Eine Postkarte schreiben — Einkaufsgewohnheiten in Russland kennen lernen	— I. und II. Pluraldeklination von Substantiven	167
Форточка 9	— Gefallen und Missfallen ausdrücken — Zeitangaben machen — Ein Fernsehprogramm lesen — Einen Comic lesen	— Kardinalzahlen bis 100	171
Форточка 10	— Ortsangaben machen — Wegbeschreibungen geben — Informationen einholen und geben — Jugendliche in einem Stadtteil Moskaus	— Pluraldeklination der Adjektive	174

Форточка	* Sprechabsichten/Textsorten	* Grammatische Inhalte	Seite
Форточка 11	– Erlaubnis und Verbot ausdrücken – Ratschläge geben – Russische Redensarten kennen lernen – Eine Traumgeschichte lesen		177
Форточка 12	– Bedürfnisse ausdrücken – Bedingungen formulieren – Vorsätze fassen – Ein Quiz durchführen		180

Grammatikübersichten   183
Wörter und Wendungen in Arbeitsanweisungen   186
Vokabular   187
Alphabetische Wortliste   247

Zeichenerklärung

Übungen und Übungsteile, die die Lernenden auffordern, über sich und ihre Umgebung zu sprechen.

Ausspracheübungen. Sie sind auf der CD (Klettnummer 527447) verfügbar.

Übungen, die dem erschließenden Lesen dienen.

Schreibübungen (nur im Вводный курс)

Hörverstehensaufgaben. Die Texte, auf die sich die Hörverstehensaufgaben beziehen, sind auf der CD (Klettnummer 527447) und im Lehrerbuch (Klettnummer 527443) verfügbar.

Das Stück ist auf der CD (Klettnummer 527447) verfügbar.

Das Stück ist auf der CD (Klettnummer 527447) verfügbar.

〈 〉   Übungen und Übungsteile in Winkelklammern sind fakultativ.

Diese Форточка-Übungen dienen der Vorentlastung des Kernteils. Sie sollen **vor** der Arbeit am jeweiligen Schritt der Lektion im Kernteil bearbeitet werden.

Diese Форточка-Übungen dienen der zusätzlichen Vertiefung der Pensen des Kernteils. Sie sollten **nach** der Arbeit am jeweiligen Schritt der Lektion im Kernteil bearbeitet werden.

Вводный курс

1 ШАГ   Аа Ее Ии Оо Ээ Яя Вв Кк Пп Рр Сс Тт

Аа Бб Вв Гг Дд Ее Ёё Жж Зз Ии Йй Кк
Лл Мм Нн Оо Пп Рр Сс Тт Уу Фф Хх
Цц Чч Шш Щщ Ъъ Ыы ЬьЭэ Юю Яя

1 Приве́т!

Приве́т, я Ви́ка. А э́то Ко́стя и Во́ва.

А я Све́та.

1 ШАГ

2 Кто это?

Это Костя.   Это ….

Это … и … .

3 Читайте!

Ира   Вера   Вася   Петя   Ева   Тая   Раиса   Витя   Света   Вика
Катя и Виктор   Рита и Кира   Ася и Яков   Костя и папа

4 Привет, я Света

а) Витя → Петя, Раиса   Вова → папа
Кира → Катя   Вера → Ира, Яков
Вася → Рита, Тая

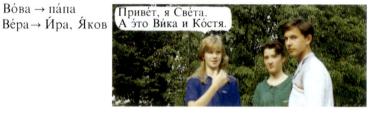

б) Я …, а это … .

5 Слушайте и говорите

а	я	и
Света	Катя	Кира
Рита	Петя	Рита
Раиса	Вася	Витя

Кто это? — Это Вова.   А кто это? — Это Костя.
Кто это? — Это Вера.   А кто это? — Это Ира.
Кто это? — Это Света.   А кто это? — Это Тая и Вася.

6 Пишите

Аа Ася, Раиса   Кк Костя, Вика   Сс Света, Костя
Вв Вова   Оо Вова   Тт Тая, Витя
Ее Ева, Вера   Пп Петя, папа   Ээ Это, это
Ии Ира, Вика   Рр Раиса, Кира   Яя Яков, Вася

2 ШАГ — Уу Бб Дд Зз Лл Мм Нн Фф ь

Аа **Бб** Вв Гг **Дд** Ее Ёё Жж **Зз** Ии Йй Кк
Лл **Мм** **Нн** Оо Пп Рр Сс Тт **Уу** **Фф** Хх
Цц Чч Шш Щщ Ъъ Ыы **Ьь** Ээ Юю Яя

1 Как тебя зовут?

а) *Дядя Федя:* Как тебя зовут?
Вика: Вика.
Дядя Федя: А как фамилия?
Вика: Фамилия — Сорокина.
Дядя Федя: А как тебя зовут?
Костя: Меня зовут Костя, Костя Сорокин.

б) *Костя:* Там Лара!
Вика: Привет, Лара!
Лара: Привет! Как дела?
Вика: Нормально. Ну, пока!
Лара: Пока!

2 А как тебя зовут?

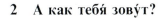

Света Орлова   Вова Коваленко   Боря Митяев   Аля Соколова
Лиля Бакланова Зина Тарасова   Вадик Яковлев Ваня Дьяков

3 Читайте

Вика — Виктория	Аля — Алла	Костя — Константин	Вадик — Вадим
Света — Светлана	Лиля — Лилия	Вова — Владимир	Ваня — Иван
Лара — Лариса	Зина — Зинаида	Витя — Виктор	
Катя — Екатерина	Ира — Ирина	Боря — Борис	

2 ШАГ

4 Диалог

Привет, Катя!
Как дела?
Ну, пока!

Привет, Зина!
Нормально.
Пока!

а) Алла – Нина
Боря – Лиля
Ира – Вадик
Костя – Ваня

б) О СЕБЕ

Зина   Катя

5 Петя и Ваня

Дядя Федя: Как …?
Петя: Меня зовут Петя.
Дядя Федя: …?
Петя: Дьяков.
Дядя Федя: …?
Петя: Это Ваня Дьяков.

6 Слушайте и говорите

[л]		[л']		[л — л']
Лара	Николаев	Лиля	фамилия	Это Лиля Бакланова.
Орлова	Алла	Аля	нормально	Это Владимир Коваленко.
Светлана	Владимир	Яковлев		Как дела, Алла? — Нормально.
Бакланов	Соколов	Коваленко		Как дела, Лиля? — Нормально.

Как тебя зовут? — Меня зовут Боря. — А как фамилия? — Митяев.
Как тебя зовут? — Меня зовут Ваня. — А как фамилия? — Дьяков.
Как тебя зовут? — Меня зовут Зина. — А как фамилия? — Тарасова.

7 Пишите

Бб Боря, тебя   Лл Лиза, Алла   Уу зовут
Дд Дима, дела   Мм Мая, Вадим   Фф Федя, фамилия
Зз Зина, зовут   Нн Нина, меня   ь нормально

12 двенадцать

3 ШАГ   Йй Гг Цц Чч Шш

Аа Бб Вв **Гг** Дд Ее Ёё Жж Зз Ии **Йй** Кк
Лл Мм Нн Оо Пп Рр Сс Тт Уу Фф Хх
Цц Чч Шш Щщ Ъъ Ыы Ьь Ээ Юю Яя

1 Но́вгород

Гид: Э́то центр. Э́то парк, а э́то кремль.
Тури́ст: А что э́то? Э́то собо́р?
Гид: Да, э́то собо́р.
Тури́ст: А э́то теа́тр?
Гид: Нет, э́то не теа́тр, а музе́й.

3 ШАГ

2 Гид и город

а) *Турист:* Что это?
   Гид: Это кремль.
б) *Турист:* Это собор?
   Гид: Нет, это не собор,
       а музей.

3 Читайте

Новгород   Москва́   Санкт-Петербу́рг
Омск   Новосиби́рск   Ирку́тск
Росто́в   Влади́мир   Су́здаль
Ки́ев   Минск

Во́лга   Дон
Обь   Енисе́й
Ле́на   Аму́р
Днепр

4 Слу́шайте и говори́те

[о]		[ʌ]		[е]	[иᵉ]
по́чта	о́зеро	вокза́л	Бори́с	библиоте́ка	теа́тр
шко́ла	Бо́ря	собо́р	Никола́ев	Ковале́нко	река́
го́род	Ко́стя	пока́	Орло́в	нет	меня́
стадио́н	Во́ва	норма́льно		приве́т	дела́
				Све́та	тебя́

Это Бори́с? — Да, это Бори́с.
Это Ла́ра? — Да, это Ла́ра.
Это кремль? — Да, это кремль.
Это парк? — Да, это парк.

Это Зи́на? — Нет, это не Зи́на, а И́ра.
Это Ко́стя? — Нет, это не Ко́стя, а Во́ва.
Это клуб? — Нет, это не клуб, а библиоте́ка.
Это о́зеро? — Нет, это не о́зеро, а река́.

5 Пиши́те

Г г Город, Новгород   *Ч ч Читайте, почта*
Й й музей   *Ш ш Школа, школа*
Ц ц Центр, центр

4 ШАГ — Ёё Ыы Жж Хх

Аа Бб Вв Гг Дд Ее **Ёё Жж** Зз Ии Йй Кк
Лл Мм Нн Оо Пп Рр Сс Тт Уу Фф **Хх**
Цц Чч Шш Щщ Ъъ **Ыы** ЬьЭэ Юю Яя

1 Вот они́

Вот Во́ва. Он идёт в клуб.
Э́то Ла́ра. Она́ идёт в библиоте́ку.
А куда́ иду́т Ве́ра Макси́мовна и тури́ст?
Они́ иду́т в музе́й.

2 Куда́ они́ иду́т?

Образе́ц: Во́ва → клуб
Куда́ идёт Во́ва? — Он идёт в клуб.

а) Же́ня → шко́ла
   тури́ст → музе́й
   Ла́ра → библиоте́ка

б) Ве́ра и Ра́иса → центр
   Пе́тя и Ва́ня → шко́ла
   Бо́ря и па́па → кинотеа́тр

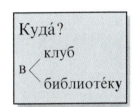

Куда́?
в < клуб
    библиоте́ку

3 Авто́бус в центр

Вот авто́бус. Он е́дет в центр.
Э́то спортсме́н. Он е́дет на стадио́н.
Ви́ка и Ко́стя е́дут на о́зеро.

4 Куда́ они́ е́дут?

а) *Образе́ц:* авто́бус → центр
   Куда́ е́дет авто́бус?
   — Он е́дет в центр.

   Ви́тя → клуб
   ма́ма и Зи́на → шко́ла
   гид и тури́ст → музе́й
   Ва́дик → библиоте́ка

б) *Образе́ц:* Ви́ка и Ко́стя → о́зеро
   Куда́ е́дут Ви́ка и Ко́стя?
   — Они́ е́дут на о́зеро.

   Ри́та → по́чта
   спортсме́н → стадио́н
   Све́та → о́зеро
   тури́ст → вокза́л

Куда́?
на < стадио́н
     вокза́л
     по́чту
     о́зеро

5 В или НА?

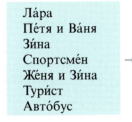  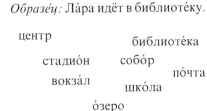

Ла́ра
Пе́тя и Ва́ня
Зи́на
Спортсме́н
Же́ня и Зи́на
Тури́ст
Авто́бус

→ е́дет / е́дут
  идёт / иду́т

→ в
  на

Образе́ц: Ла́ра идёт в библиоте́ку.

центр   библиоте́ка
стадио́н   собо́р
вокза́л   по́чта
               шко́ла
о́зеро

4 ШАГ

6 Слушайте и говорите

[ф] в парк, в кремль, в клуб
в театр, в школу, в центр
Дима едет в клуб, а Витя едет в кино.

[в] в библиотеку, в музей, в Москву
в Новгород, в Омск
Аня едет в Минск, а Оля едет в Омск.

7 Привет, ребята!

а) *Миша:* Привет, ребята!
Петя: Привет, Миша! Как дела?
Миша: Нормально.
Петя: Куда ты идёшь?
Миша: Я иду в центр.
А вы? Куда вы идёте?
Ваня: Мы идём домой. Пока!
Миша: Пока!

б) *Света:* Привет, ребята!
Вика: Привет, Света! Как дела?
Света: Спасибо, хорошо.
Куда вы едете?
Костя: Мы едем на озеро.
А куда ты едешь?
Света: Я? Я тоже еду на озеро.
Вика: Здорово, поедем вместе!

8 Идти

1. — Лара, куда ты **идёшь**?
— В библиотеку. А вы?
— Мы ... в клуб.
2. — Привет, Алла! Мы ... в музей.
Пойдём вместе!
— Нет, спасибо, ребята.
Я ... в клуб.
3. — Ребята, вы ... в кинотеатр?
— Нет, мы ... в парк. Там Лиля.
Она ... в кинотеатр.
4. — Вот ... Боря и Витя. А там Миша.
— Привет, Миша! Куда ты ...?
— Я ... в центр. А куда вы ...?
— Мы ... на стадион. Пока!

9 Ехать

1. — Ребята, вы ... домой?
— Нет, мы ... в кинотеатр.
2. Зина и мама ... в школу. Вот автобус. Но он ... не в школу, он ... на вокзал.
3. — Привет, Ваня! Куда ты ...?
— Домой. А ты?
— Я ... на озеро.
4. — Папа, мама! Куда вы ...?
— В центр. Мама ... в музей, а я ... на почту.
5. — Лара, куда ты ...?
— На стадион.
— Хорошо, мы тоже ... на стадион. Поедем вместе!

ШАГ 4

10 Диалог

Образец:
Ира: Привет, Петя! Привет, Ваня!
Петя: Привет, Ира!
Ира: Куда вы идёте?
Ваня: В школу. А куда ты идёшь?
Ира: Я тоже иду в школу.
Петя: Хорошо, пойдём вместе.

1. Витя — Боря / Толя 🚌 → стадион
2. Вика — Костя / Юра 🚌 → озеро
3. Наташа / Миша 👟 → кинотеатр
4. Лара / Аня — Рита 👟 → библиотека
5. Женя / Саша 🚌 → парк
6. Зина / Вадим 👟 → почта

11 Читайте

12 Слушайте и говорите

з		с	
Зина	музей	Саша	собор
зовут	озеро	Света	спасибо
Лиза	здорово	Ася	стадион

Шла Саша по шоссе и сосала сушку.

13 Пишите

Ё ё Стёпа   Х х Хорошо! ехать

Ж ж Женя, тоже   ы мы

семнадцать 17

5 ШАГ   Юю

Аа Бб Вв Гг Дд Ее Ёё Жж Зз Ии Йй Кк
Лл Мм Нн Оо Пп Рр Сс Тт Уу Фф Хх
Цц Чч Шш Щщ Ъъ Ыы Ьь Ээ **Юю** Яя

1 Где они́?

Во́ва в клу́бе.
Он игра́ет.

Ве́ра Макси́мовна в музе́е.
Она́ там рабо́тает. Она́ гид.

А Ла́ра в библиоте́ке.
Она́ чита́ет.

Что де́лают Све́та,
Ви́ка и Ко́стя на о́зере?
Они́ там отдыха́ют.
Све́та и Ви́ка игра́ют,
а Ко́стя слу́шает му́зыку.

А где Пе́тя и Ва́ня?
Они́ до́ма.
Они́ не отдыха́ют,
а де́лают уро́ки.

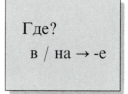

Где?
в / на → -е

2 Кто? Где? Что?

Образе́ц: Во́ва / клуб / игра́ть   Во́ва в клу́бе. Он игра́ет.

1. Пе́тя и Ва́ня / до́ма / де́лать уро́ки
2. Ве́ра Макси́мовна / музе́й / рабо́тать
3. спортсме́н / стадио́н / игра́ть
4. тури́ст / парк / отдыха́ть
5. Ко́стя / о́зеро / слу́шать му́зыку
6. Зи́на и Ва́ся / шко́ла / чита́ть
7. И́ра и Ми́ша / клуб / отдыха́ть
8. Ла́ра / библиоте́ка / чита́ть

3 Что они́ де́лают?

Образе́ц: Во́ва рабо́тает до́ма.

Во́ва   Пе́тя и Ва́ня   Све́та   Ви́ка и Ко́стя   Дя́дя Фе́дя

ШАГ 5

4 На о́зере

Во́ва: Приве́т, ребя́та! Что вы де́лаете?
Све́та: Что за вопро́с! Мы де́лаем уро́ки.
Во́ва: Ха-ха-ха! Вы не зна́ете, где Ко́стя?
Ви́ка: Вот он. Слу́шает му́зыку.
Во́ва: Эй, стари́к! Что слу́шаешь?
Ко́стя: Рок-конце́рт.
Во́ва: Дава́й игра́ть в бадминто́н!
Ко́стя: В бадминто́н? В бадминто́н не игра́ю. Дава́йте игра́ть в волейбо́л!
Ви́ка, Све́та и Во́ва: Дава́йте!

5 Что ты де́лаешь? Что вы де́лаете?

Образе́ц:
— Ва́дик, что ты де́ла**ешь**?
— Я де́ла**ю** уро́ки.
— Ребя́та, что вы де́ла**ете**?
— Мы слу́ша**ем** му́зыку.

1. — Ла́ра, что ты де́ла…?
   — Я отдыха́….
2. — Ребя́та, что вы де́ла…?
   — Чита́… и слу́ша… му́зыку.
3. — Ка́тя, И́ра, вы де́ла… уро́ки?
   — Нет, мы игра́….
4. — Са́ша, что ты де́ла…?
   — Я де́ла… уро́ки.
5. — Ребя́та, вы отдыха́…?
   — Да, отдыха́….
   — А что вы де́ла…?
   — Игра́….
6. — Ви́тя, ты де́ла… уро́ки?
   — Нет, я чита́….
   — А что ты чита́…?
   — Робинзо́н Кру́зо.

6 Слу́шайте и говори́те

[р]			[р']
Ра́иса	го́род	парк	приве́т
рок	хорошо́	конце́рт	кремль
И́ра	норма́льно	теа́тр	тури́ст
Ве́ра	спортсме́н	центр	стари́к

Карл укра́л у Кла́ры кора́ллы,
Кла́ра укра́ла у Ка́рла кларне́т.

— Вы не зна́ете, где шко́ла? — Да, зна́ем. Вот она́.
— Ты не зна́ешь, где о́зеро? — Да, зна́ю. Вот оно́.
— Вы не зна́ете, где музе́й? — Да, зна́ем. Вот он.
— Ты не зна́ешь, где по́чта? — Да, зна́ю. Вот она́.
— Вы не зна́ете, где кремль и собо́р? — Да, зна́ем. Вот они́.

7 Пиши́те

Ю ю Юра и Юля читают.

девятна́дцать 19

6 ШАГ   Щщ ъ

Аа Бб Вв Гг Дд Ее Ёё Жж Зз Ии Йй Кк
Лл Мм Нн Оо Пп Рр Сс Тт Уу Фф Хх
Цц Чч Шш **Щщ Ъъ** Ыы Ьь Ээ Юю Яя

1 Сорокины

отец: Борис Петрович Сорокин
сын: Константин

мать: Вера Максимовна Сорокина
дочь: Виктория

Борис Петрович — журналист. Вера Максимовна — гид. Они работают в центре.
Вика и Костя ещё не работают. Вика — ученица, а Костя — ученик.
Они живут в Новгороде.
Вова, Лара и Света тоже живут в Новгороде.
Вика, Костя и Света живут в одном подъезде.

2 Кто они?

1. Кто Борис Петрович Сорокин?
2. А кто Вера Максимовна Сорокина?
3. Вика и Костя работают?
4. Где живут Сорокины?
5. А Вова, Лара и Света? Где они живут?
6. Где живут Вика, Костя и Света?

3 Имя — отчество

отец: **Борис** Петрович
сын: Константин **Борисович**   дочь: Виктория **Борисовна**

Как отчество?

Иван	Иванович	Андрей	Андреевич
	Ивановна		Андреевна
Максим	...	Николай	Николаевич
Константин	...		Никола...
Владимир	...	Сергей	...
⚠ Пётр	Петрович	Алексей	...
	...	Дмитрий	...

ШАГ 6

4 Ве́ра Макси́мовна расска́зывает

Вот тури́сты в Но́вгороде. Ве́ра Макси́мовна расска́зывает:
„В Но́вгороде кремль, институ́ты, шко́лы, па́рки и библиоте́ки."
Вот что в Но́вгороде:

5 Чита́йте

Гид рабо́тает в кремле́. Журнали́ст рабо́тает на ра́дио.
Фото́граф рабо́тает в фотоателье́.
Инжене́р рабо́тает на фа́брике. Архите́ктор рабо́тает в бюро́.
Фи́зик рабо́тает в институ́те. Профе́ссор рабо́тает в университе́те.

6 Слу́шайте и говори́те

ы	и	и — ы
тури́сты	уро́ки	Тигр игра́ет в ка́рты.
спортсме́ны	па́рки	Мы чита́ем в библиоте́ке.
шко́лы	библиоте́ки	Фи́зик рабо́тает в Ми́нске.
учени́цы	ученики́	
Соро́кины	фи́зики	

Ти́ше, мы́ши,
кот на кры́ше,
а котя́та — ещё вы́ше.

Э́то Ви́ка.
Ви́ка де́лает уро́ки.

Э́то Бори́с Петро́вич.
Бори́с Петро́вич чита́ет.

Э́то Ве́ра Макси́мовна.
Ве́ра Макси́мовна рабо́тает.

Ла́ра идёт домо́й.   И Пе́тя идёт домо́й.
Ми́ша е́дет на о́зеро.   И Зи́на е́дет на о́зеро.
Ма́ма отдыха́ет.   И па́па отдыха́ет.

В Но́вгороде клу́бы, па́рки и стадио́ны.
В Москве́ кремль, собо́ры и теа́тры.
В Но́вгороде живу́т Соро́кины, Све́та и Во́ва.

7 Пиши́те

Щ щ ещё   ъ подъезд

6 ШАГ

8 Ру́сский алфави́т

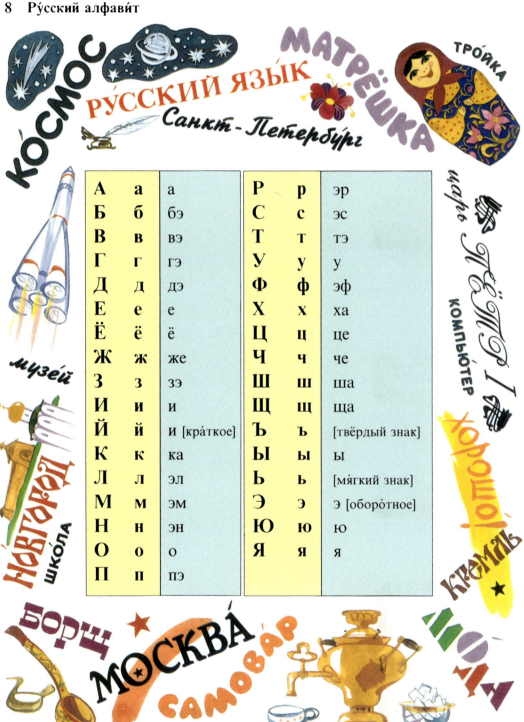

А	а	а	Р	р	эр
Б	б	бэ	С	с	эс
В	в	вэ	Т	т	тэ
Г	г	гэ	У	у	у
Д	д	дэ	Ф	ф	эф
Е	е	е	Х	х	ха
Ё	ё	ё	Ц	ц	це
Ж	ж	же	Ч	ч	че
З	з	зэ	Ш	ш	ша
И	и	и	Щ	щ	ща
Й	й	и [кра́ткое]	Ъ	ъ	[твёрдый знак]
К	к	ка	Ы	ы	ы
Л	л	эл	Ь	ь	[мя́гкий знак]
М	м	эм	Э	э	э [оборо́тное]
Н	н	эн	Ю	ю	ю
О	о	о	Я	я	я
П	п	пэ			

Урок 1 Школа

Урок 1 ◆ A Играет рок-группа „Авиа"

1 Пойдём в школу! Пойдём на концерт!

а) Утром Вика и Света стоят в подъезде. Они говорят о Москве.

Света: Жить в Москве интересно! Там живут друг и подруги, там театры, концерты ...
А Новгород – это провинция!

Вика: Ну, что ты говоришь, Света! В Новгороде тоже интересно. Ты только ещё плохо знаешь город!

Света: А вот Костя идёт. Привет, Костя!

Костя: Привет! Что вы стоите? Пойдём в школу!

| группа — группу |
| песня — песню |

б) В школе. Света и Костя стоят в коридоре и смотрят на афишу.

Света: Ты любишь группу „Авиа"?

Костя: Что за вопрос! Конечно, люблю. А ты знаешь песню „До свидания"?

Света: Знаю. Давай пойдём сегодня вечером на концерт!

Костя: Хорошо. Пойдём.

в) Группа Авиа. „До свидания"
Я говорю: До свидания.
Ты говоришь: До свидания.
Он говорит: До свидания.
Она говорит: До свидания.
Мы говорим: До свидания.
Вы говорите: До свидания.
Они говорят: До свидания.
Все говорят: До свидания.
             До новых встреч!

24 двадцать четыре

Урок 1   А

2 Вопросы

1. Что делают Вика и Света утром?
2. Что говорит Света о Москве?
3. Что говорит Вика о Новгороде?
4. Что Костя и Света делают в коридоре?
5. Что говорит Костя о группе „Авиа"?
6. А вы любите рок-музыку?

3 Что они делают?

стоять: Борис ... в подъезде.
Нина и Оля тоже ...

смотреть: Саша ... на афишу.
Вера и Витя тоже ...

говорить: Денис ... о музыке.
Алексей и Катя тоже ...

4 Что ты делаешь вечером?

Вика: Алло?
Лара: Это я — Лара. Вика, это ты?
Вика: Да, я. Привет, Лара!
Лара: Привет! Что ты дела...?
Вика: Я слуша... музыку. А ты?
Лара: Я смотр... телевизор.
А Костя дома?

Вика: Нет. Он на стадионе. Там сегодня вечером игра... группа „Авиа".
Лара: Что ты говор...! Группа „Авиа" в Новгороде? Я очень люб... группу „Авиа". Давай тоже пойдём на концерт!
Вика: Хорошо. Пойдём!

... любит,
не любит,
любит!

5 Слушайте и говорите

— Ты любишь музыку? — Да, люблю.
— Ты любишь музыку? — Да, я.
— Ты любишь музыку? — Да, музыку.

а)
— Света любит Москву? — Да, ...
— Света знает Новгород? — Нет, не ... .
— Костя идёт на концерт? — Да, ...
— Вика дома? — Да, ...
— Лара знает о концерте? — Нет, не ... .

б)
— Саша говорит о музыке?
— Да, о музыке.
— Ты любишь песню „До свидания"?
— Да, очень люблю.
— Вы знаете, где они играют?
— Да, знаем.
— Костя любит песню?
— Да, Костя.
— Лара идёт на стадион?
— Нет, она едет.

двадцать пять 25

Урок 1 Б В классе

1 Неделя

а) Сегодня понедельник.

3	Понедельник
4	Вторник
5	Среда
6	Четверг
7	Пятница
8	Суббота
9	Воскресенье

б) Когда?

в понедельник
во вторник
в среду
в четверг
в пятницу
в субботу
в воскресенье

[ф]
в‿понедельник
в‿среду
в‿четверг
в‿пятницу
в‿субботу

[в:]
в‿воскресенье

2 Что Лара делает в понедельник, во вторник …?

3 – 9/X
ПН *библиотека*
ВТ *рок-концерт*
СР *волейбол*
ЧТ *телевизор*
ПТ *волейбол*
СБ *кино*
ВС *озеро*

а) *Образец:* В понедельник Лара работает в библиотеке. Во вторник она ….

 б) Что Лара рассказывает о себе?

Образец: В понедельник я работаю в библиотеке. Во вторник я ….

О СЕБЕ ‹в› *Скажите, что вы делаете в понедельник, во вторник ….*

3 Расписание

Понедельник	Вторник	Среда	Четверг	Пятница
литература	физика	история	русский язык	биология
химия	литература	физика	русский язык	математика
математика	история	математика	география	физика
биология	математика	русский язык	химия	физкультура
история	музыка	физкультура	немецкий язык	литература
	немецкий язык	химия		математика

а) Что в понедельник, во вторник …?
б) Когда физика, математика, литература, русский язык, немецкий язык?

в) Когда история, биология, химия, русский язык и математика?
Образец: История в среду.

Урок 1 Б

4 Что в классе?

слева

справа

а) *Скажите, что слева стоит / лежит / висит в классе.*

б) *Сравните:* Слева — справа
   Образец: Слева карта висит в классе. Справа тоже висит карта.
               Слева учебник лежит на столе. Справа учебник лежит на стуле.

5 Мой, моя, моё, мои — твой, твоя, твоё, твои

Спросите друг друга.
Образец: Где твои учебники? — Мои учебники? Они в сумке.

учебники, сумка, ручка, карандаш,
дневник, карты, стул, расписание,
друг, подруги, учительница, учитель

мой / твой	карандаш
моя / твоя	ручка
моё / твоё	расписание
мои / твои	учебники

6 Сравните

уч	итель
уч	ительница
уч	еник
уч	еница
уч	ебник

уро́к 1 ◆ B Мой класс

1 Э́то тетра́дь Оле́га

а)

Э́то тетра́дь Оле́га. Э́то тетра́дь учи́теля. Э́то тетра́дь Серге́я. Э́то тетра́дь Све́ты. Э́то тетра́дь Та́ни. Э́то тетра́дь Ви́ки.

б) Вот дневни́к Вади́ма. Вот дневни́к … (Ли́да, А́ся, Воло́дя, Макси́м, Ра́иса, Серге́й)

2 Что лежи́т на столе́?

Образе́ц: На столе́ лежи́т тетра́дь Оле́га.

учи́тель Оле́г Алексе́й
Ка́тя Влади́мир Наде́жда
Ви́ктор Ива́нович Алекса́ндровна
 Ди́ма

3 Кто учи́тель / учи́тельница матема́тики, фи́зики, …?

Ива́н Петро́вич | Наде́жда Алекса́ндровна | Ве́ра Серге́евна | Людми́ла Петро́вна | Влади́мир Ива́нович

Образе́ц: Ива́н Петро́вич — учи́тель му́зыки.

4 Диало́ги

— Ви́ка, ты зна́ешь Но́вгород?
— Коне́чно, зна́ю.
— А Москву́?
— Москву́ не зна́ю.

— Ве́ра, ты зна́ешь Ива́на Петро́вича?
— Да, зна́ю.
— А Людми́лу Петро́вну?
— Людми́лу Петро́вну то́же зна́ю.

— Са́ша, ты зна́ешь … (Санкт-Петербу́рг, Новосиби́рск, река́ Ле́на, го́род Омск, Ки́ев, река́ Днепр, Росто́в, река́ Аму́р …)?

— Ли́ля, ты зна́ешь … (Зи́на, Бори́с, И́ра, Ви́ктор, Ко́стя, Та́ня, Валенти́н Серге́евич, Наде́жда Бори́совна …)?

5 … лю́бит …

Ни́на лю́бит Оле́га, и Оле́г лю́бит Ни́ну. Ве́ра …

Урок 1 B

6 Записка

На уро́ке ученики́ слу́шают му́зыку Проко́фьева „Пе́тя и Волк".
А Андре́й пи́шет запи́ску: „Та́ня, пойдём сего́дня в кино́!"
Он говори́т Дени́су: „Та́не!"
Та́ня чита́ет и пока́зывает запи́ску подру́ге. Ве́ра пи́шет Та́не:
„Я сего́дня то́же иду́ в кино́." Та́ня пи́шет Ве́ре: „Пойдём вме́сте!"

7 „Телефо́н пло́хо рабо́тает"

Ри́та   Ви́ктор   Ли́да   На́дя   И́горь

| Ма́ша пи́шет Ми́ше | Са́ша пи́шет Ми́ше | Ми́ша пи́шет Ма́ше | Ма́ша пи́шет Са́ше | Как э́то, – Са́ша пи́шет Са́ше? |

Образе́ц: Ри́та говори́т Ви́ктору: Ма́ша пи́шет Ми́ше, а Ви́ктор говори́т …

8 Что они́ говоря́т?

ка́рта
телефо́н
доска́
стол
дире́ктор

9 Слу́шайте и говори́те

[к] к Оле́гу   [к] к собо́ру   [г] к доске́
     к Андре́ю   к теа́тру   к Дени́су
     к о́зеру   к па́рку   к библиоте́ке
     к учи́телю   к Све́те   к Зи́не
     к А́не   к подру́ге   к дру́гу

10 Гид пока́зывает тури́сту Но́вгород

Ве́ра Макси́мовна и тури́ст иду́т к … (авто́бус). Сего́дня они́ е́дут в центр … (го́род).
В авто́бусе Ве́ра Макси́мовна расска́зывает … (тури́ст) о … (Но́вгород). И вот они́ в …
(кремль). Ве́ра Макси́мовна пока́зывает … (тури́ст) собо́ры, теа́тр, музе́й.
Они́ иду́т к … (музе́й), но музе́й сего́дня не рабо́тает. Ве́ра Макси́мовна говори́т:
„Пойдём к … (собо́р)! Там то́же интере́сно."

B Урок 1

11 Здорово!

Вечером Света и Костя на концерте рок-группы „Авиа". Вова уже там. Он говорит с Катей. На концерте и учительница физкультуры. Она очень любит рок-музыку и песни группы „Авиа" тоже. Вот она стоит с Владимиром Ивановичем и с Валентиной Петровной и говорит о музыке, о рок-группе ...

„Авиа" играет очень хорошо. Здорово на концерте!

12 Вопросы

1. Света идёт с Викой на концерт?
2. Катя говорит с Ниной?
3. Валентина Петровна говорит с учителем музыки о рок-группе?

13 На перемене

Надежда Александровна говорит с Кост...:
1. „Что с Вик...?" — „Она сегодня работает с Иван... Петрович...."
2. „А что с Тан...?" — „Она сегодня с пап... в институте."
3. „А что с Игор...?" — „Он сегодня с Вер... Сергеевн... едет в Москву."

14 Слушайте и говорите

[с]	[с]	[з]
с учеником	с туристом	с другом
с Олегом	с фотографом	с гидом
с учителем	с Катей	с Димой
с Анной	с подругой	с дядей

15 Вместе

Образец:
Света вместе с Викой и Костей слушает музыку.

слушать музыку
Света — Вика, Костя

играть в футбол
Вова — Денис, Андрей

смотреть телевизор
Миша — Петя, Ваня

идти в кино
Таня — друг, подруга

ехать к дяде
Лара — мама, папа

Урок 1 На уроке литературы

1 „Нос"

Перемена. Вова стоит вместе с Денисом и Андреем в коридоре. Они говорят о футболе.
Звонок.
Что? Уже урок?
Ребята идут в кабинет литературы.
Учительница литературы, Надежда Александровна, пишет на доске тему урока.
Ученики читают:

> Николай Васильевич Гоголь,
> рассказ „Нос".

Вова говорит Денису:
— Ох, опять о Гоголе!
На уроке учительница рассказывает о „Носе", и ребята слушают. Только Вова не слушает:
— Сегодня футбол. Пойдём с Денисом на стадион или нет? — Вова смотрит на Дениса, но Денис слушает учительницу и не смотрит на Вову.

В кабинете висит портрет Гоголя. Вова смотрит на Гоголя. — Вот это нос!
Он берёт карандаш и рисует.

Это нос Гоголя.

А это нос Вики.

Это нос Надежды Александровны.

— Вова Коваленко, что ты там делаешь? Записку пишешь? — Учительница идёт к Вове.
— Опять рисуешь? — говорит она, — что это?

Вова смотрит на портрет Гоголя.

— Ага, это нос Гоголя, — говорит учительница, — а это?

— Нос Вики, — говорит Вова.

— А что это?

— Мм...
— Неплохо, неплохо, — говорит Надежда Александровна. Она идёт к доске и опять рассказывает о „Носе": Вот Нос едет в собор ...

►Г◄ Урок 1

2   Пра́вильно и́ли непра́вильно?

Образе́ц: Во́ва, Дени́с и Андре́й стоя́т в коридо́ре.
— Да, э́то пра́вильно.

Вова́ говори́т о волейбо́ле.
— Нет, э́то непра́вильно. Он говори́т о футбо́ле.

1. Ученики́ иду́т в кабине́т матема́тики.
2. Учи́тельницу литерату́ры зову́т Валенти́на Бори́совна.
3. Учи́тельница расска́зывает о „Но́се".
4. Во́ва не слу́шает учи́тельницу.
5. Он пи́шет запи́ску.
6. Во́ва рису́ет нос учи́тельницы.

3   Во́ва на уро́ке литерату́ры

1. Он идёт к ... (доска́).
2. Он чита́ет ... (те́ма) ... (уро́к).
3. Он не слу́шает ... (учи́тельница).
4. Он рису́ет нос ... (Го́голь).
5. Он пло́хо зна́ет ... (Го́голь).
6. Он говори́т с ... (Наде́жда Алекса́ндровна).

4   Расскажи́те об уро́ке литерату́ры

 5   Что вы лю́бите?

Образе́ц:
— Марти́на, ты лю́бишь литерату́ру?
— Нет, не о́чень.
— А матема́тику?
— Матема́тику о́чень люблю́. Э́то интере́сно.

Да, люблю́.
Да, о́чень.
Э́то (о́чень) интере́сно.

Нет, не люблю́.
Нет, не о́чень.
Э́то (о́чень) ску́чно.

Спроси́те друг дру́га.

физкульту́ра / теа́тр / ру́сский язы́к / неме́цкий язы́к / футбо́л / волейбо́л / фи́зика / бадминто́н / кино́ / му́зыка

 ‹6   Диало́ги в шко́ле›

а) На переме́не.
Кто говори́т с Ве́рой?
Что лежи́т на столе́?
Где уче́бники Ви́ки?

б) На уро́ке физкульту́ры.
Кто игра́ет в волейбо́л?
Как Андре́й игра́ет?
Что де́лают Во́ва и Са́ша?

Урок 1 Пойдём в школу!

тридцать три 33

Урок 2 Давайте считать!

0 ноль, нуль		
1 один	11 одиннадцать	21 двадцать один
2 два	12 двенадцать	22 двадцать два
3 три	13 тринадцать	…
4 четыре	14 четырнадцать	30 тридцать
5 пять	15 пятнадцать	
6 шесть	16 шестнадцать	
7 семь	17 семнадцать	
8 восемь	18 восемнадцать	
9 девять	19 девятнадцать	
10 десять	20 двадцать	

1 Сколько будет?

4 + 3 = 7   Четыре плюс три будет семь.
25 − 6 = 19 Двадцать пять минус шесть будет девятнадцать.

Сколько будет: 8 + 5; 15 − 7; 13 + 8; 18 − 5; 8 + 4; 30 − 9; 17 + 7?

2 Как дальше?

2, 4, 6, …? 5, 10, 15, …? 21, 18, 15, …? 1, 2, 4, 8, …? …

34 тридцать четыре

Урок 2   A   О Свете и Вике

1 Друзья Светы

Света и Вика живут в одном подъезде. Света из Москвы. Вика не знает, кто друзья Светы в Москве. Света показывает ей фото из Москвы.

Света: Вот это Коля. Я его уже давно знаю.
Он тоже фигурист, как и я. Ему 13 лет.
Вика: Тебе тоже 13 лет?
Света: Да.
Вика: Вот это Коля? Здорово!
А девочка слева? Кто она?
Света: Я её не знаю.

Света: Вот ещё фото. Здесь моя подруга. Её зовут Алина. Ей уже 15 лет.
Вика: А- мне тоже 15. Она фигуристка?
Света: Нет. Она играет в волейбол и любит музыку.
Вика: Я тоже люблю музыку.
А девочка справа? Кто это?
Света: Это Даша, сестра Алины. Ей только 3 года. Алина её очень любит.

Света: Вот ещё фото. Это мой тренер.
Вика: Как его зовут?
Света: Его зовут Скороверстов, Станислав Александрович. Я его хорошо знаю и часто пишу ему.
Вика: Он тебе тоже пишет?
Света: Да, пишет.
Вика: Интересно!

2 Вопросы

1. Сколько лет Свете? Что она делает?
2. Кто друг Светы в Москве? Как его зовут? Сколько ему лет?
3. Кто подруга Светы в Москве? Как её зовут? Сколько ей лет? Что она любит?
4. Что вы знаете о Вике?
5. Что вы знаете о тренере Светы?

1 год	2/3/4 года
5–20 лет	21 год	22/23/24 года

3 Сколько лет?

| Света 13 | Костя 14 | Лара 15 | Даша 3 | С. А. Скороверстов 24 | Вова 15 | Надежда Александровна 31 |

a) Сколько лет Свете? – Ей 13 лет.   б) Скажите, кому 31 год, 15, 13, 14 лет, 24, 3 года.

тридцать пять 35

A ▸ Урок 2

4 Кого вы знаете?

Спросите друг друга.
Образец: — Ты знаешь Михаила Горбачёва?   — Ты знаешь Аллу Пугачёву?
 — Да, я его знаю. — Нет, я её не знаю.

| Михаил Горбачёв | Алла Пугачёва | Николай Гоголь | Валентина Терешкова | Дмитрий Менделеев | Надежда Александровна |

5 Друзья Вики в Новгороде

Мне, тебе, ей, ему, её, его?
1. Вот друг Вики. ... зовут Вова. ... 15 лет. Вика ... давно знает. Они в одном классе. Он играет в футбол и любит математику.
2. Костя — брат Вики. ... 14 лет. Он любит рок-музыку. Света даёт ... кассету группы „Авиа".
3. Лара — подруга Вики. ... 15 лет. Она тоже с Викой в одном классе. Она часто играет в волейбол. Вика помогает ... делать уроки.
4. Лара говорит Вике: „Вот билет на стадион." Она даёт ... Вике.
5. „Света, сколько ... лет?" — „... 13 лет, а ...?" — „... 15," — говорит Вика.

6 Что говорит Вика?

а) У меня есть брат.
   У меня нет сестры, но у меня есть подруга.
   Её зовут Лара.
   И у меня есть ещё подруга. Её зовут Света.

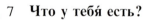

б) *Спросите друг друга.*
   — У тебя есть брат, сестра, друг, подруга?

> У меня есть брат.
>   сестра.
> У меня нет брата.
>   сестры.

О СЕБЕ

7 Что у тебя есть?

О СЕБЕ

Что у тебя в сумке, на столе, ...?

Урок 2 Б Россия

1 География

1 Нори́льск — го́род на се́вере страны́. Там о́чень хо́лодно. Температу́ра ча́сто ми́нус 30! Зимо́й там со́лнце не све́тит.

2 Москва́ — столи́ца страны́. В го́роде — река́ Москва́. В це́нтре го́рода — Кремль.

3 Санкт-Петербу́рг — на за́паде страны́. Недалеко́ от Санкт-Петербу́рга — мо́ре. В го́роде — река́ Нева́ и кана́лы. Кремля́ в Санкт-Петербу́рге нет.

4 Но́вгород — недалеко́ от Санкт-Петербу́рга, на реке́ Во́лхов и на о́зере И́льмень. В Но́вгороде то́же есть кремль, как и в Москве́.

5 Владивосто́к — го́род на мо́ре, на восто́ке страны́. Во Владивосто́ке — порт.

6 Река́ Во́лга течёт на юг, в мо́ре. Го́род Волгогра́д — на реке́ Во́лга.

7 Кавка́з — на ю́ге страны́. На Кавка́зе есть куро́рт Со́чи. Со́чи — на мо́ре.

8 А что э́то? Э́то бу́хта Ба́бушка на о́зере Байка́л.

1

2

3

4

5

6

7

8

2 Где э́то?

Образе́ц: Му́рманск — на се́вере страны́.

Му́рманск   Росто́в   Ура́л
Оренбу́рг   Ирку́тск   река́ Аму́р
Магада́н   Ту́ла   река́ Обь
Екатеринбу́рг Новосиби́рск река́ Ле́на

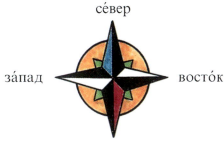

се́вер
за́пад   восто́к
юг

тридцать семь 37

Б Урок 2

3 Сорокины

Номер 1: Борис Петрович.
Номер 2: Вера Максимовна.
Они папа и мама Вики и Кости.
Вика и Костя — сестра и брат.
Номер 3: Ольга Георгиевна.
Она тётя Вики и Кости.
Номер 4: Александр Петрович.
Он дядя Вики и Кости.
Номер 5: Кузина Надя.
Номер 6: Это бабушка.
Её зовут Мария Васильевна.
Номер 7: Дедушка.
Его зовут Пётр Иванович Сорокин.

4 Семья Вики

а) Семья Вики живёт в Новгороде. Семья Нади живёт в Норильске. Но есть ещё у Вики и у Нади тёти и дяди на севере, на юге и на востоке. *Что рассказывает Вика о семье?*

Образец:
Кузина — Надя — Норильск — ученица
„У меня есть кузина. Её зовут Надя. Она живёт в Норильске. Норильск на севере страны. Надя — ученица."

1. тётя — Любовь Петровна Сорокина — Тула — инженер
2. дядя — Максим Петрович Сорокин — Владивосток — капитан
3. бабушка — Мария Васильевна Сорокина — Новгород — учительница
4. дядя — Кирилл Максимович Агеев — Кавказ — биолог
5. дедушка — Максим Кириллович Агеев — Санкт-Петербург — фотограф

О СЕБЕ

б) *Спросите друг друга. Образец:*
У тебя есть тётя? — Да, тётя у меня есть. Её зовут …. Она живёт …. Она ….
или: — Тёти у меня нет.

5 Что неправильно?

а) север	б) Москва	в) бабушка	г) Волга	д) Света
карта	Новгород	мать	Байкал	Надежда Александровна
восток	Урал	сын	Волхов	Коля
юг	Норильск	гид	Нева	Вова

6 Сравните

Вы знаете: папа Вики — журналист.

журнал — журналист
волейбол — волейболист
телефон — телефонист
футбол — футболист
гитара — гитарист
фигура — фигурист

Урок 2   В   В школе дискотека

1 У кого что есть?

Пятница. В школе дискотека. Лара и Вова помогают учительнице. Что есть у Лары и у Вовы?

Лара: кассетник, гитара, фотоаппарат, билеты

Вова: кассетник, афиши, кассеты, видеофильм

а) *Образец:* — У Лары есть кассетник? — Нет, **у неё** нет кассетника.
 — У Вовы есть кассетник? — Да, **у него** есть кассетник.

б) Надежда Александровна говорит:
— У кого есть кассетник? — У Вовы.
— У кого есть гитара? — У Лары и у Вовы нет гитары.

у кого?	у него
	у неё

2 Кто есть? Кого нет?

Вечером ребята на дискотеке.
Костя говорит с Ларой:

Костя: Света здесь?
Лара: Нет, **её нет.** У неё дома друзья из Москвы.
Костя: Вова здесь, или **его** тоже **нет?**
Лара: Он здесь.

Света	друзья из Москвы
Вова	✓
Вика	✓
Игорь	грипп
Андрей	экзамен
Таня	билеты на концерт
Ира	✓
Петя	✓
Настя	тоже грипп

Спросите друг друга.

3 Что они делают?

Что делают ребята? С кем они говорят, играют, …?

Образец: Вика говорит с Вовой. Она часто говорит **с ним.**
 Лара играет в волейбол с Таней. Она часто играет в волейбол **с ней.**

с кем?	со мной
	с тобой
	с ним
	с ней

1. Петя играет в карты с Ваней. Он часто играет в карты с … .
2. Маша говорит с Таней. Она всегда … .
3. Миша смотрит видеофильм с Ирой. Он … .
4. Борис слушает кассету с Ниной. Он … .
5. Саша говорит с Ирой: „Ты идёшь в кино со …?" Ира говорит: „С …? Да."
6. Лара делает уроки с Викой. Она … .

B Урок 2

4 Кири́лл и На́дя

а) Ребя́та говоря́т о Кири́лле и На́де.
Кири́лл и На́дя всегда́ вме́сте.
Он всегда́ ду́мает **о ней.**
А она́ то́лько говори́т **о нём.**

о ком?	обо мне́ о тебе́ о нём о ней

Он Она́	всегда́ то́лько ча́сто	ду́мает говори́т пи́шет в дневнике́ расска́зывает	о	он она́

б) На́дя и Кири́лл говоря́т:
— Ты ду́маешь **обо мне́?** — Да, я всегда́ ду́маю **о тебе́.**

5 На уро́ке физкульту́ры

Ребя́та игра́ют в волейбо́л. Есть гру́ппа Наде́жды Алекса́ндровны и гру́ппа Ива́на Петро́вича. К кому́ иду́т ребя́та? *Спроси́те друг дру́га.*

Образе́ц: К кому́ идёт Ви́ка? К ней и́ли к нему́? — **К ней.**
К кому́ идёт Дени́с? ...

к Наде́жде Алекса́ндровне	к Ива́ну Петро́вичу
Ви́ка	Ди́ма
Кири́лл	Ла́ра
Ма́ша	Дени́с
Во́ва	Та́ня

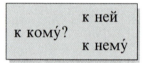

к кому́?	к ней к нему́

6 Как „А́виа"

Я говорю́ с ... (ты).   Мы говори́м с ... (Ле́на).
Ты говори́шь с ... (Бори́с). Вы говори́те с ... (он).
Он говори́т с ... (она́).   Они́ говоря́т с... (я).
Она́ говори́т с... (я).   Все говоря́т с ... (учи́тель).

7 Дава́йте, ребя́та!

а) *Образе́ц:* Во́ва? — **С ним** говори́т Ви́ка.
1. Све́та? — ... до́ма друзья́ из Москвы́.
2. На́дя? — ... все говоря́т.
3. Андре́й? — ... экза́мен.
4. Наде́жда Алекса́ндровна? — ... идёт Ви́ка.
5. И́ра? — ... Са́ша идёт в кино́.
6. И́горь? — ... грипп.

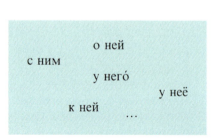

б) Су́мка? — В ней уче́бник.
Стол? — На нём тетра́дь.
Доска́? — К ней ...

Класс? Шко́ла? О́зеро? ...

Урок 2 В

8 Что спрашивает бабушка?

Костя говорит с бабушкой.
Костя: Я иду к Пете.
Бабушка: **К кому?**
Костя: К Пете. Он со мной в школе.
Бабушка: ...?
Костя: Со мной. У него есть видеофильм.
Бабушка: ...?
Костя: У него, у Пети. Это видеофильм о Менделееве.
Бабушка: ...?
Костя: О Менделееве.
Бабушка: ... это? Химик?
Костя: Да, химик.

9 Тигры

1. На востоке, во Владивостоке, живёт тигр. У ... есть подруга. Она живёт на курорте на юге. 2. Тигр часто пишет .... 3. „Ты думаешь обо ...? Ты ещё любишь ...? Здесь живёт мой друг биолог. Я часто рассказываю ... о ...."
4. Зимой во Владивостоке холодно. Тигр едет к ... на юг и отдыхает с ....
5. Он рассказывает ... о Владивостоке, показывает ... фото. 6. Подруга тигра очень любит .... 7. Она играет в карты с ..., и он идёт с ... в кино.

10 Слушайте и говорите

[л]	[л']	[ы]	[и]		
Волга	— Ольга	вы — ви:	вы — Вика
Байкал	— Норильск	ры — ри:	Крым — Рига
Ладога	— Толя	ты — ти:	ты — тигр
плохо	— Лёва	сы — си:	сын — спасибо
Калуга	— он любит	мы — ми:	мы — минус

Эй, вы, львы, не вы ли выли у Невы?

⟨11 Говорит Москва⟩

Слушайте радиопрограмму.

а) Напишите результаты футбола, гандбола, спортлото.

б) О погоде. Напишите температуру во Владивостоке, в Иркутске, в Омске, в Сочи, в Волгограде, в Санкт-Петербурге, в Москве.

сорок один 41

Урок 2 Г Надя пишет письмо

1 Письмо из Норильска

Надя — кузина Вики. Она живёт на севере, в Норильске, только год.
Вике интересно, как живёт Надя в Норильске. Надя пишет ей письмо.

Привет, Вика!

Спасибо за письмо. Тебе интересно, как здесь, на севере? Летом я очень люблю север. А зимой плохо, потому что солнце не светит. Утром мы слушаем прогноз погоды. Сегодня температура минус 35 и ветер. Минус 35 — это не очень холодно, но ветер ... это ужас!

Сегодня я не иду в школу. Почему? Потому что ветер. Зимой я очень люблю школу. Там не скучно. В школе мои друзья, и там я играю в театре. Дома скучно, только телевизор и радио. Мама и папа на работе.

В классе есть один мальчик. Его зовут Саша. Он очень любит север, хорошо знает тундру и тайгу. Он часто рассказывает мне о севере. Он живёт недалеко от меня. Сегодня я иду к нему, потому что у него фото о тундре и тайге. Мне это очень интересно!

А как дела у тебя дома и в школе? Что ты делаешь?
Привет тёте, дяде и Косте.
Пока!

Надя

2 Вопросы

1. Кто Надя? Где она живёт? Кому она пишет?
2. Что вы знаете о Норильске?
3. Кто Саша? Что он любит?

3 А почему?

1. Зимой плохо, потому что ....
2. Сегодня Надя не идёт в школу, потому что ....
3. Она любит школу, потому что ....
4. Дома скучно, потому что ....
5. Саша рассказывает о севере, потому что ....
6. Надя идёт к нему, потому что ....

Урок 2 Г

4 Письмо́ Ви́ки

Ви́ка отвеча́ет На́де. Что она́ пи́шет ей? / Приве́т, На́дя! Спаси́бо за письмо́ …

5 Соро́кины в Нори́льске и в Но́вгороде

1. Мать На́ди — О́льга Гео́ргиевна. На́дя — дочь О́льги Гео́ргиевны. 2. Оте́ц На́ди — Алекса́ндр Петро́вич, … Бори́са Петро́вича. 3. Бори́с Петро́вич — … На́ди. 4. Мари́я Васи́льевна — … Алекса́ндра Петро́вича и Бори́са Петро́вича. Она́ — … На́ди. 5. Пётр Ива́нович Соро́кин — … На́ди. 6. На́дя — … Ви́ки и Ко́сти. 7. Ве́ра Макси́мовна — … Ви́ки и Ко́сти. 8. Она́ — … На́ди.

6 Спроси́те друг дру́га

а) Мо́ре далеко́ от Нори́льска? — Нет, недалеко́.

мо́ре: Нори́льск; о́зеро Байка́л: Москва́; Санкт-Петербу́рг: Но́вгород; Со́чи: Владивосто́к; река́ Во́лга: река́ Во́лхов

б) 1. Све́та из Санкт-Петербу́рга? 2. Ви́ка из Нори́льска? 3. Тётя Любо́вь Петро́вна из Ту́лы? 4. Де́душка Макси́м Кири́ллович из Но́вгорода? 5. На́дя из Москвы́?

‹7 Пе́сня: Ми́ленький ты мой…›

Она́:
Ми́ленький ты мой,
Возьми́ меня́ с собо́й!
Там в краю́ далёком
Бу́ду тебе́ жено́й.

Он:
Ми́лая моя́,
Взял бы я тебя́,
Но там в краю́ далёком
Есть у меня́ жена́!

Она́:
Ми́ленький ты мой,
Возьми́ меня́ с собо́й!
Там в краю́ далёком
Бу́ду тебе́ сестро́й.

Он:
Ми́лая моя́,
Взял бы я тебя́,
Но там в краю́ далёком
Есть у меня́ сестра́!

Она́:
Ми́ленький ты мой,
Возьми́ меня́ с собо́й!
Там в краю́ далёком
Бу́ду тебе́ чужо́й.

Он:
Ми́лая моя́,
Взял бы я тебя́,
Но там в краю́ далёком
Чужа́я мне не нужна́!

Она́:
Ми́ленький ты мой,
Ну и чёрт с тобо́й.
Там в краю́ далёком
Есть у меня́ друго́й.

со́рок три

Урок 3 Мы живём в Новгороде

Урок 3 A Новгород — старый город

1 Вика и Костя показывают Свете Новгород

а) *Света:* Ребята, это какая улица?
Костя: Улица Солецкая. Посмотри, там маленький парк, а за парком Детинец.
Света: Детинец?
Костя: Детинец — это новгородский кремль. Это очень интересное место.
Вика: Света, а вот старая стена, за стеной — Софийский собор.
Света: Какой собор?
Вика: Софийский собор. И ещё в кремле есть большое старое здание. Это музей.
Света: А какой это музей?
Вика: Исторический музей. Там есть интересные картины и старые иконы. Пойдём в музей?
Света: В музей? Нет, спасибо, это неинтересно.
Костя: Да, конечно, только в Москве есть интересные здания и красивые места.
Вика: А скажи, что тебе интересно?
Света: Дискотеки, большие магазины, новые кинотеатры — вот это интересно!

б) *Расскажите о кремле в Новгороде.*
Какой там парк? Какая там стена? Какие здания за стеной? Какие в музее иконы и картины?

2 Какие они?

Образец: Какой это дом?   — Старый, маленький.

магазин, школа, кинотеатры, университет, вокзал, библиотека, институты, места, фабрики, дискотека, кремль, фотоателье, бюро, дом, здания, театр, музей, соборы

маленький, старый, новый, новгородский, большой, интересный, русский, исторический, красивый

3 Читайте

- Петербургские улицы, сибирские реки, московские здания, кавказские места, норильские температуры, городские стены, киевские соборы, байкальские курорты.
- Северные моря, школьные расписания, западные песни, восточные страны, южные озёра.

сорок пять 45

А Урок 3

4 Молодая бабушка

а) Бабушка гуляет в кремле. Она смотрит на собор. Там стоит группа. Бабушка думает:
„Это, наверное, ученики, а слева — учительница. Она симпатичная. Ой, нет. Это не дети. Они очень большие, а учительница очень молодая. Наверное, они все студенты."

б) А вот идёт гид. Это Вера Максимовна. Она очень любит Новгород и всё знает о нём. Город стар..., и история города интересн.... Студенты слушают гида: „Посмотрите! Это здание стар..., историческ.... Новгородский кремль очень интересн.... Софийский собор очень стар...." Бабушка тоже слушает и думает: „Сколько лет городу! Какая я ещё молод...!"

5 Света говорит с подругой из Москвы

а) *Что рассказывает Света о Новгороде?*

— Алло? Привет, Алина! Это я, Света.
— ...
— Да, в Новгороде. Ну, скажи, как живёшь? Как дела?
— ...
— Тоже нормально. Но знаешь, Новгород — это не Москва.
— ...
— Дискотеки? Есть одна дискотека, говорит Вова.
— ...
— Он мой новый друг. У меня есть уже два друга. Вова и ещё один, Костя.

— ...
— Да, новые подруги тоже есть. Две подруги, Вика и Лара. Но знаешь, здесь не как в Москве.
— ...
— В Москве всё есть: и стадион, и бассейн, а здесь ...
— ...
— Да, есть четыре стадиона и одно большое озеро. Это неплохо. Поедем летом вместе на озеро!
— ...
— Здорово! До свидания.

б) *Что говорит Алина?*

6 Что есть в городе? Что есть в деревне?

В городе		В деревне
3 (библиотека), 2 (театр) 3 (институт), 1 (компьютерный центр), 4 (музей), 1 (бассейн), 2 (почта), 1 (вокзал), 1 (дискотека), 3 (стадион)	Есть	2 (парк), 1 (почта), 2 (магазин), 1 (озеро), 2 (река)
озеро, река, парк	Нет	дискотека, кинотеатр, стадион, бассейн

7 Света о себе

Моя семья — это отец, мать и я. У меня нет брата или сестры. Есть ещё 2 бабушки, но только 1 дедушка. Они живут в Москве. Моя тётя тоже там живёт. У меня есть только 1 тётя, но 2 дяди. 1 дядя, брат мамы, живёт в Омске и 1 — брат папы — в Москве. У меня дома есть 1 собака и 1 попугай. Кота у меня нет, но у дедушки и бабушки в Москве есть 2 кота.

Урок 3 Б Квартира

1 В квартире у Светы

Лара — новая подруга Светы. Она ещё не знает квартиру Светы. Звонок. Света стоит в коридоре и говорит: „Лара! Как хорошо! Заходи, пожалуйста!"
Лара говорит: „Привет, Света! Ой, какая большая квартира!"
Света показывает Ларе всё.
Справа гостиная. Там стоит большой стол, а под столом лежит собака Светы, Шарик. На стене висят старые картины. Справа есть ещё одна комната: это спальня мамы и папы, комната с балконом, окна смотрят в парк. Прямо ванная и туалет.
И у Светы есть комната. Она рядом с кухней. Это красивая комната, тоже с балконом.
Света говорит: „Вот здесь живёт мой попугай Карудо. Но где он?" В комнате большое окно. Перед окном стоит кресло. А на кресле — Карудо. Он смотрит на улицу. Там так интересно!

2 Расскажите о квартире

1. Какая у тебя квартира/какой у тебя дом?   2. Какие комнаты в квартире/доме?
3. Какие комнаты рядом с кухней?   4. Какая у тебя комната? Куда смотрят окна?

3 Дома Лара рассказывает

Лара: Там, где живёт Света, все здания большие и красивые. В квартире большие окна, два балкона.
Аня: А какая у Светы комната? Маленькая?
Лара: Большая, с балконом.
Аня: А телевизор у неё есть?
Лара: Всё есть. Телевизор, кассетник, большой шкаф, красивые кресла, новый диван.
Отец: К чему ей всё это? А книги у неё тоже есть?
Лара: Да, конечно, есть. Они стоят на полке. Аня, ты знаешь, какие новые кассеты есть у Светы! А на стене, над столом, висит афиша рок-группы.
Бабушка: О чём ты говоришь, Лара?
Лара: О квартире Светы. Ох, бабушка! Какая у неё красивая комната!
Бабушка: Ну, что ты говоришь, Лара! У Светы всё хорошо, а здесь что? Всё плохо?
Лара: Нет, конечно. Здесь тоже неплохо. Но комната с балконом — это моя мечта.

4 Вопросы

1. О чём рассказывает Лара?
2. Что есть в квартире Светы?
3. Что есть у неё в комнате?
4. Над чем висит афиша?
5. Чего нет у Лары?
6. Что она думает о комнате Светы?

сорок семь

Б Урок 3

5   Мама в комнате Светы

Мать: Света, какой у тебя в комнате беспорядок! Картина лежит на полу. Это нехорошо. Положи её, пожалуйста, в шкаф!
Света: Мама, но в шкафу уже нет места, там живёт Карудо.
Мать: Твой попугай — в шкафу?! Ужас! А что с телевизором? Почему он стоит на диване? Поставь его в угол, на пол!
Света: Мама, на полу в углу уже нет места, там лежит Шарик.
Мать: Место Шарика в коридоре, а не здесь. И что с кассетником? Почему он под столом? Поставь его на стол! И почему твоя лампа не на столе, а под стулом?
Света: Мама, но это моя комната!
Мать: Конечно, твоя. Но поставь и положи всё на место!

6   Рядом с, над, под, перед, за?

1. Книга лежит под диваном, собака перед ним. Над диваном … .

7   Какой беспорядок!

8   Расскажите о комнате!

О СЕБЕ

1. Где у тебя в комнате шкаф, полка, стол …?
2. Что стоит на полке, что висит на стене?
3. Чего нет в комнате?
4. У тебя в комнате беспорядок?

Урок 3 B   О нас, о вас, о них

1   Семья и квартира

а) Петя и Ваня рассказывают о себе:

— Мы живём на улице Свободы. Вы нас не знаете? А мы живём здесь уже 13 лет.
У нас маленькая квартира: только три комнаты. У нас ещё два брата.
Они маленькие. С нами живёт бабушка. Она нам помогает.
Заходите к нам. У нас всегда интересно!

б) Костя и Света говорят о них:

Костя: Петя и Ваня живут с нами в одном доме. Им 13 лет. У них есть
        ещё два брата. С ними живёт бабушка. Давай пойдём к ним!
Света: Сейчас? Но я их не знаю.
Костя: Это ничего. А я их хорошо знаю. Я часто у них дома. Они мои друзья.

в) 1. Где вы живёте? Какая у вас квартира? Бабушка и дедушка с вами живут?
      Кто часто у вас дома?
   2. Расскажите о семье друга или подруги!
      Где они живут? Какая у них квартира? Бабушка и дедушка с ними живут
      в квартире?

2   Он и она

Образец: Мать любит кино и театр, а отец их не любит.

1. дедушка/бабушка — рок-музыка
2. Вика/Костя — математика и физика
3. учительница/Вова — Гоголь
4. дядя/тётя — футбол и карты
5. брат/сестра — песня „До свидания"
6. директор/учительница — радио и телевизор
7. Лара/Андрей — волейбол и бадминтон

3   Дополните

1. Вот маленькие собаки. Я … очень люблю.
2. — Вы туристы? А кто … показывает город?
3. Ученики в классе. … на уроке математики. Учитель помогает … и говорит:
   — Посмотрите на доску. Там образец.
4. — Ребята, расскажите о себе. Как … зовут, где … живёте?
5. Мои подруги живут в Москве. Я часто пишу … .
6. — Вера Максимовна, скажите, Вика и Костя часто помогают … дома?
7. — Ребята, мы не знаем, где кабинет директора. Скажите …, пожалуйста, где он.
8. — Вика, Костя, … знаете Петю и Ваню? Они живут с … в одном подъезде.
     У … есть ещё два брата.

В ▶ Урок 3

4 Какой это эта́ж?

двадца́тый
девятна́дцатый
восемна́дцатый
семна́дцатый
шестна́дцатый
пятна́дцатый
четы́рнадцатый
трина́дцатый
двена́дцатый
оди́ннадцатый
деся́тый
девя́тый
восьмо́й
седьмо́й
шесто́й
пя́тый
четвёртый
тре́тий
второ́й
пе́рвый

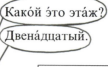

Како́й э́то эта́ж?
Двена́дцатый.

Осторо́жно!		
оди́н	1	пе́рвый
два	2	второ́й
три	3	тре́тий
четы́ре	4	четвёртый
Норма́льно		
пя́ть	5	пя́тый
де́вять	9	девя́тый
де́сять	10	деся́тый
	11	…
Ой, ой, ой!		
шесть	6	шесто́й
семь	7	седьмо́й
во́семь	8	восьмо́й

5 Слу́шайте и говори́те

[а] – [ʌ]   [о] – [ʌ]   [е] – [иᵉ]   [е] – [иᵉ]
два́дцать – двадца́тый   во́семь – восьмо́й   семь – седьмо́й   де́вять – девя́тый
                                                              де́сять – деся́тый

6 Где живёт А́нна Васи́льевна?

Перескажи́те: У Ива́на Бори́совича но́вая подру́га. Сего́дня он идёт к ней …

1	2	3
— Скажи́те, пожа́луйста, э́то како́й подъе́зд? — Второ́й. — А вы не зна́ете А́нну Васи́льевну? — Зна́ю. Она́ здесь живёт. Тре́тий эта́ж, кварти́ра двена́дцатая.	— Я к А́нне Васи́льевне. — Э́то я: Дья́кова А́нна Васи́льевна. — Ой, а я к Сенчу́к А́нне Васи́льевне. — Сенчу́к? Э́то пя́тый эта́ж, двадца́тая кварти́ра.	— Ива́н Бори́сович! Э́то вы? Как хорошо́! — А́нна Васи́льевна! Здра́вствуйте! — Заходи́те, пожа́луйста. — Спаси́бо.

50   пя́тьдесят

Урок 3

7 Кто здесь? Что здесь?

Образец:
Первая дверь слева в коридоре — это седьмой „А" класс.
Вторая дверь …

8 Какой автобус идёт в центр?

Спросите и скажите, куда идёт седьмой … автобус.

9 Где? Куда?

Образец: — Где маленький стол?	— В углу.	— Поставь его на балкон, пожалуйста.
— Где моя книга?	— На полу.	— Положи её …
— Где новый кассетник?		— Поставь …
— Где письма бабушки?		…
— Где старое кресло?		…
— Где большая лампа?		…
— Где карандаш?		…
— Где новые кассеты?		…
— Где маленький телевизор?		…

‹10 Н. Лучинский. „Большая семья"›

У меня большие дети:
Два Володи и два Пети
Три Серёжи, три Наташи,
Две Тамары и два Саши.

Есть и Миша, есть и Оля,
Есть и Гриша, есть и Коля,
По две Маши, по две Гали,
По три Тани, по три Вали.

Я большой семьи родитель.
Догадались? Я учитель.

Урок 3 Г Меняю квартиру

1 Сергей Иванович рассказывает

Воскресенье. Гуляю с собакой. Читаю объявление:

> Меняю дачу и квартиру (две комнаты, большая кухня, ванная), второй этаж, ул. Лермонтова д. 18, на 3-4 комнаты (вместе). Нина Петровна
>
> 38-12-09 38-12-09 38-12-09 38-12-09 38-12-09 38-12-09 38-12-09 38-12-09

Нина Петровна? Улица Лермонтова? А я её знаю. Понимаю, почему она меняет квартиру. У Нины Петровны большая семья, но маленькая квартира. С ней живут два мальчика: Витя — 13 лет и Володя — 10 лет, и две девочки: Марина — 8 лет
5 и Ниночка — 3 года. И это ещё не всё. У них живут и Злата, и Мультик. Злата — маленький коккер-спаниель, а Мультик — старый кот. Но нет в семье папы и мамы. Дети живут у бабушки.

Один молодой человек тоже читает объявление.
— Дача? Это интересно.
10 А я говорю ему:
— Да, интересно. Я знаю и квартиру и дачу.
— А какая у них дача?
— Маленькая, но красивая. Они её меняют, потому что она далеко от города. А машины у них нет.
15 — А почему они меняют квартиру?
— Знаете, у них в квартире нет места. Есть спальня, а там живут девочки и бабушка. И есть гостиная, а там мальчики и собака, и кот. Ужас!
И я рассказываю ему всё: как Нина Петровна живёт, как много она работает и дома, и на даче, и какая она уже старая.
20 — Понимаю. А я очень люблю работать на даче …

Среда. Гуляю с собакой. Вот Нина Петровна! Она в парке, читает газету.
— Нина Петровна! Как дела? Отдыхаете? На даче не работаете?
— Отдыхаю, Сергей Иванович. А на дачу еду только в субботу.
— Как?! Только в субботу?
25 — Теперь нам на даче помогает симпатичный молодой человек. Его зовут Андрей. Он студент, биолог. Любит работать на даче. И дети его любят. Он теперь живёт с нами.
— Как? Он живёт с вами?
— Да. В тесноте, да не в обиде. У нас на кухне есть ещё место …

2 Вопросы к тексту

1. Что вы знаете о квартире Нины Петровны?
2. Кто живёт в квартире? Что вы знаете о них?
3. Какая у них дача?
4. Почему они меняют дачу и квартиру?
5. Почему молодой человек теперь живёт у Нины Петровны?
6. Скажите, что вы ещё знаете о нём.

52 *пятьдесят два*

Урок 3

3 Сергей Иванович рассказывает дома

дача (2) – семья (1) – мальчик (1) – девочка (1) – он (1) – квартира (2) – Нина Петровна (1) – человек (1) – они (2) – место (1) – комната (2) – она (1)

Вечером Сергей Иванович дома говорит Наталье Павловне:
– Наташа, знаешь, Нина Петровна меняет ... и ....
– А на что она ... меняет?
– На 3 – 4 ... вместе. Гуляю с собакой в парке и читаю объявление. Идёт ко мне молодой ..., тоже читает и говорит: „Люблю работать на ...". А я ... рассказываю о ... и о ...; знаешь, у ... нет ....
– Да, знаю. Это большая .... Там живут два ... и две ..., а в квартире только две .... Скажи, Сергей, а собака у ... ещё есть?
– Думаю, есть. И кот тоже.

‹4 Меняем!›

Скажите, что неправильно.

1. Говорит Татьяна Алексеева.
2. Она меняет дачу.
3. У неё 4 комнаты.
4. У неё большая кухня.
5. Телефона нет.
6. Ванная большая.
7. Это шестой этаж.
8. Квартира на улице Лермонтова.

5 Что на картине?

1. Где первый мальчик?
2. Где лежит второй мальчик?
3. Сколько им лет?
4. Где стоит стол?
5. Где лежат книги?
6. Где стоит диван?
7. Где стоят второй стул и третий стул?
8. Где висит полка?
9. Кто смотрит на мальчика?
10. А на кого смотрит мальчик?

И. Е. Репин. „Перед экзаменом", 1864 г.

Урок 4 Утром, вечером и днём

1 Кото́рый час?

а) Сейча́с час.   Сейча́с два часа́.   Сейча́с четы́ре часа́.   А кото́рый час сейча́с?
Сейча́с пять часо́в.

б) *Скажи́те, кото́рый час?*

‹2 Вече́рний звон›

Ве-чер-ний звон, ве-чер-ний звон!
Как мно-го дум на-во́-дит он!

Вече́рний звон, вече́рний звон!
Как мно́го дум наво́дит он!

О ю́ных днях в краю́ родно́м,
Где я люби́л, где о́тчий дом,

И как я, с ним наве́к простя́сь,
Там слу́шал звон в после́дний раз!

Вече́рний звон, вече́рний звон!
Как мно́го дум наво́дит он!

54   пятьдеся́т четы́ре

Урок 4   A   Один день в семье

1 Это так трудно!

6 часов утра. Костя, Вика и Борис Петрович ещё спят. А Вера Максимовна встаёт, идёт на кухню и готовит завтрак. Потом встаёт Борис Петрович, а Вера Максимовна будит Костю и Вику.
В 7 часов Сорокины завтракают.
В 8 часов Костя и Вика идут в школу, а Вера Максимовна и Борис Петрович едут на работу. У Веры Максимовны интересная работа. Она её очень любит. Она гид. Она хорошо знает Новгород и интересно рассказывает о нём. Сегодня в 10 часов у неё экскурсия по городу. В час Вера Максимовна и туристы обедают в ресторане. После обеда экскурсия в кремль.

В четыре часа Вера Максимовна идёт в магазин.
В 6 часов вечера она приходит домой. Борис Петрович, Костя и Вика уже дома. Борис Петрович читает газету, Костя слушает музыку, и Вика делает уроки. Вера Максимовна готовит ужин, и в 7 часов семья сидит за столом и ужинает. После ужина Вера Максимовна убирает кухню. Вика помогает ей.
Потом Вера Максимовна отдыхает, смотрит телевизор. А в 10 часов она уже спит. Она мать и гид — это так трудно.

2 Правильно или неправильно?

1. Вера Максимовна встаёт в 6 часов утра.
2. Потом встаёт папа и будит Костю и Вику.
3. В 8 часов Костя и Вика едут в школу.
4. В 10 часов Вера Максимовна в центре города. У неё экскурсия по городу.
5. В час она обедает дома.
6. Вера Максимовна приходит домой в 4 часа.
7. Вечером Вика готовит ужин.
8. Сорокины ужинают вместе в 7 часов.
9. После ужина Вера Максимовна отдыхает, смотрит телевизор.
10. В 10 часов она спит.

3 Вера Максимовна рассказывает

„Я встаю в 6 часов и готовлю завтрак. В 7 часов я бужу Костю и Вику. После завтрака я еду на работу. У меня интересная работа. Я её очень люблю. В 6 часов вечера я прихожу домой. Я готовлю ужин, и в 7 часов мы ужинаем вместе. Как хорошо! Наконец я отдыхаю, сижу. После ужина я убираю кухню, а Вика помогает мне. В 10 часов я сплю."

Урок 4

4 Что они говорят?

1. Ваня Дьяков: „Утром папа **будит** меня, а потом я … брата." (*будить*)
2. Вика: „Я … обед, а мама … завтрак и ужин." (*готовить*)
3. Борис Петрович: „Дети … домой в 2 часа, а я … домой в 5 часов." (*приходить*)
4. Костя: „В 6 часов я ещё …, а мама уже не …" (*спать*)
5. Петя Дьяков: „Ваня … на озере и отдыхает, а я … дома и делаю уроки." (*сидеть*)
6. Лара: „Я … волейбол, а Вика и Костя … музыку." (*любить*)

5 Костя и Вика

а) *Образец:* В 7 часов Костя и Вика встают и …

О СЕБЕ

б) 1. Расскажите, когда вы встаёте, завтракаете, …!
2. Кто у вас дома готовит завтрак, обед и ужин? Кто убирает квартиру? Вы помогаете маме или папе?

6 Слушайте и говорите

1. „Папа будит меня, а я бужу брата."
2. „Борис Петрович приходит домой в 5 часов, а я прихожу домой в 6."
3. „Лара, что ты пишешь?" — „Пишу письмо."
4. „Вова, что ты смотришь?" — „Смотрю фильм."
5. „Вы любите бадминтон?" — „Люблю. А Петя и Ваня любят волейбол."
6. „Ты смотришь телевизор?" — „Нет, не смотрю. Но папа и мама смотрят."

56 *пятьдесят шесть*

Урок 4 Б Приятного аппетита!

1 Интервью в школе

В Новгороде, в школе № 27, есть новая большая столовая. В буфете работает Анна Николаевна. Сегодня Борис Петрович Сорокин говорит с ней. Сейчас час. Ученики идут на обед.

Борис Петрович: Анна Николаевна, что у вас сегодня на обед?
Анна Николаевна: Сегодня у нас суп, котлеты с пюре, салат и компот.
Борис Петрович: Все дети здесь обедают?
Анна Николаевна: Нет, не все. Но почти все завтракают в школе.
Борис Петрович: А что дети едят на завтрак?
Анна Николаевна: Они едят бутерброды или сосиски, пьют молоко, чай или кофе.
Борис Петрович: Вы готовите обед здесь в школе?
Анна Николаевна: Нет. Его готовит столовая завода.
Борис Петрович: Спасибо.
Анна Николаевна: Пожалуйста.

Столовая
Завтрак

бутерброды, сосиски
молоко, чай, кофе

Обед

суп

понедельник: котлеты с пюре, салат
вторник: сосиски с рисом, мороженое
среда: котлеты с пюре, салат
четверг: рыба с картошкой, салат
пятница: курица с рисом, мороженое

вода, лимонад, компот

Борис Петрович идёт к столу. За столом сидят девочки и мальчики.

Борис Петрович: Приятного аппетита!
Ребята: Спасибо.
Борис Петрович: Вкусно?
Девочка: Да, сегодня очень вкусный суп.
Борис Петрович: А что вы ещё едите?
Мальчик: Сегодня едим котлеты с пюре, пьём компот. Всё очень вкусно.
Борис Петрович: А ты не ешь?
Мальчик: Нет, только пью компот. Я ем дома.
Девочка: Антон ест только дома у бабушки.
Антон: Правильно. Моя бабушка всегда вкусно готовит.
Борис Петрович: Да. Дома всегда вкусно. Спасибо, ребята.

2 Новая столовая

Что Борис Петрович пишет в газете?

Вторник 10-03

Вкусные обеды в школе № 27

В школе № 27 ....
Почти все ученики ....
На завтрак они ....
Обед готовит ....

Ученики говорят, что всё ....
Но не все ученики .... Антон ест ....
Конечно, дома всегда вкусно!

Б Урок 4

3 Прия́тного аппети́та!

а) *Образе́ц:* Андре́й: „Я ем ку́рицу с ри́сом, пью компо́т."

Андрей   Ира   Боря

Таня и Катя   Стёпа и Лена

б) *Спроси́те друг дру́га, что вы еди́те и пьёте.*

О СЕБЕ Что ты ешь/пьёшь   на за́втрак/обе́д/   На за́втрак/обе́д/у́жин я ем/пью ….
        вы еди́те/пьёте   у́жин?   мы еди́м/пьём ….

4 Есть пить

1. „Что ты ешь?
   „Я ⟡ ры́бу. До́ма мы ча́сто ⟡ ры́бу."
2. „На́дя, чай и́ли ко́фе?"
   „Чай, пожа́луйста. Я не ☕ ко́фе."
3. „Ребя́та, вы не ⟡ ?"
   „Мы не ⟡ в шко́ле, мы ⟡ до́ма."
4. В рестора́не Ве́ра Макси́мовна ⟡ суп, котле́ты, моро́женое и ☕ компо́т. А тури́сты ⟡ ку́рицу с ри́сом и ☕ во́ду.
5. „Са́ша, ты не ⟡ ку́рицу?"
   „Коне́чно, ⟡ . До́ма ма́ма всегда́ вку́сно гото́вит ку́рицу."
6. „Андре́й Петро́вич, что вы ☕ у́тром, чай и́ли ко́фе?"
   „У́тром я ☕ ко́фе, а ве́чером чай."
7. „Вы не ⟡ ры́бу?"
   „⟡ . Но моя́ сестра́ не ⟡ ры́бу. Она́ не лю́бит её."

5 Чита́йте

Урок 4 B   За столом

1 Голодный как волк

Вова: Ой, ребята, я голодный как волк.
Вика: Хочешь мой суп? Пожалуйста.
Вова: Спасибо. А кусок хлеба у тебя есть?
Вика: Пожалуйста. Вот ещё котлета, хочешь?
Вова: Хочу.
Вика: Ребята, Вова очень голодный. Вы хотите ещё есть?
Костя и Света: Нет, не хотим.

Наконец, перед Вовой стоят четыре тарелки супа, две котлеты, два стакана компота, бутылка молока и чашка чаю.
Вова ест с аппетитом, потому что всё очень вкусно.
Но дома ему очень плохо. Он не хочет ужинать, пьёт только чай.

2 Вопросы

1. Почему Вика даёт Вове суп?
2. Что ещё он хочет?
3. Что наконец стоит перед Вовой?
4. Почему Вова ест с аппетитом?
5. Почему он не ужинает?

3 Хотеть

1. „Мама, где газета? Я **хочу** её читать." — „Она лежит там на столе."
2. У Вовы всегда хороший аппетит. Он всегда … есть.
3. „Ребята, вы не … смотреть телевизор?" — „… А что там идёт?" — „Рок-концерт." — „Здорово."
4. Вечером Вера Максимовна … отдыхать.
5. „Вера, ты … сосиски?" — „Нет, спасибо, я … бутерброды."
6. Солнце светит. Ребята не … делать уроки. Они … играть в парке.
7. „Вам холодно? Вы … домой?" — „Да, очень …." — „Я тоже …. Пойдём."

4 На кухне

Образец: На столе стоит стакан молока.

На столе В шкафу	стоит лежит	стакан чашка бутылка кусок тарелка килограмм литр	молоко вода компот хлеб суп картошка котлета

! чашка чаю

B Урок 4

5 Завтрак

Воскресенье, утро. Сорокины завтракают.

Папа, Костя и Вика уже сидят за **столом** в . На стоят чашки и тарелки, кофе и бутылка молока. Только хлеба ещё нет. Папа встаёт, идёт на и берёт из хлеб. Мама ещё на . Сегодня она готовит сосиски с .

Наконец и Вера Максимовна сидит за . Она сидит рядом с .

Утром Сорокины пьют кофе. Вера Максимовна любит кофе с .

Кот тоже завтракает. Он пьёт молоко из .

„Где газета?" — спрашивает Борис Петрович. „Вот она, под ," — говорит Вика. А где кот? Кот сидит под и ест .

6 Гид и туристы

Образец: В кремле **так** интересно, **что** там всегда туристы.

В кремле **так** интересно, **что**	они очень хорошо знают все улицы.
На озере **так** красиво, **что**	туристы там часто обедают.
В парке **так** хорошо, **что**	там всегда туристы.
Гиды **так** часто работают в центре, **что**	все туристы слушают.
В ресторане **так** вкусно, **что**	дети хотят играть там.
Гиды рассказывают **так** интересно, **что**	туристы отдыхают дома.
Бабушка слушает гида **так** часто, **что**	туристы хотят домой.
В музее **так** скучно, **что**	все любят отдыхать там.
На улице сегодня **так** холодно, **что**	она всё знает о кремле.

7 Она интересно рассказывает интересный рассказ

1. У Веры Максимовны **интересная** работа. Она хорошо знает город Новгород и **интересно** рассказывает о нём. (*интересный, -ая, -ое, -ые; интересно*)

интересный	рассказ
интересно	рассказывать

2. Мама Светы всегда … готовит. Сегодня она готовит Свете очень … пюре. (*вкусный, -ая, -ое, -ые; вкусно*)
3. Саша смотрит фильм о тайге. Он думает: „Почему так … рассказывают о тайге? Какая … программа!" (*скучный, -ая, -ое, -ые; скучно*)
4. На дискотеке сегодня играет новая рок-группа. Это очень … концерт, потому что ребята … играют. (*плохой, -ая, -ое, -ие; плохо*)
5. Лара смотрит волейбол. Она думает: „Какие … волейболисты! Как … они играют!" (*хороший, -ая, -ее, -ие; хорошо*)
6. У Тани новая, … квартира. Подруга говорит: „Как у вас …!" (*красивый, -ая, -ое, -ые; красиво*)

Урок 4   Г   Рыбалка на льду

1 Костя рассказывает

Воскресенье. 8 часов. Мама и папа ещё спят. Мы с Викой встаём и завтракаем.
Звонок. Это Света. Сегодня мы едем на рыбалку.
Мы — это Вова и я — хотим ловить рыбу, а Света и Вика хотят ходить на лыжах.

Вова уже на улице с ящиком. Мы едем на озеро на автобусе.
В 10 часов мы уже на озере. Дьяковы тоже на рыбалке. Рядом с ними уже лежит большая рыба.

В час мы едим бутерброды на льду. Здорово отдыхаем, только рыбы нет. Хорошо, что у нас в термосе чай, и что у меня играет кассетник.
Вова говорит: „Девочки, ещё часик, и у нас будет большая-большая рыба!"

А в 4 часа мы с Вовой ещё сидим на льду, а рыбы нет. Холодно. Ужас. Девочки хотят домой. Я тоже.
А Вова не хочет.

5 часов. Наконец мы сидим в автобусе. Дьяковы едут с нами. Они смотрят на нас и говорят: „Большой ящик у Вовы, а рыбы нет." Вова сидит и смотрит в окно. Нам холодно. Мой кассетник не работает. Кассетнику тоже холодно.

В 7 часов мы дома. На столе лежит записка: „Мы в театре. Картошка в холодильнике. Рыба у вас есть. Приятного аппетита. Мама."
Ужас! Я голодный как волк. Света и Вова сейчас вкусно ужинают, а у нас только картошка.

Звонок. Это Света. Она говорит: „Мама и папа на концерте. Пойдём ко мне! У меня очень вкусный ужин, рыбная солянка."
Как хорошо, что отец Светы тоже рыболов!

Г Урок 4

2 Перескажите

1. Утром Вика и Костя завтракают. Сегодня они едут ...

3 Что они говорят?

1. Утро. 8 часов. Костя будит Вику. Вика говорит: „Что? Вставать? **Ужас!**"
2. 10 часов. Ребята на озере. Света смотрит на озеро и говорит: „..."
3. Вова сидит и ловит, а рыбы у него нет. Костя говорит: „..."
4. Вика и Света хотят домой. Они говорят: „..."
5. Света говорит: „Давайте пойдём ко мне ужинать. — Вика и Костя говорят: „..."
6. Ребята едят солянку с аппетитом. Они говорят: „..."

Как скучно!

Очень вкусно!

Ой, как красиво!

Ужас!

Здорово, давайте!

Нам холодно!

‹4 Рыбная солянка›

Отец Светы — Николай Андреевич, мать Светы — Анна Михайловна.
Слушайте рассказ о них.

1. Что делает Николай Андреевич сегодня?
2. У него хорошая рыбалка? Почему?
3. Когда он завтракает на рыбалке? Что он ест и пьёт?
4. Почему Николай Андреевич хочет домой?
5. Когда он приходит домой? Что он делает?
6. Что он делает в 6 часов вечера? О чём думает Николай Андреевич? Почему?
7. А что с солянкой?

5 Рыба, рыба, рыба

Андрей хороший ....
Сегодня суббота, и он едет на ....
Он сидит на реке и ....
Вечером он едет домой и готовит ....

рыбный салат   рыболов

рыбалка   ловить рыбу

Урок 4 Д ‹Зимой›

1 Рецéпт: рыбная солянка

2 Афанáсий Фет. „Чýдная картúна"

Чýдная картúна,
Как ты мне роднá:
Бéлая равнúна,
Пóлная лунá,

Свет небéс высóких,
И блестящий снег,
И санéй далёких
Одинóкий бег.
(1842)

Bild, schön ohnegleichen,
Lieb mir und verwandt:
Ebene, du weiße,
Vollmond überm Land,

Licht der hohen Himmel,
Schnee — ein Funkeln, zart,
Und der fernen Schlitten
Einsam stille Fahrt.

Урок 5 Свободное время

Анкета
Что вы делаете в свободное время?

1. Что вы обычно делаете после школы?
   - а) Я отдыхаю.
   - б) Я готовлю обед.
   - в) Я делаю уроки.
   - г) Я хожу на тренировки.

2. Что вы обычно делаете вечером?
   - а) Я ужинаю.
   - б) Я пишу на компьютере.
   - в) Я смотрю телевизор или видеофильмы.
   - г) Я хожу в кино, театр или на концерт.

3. Что вы обычно делаете в субботу?
   - а) Я хожу на дискотеку.
   - б) Я всё время лежу на диване и отдыхаю.
   - в) Я читаю книги или пишу письма.
   - г) Я хожу в кафе или ресторан.

4. Что вы обычно делаете в воскресенье?
   - а) Я помогаю на кухне и ем, ем, ем …
   - б) Мы с другом или подругой гуляем по городу.
   - в) Я почти всё время сплю.
   - г) Я убираю комнату.

(Результаты на странице 207.)

Урок 5 Спорт, спорт, спорт

1 Давайте играть в волейбол!

> Алло, ребята!
> Кто хочет с нами играть в волейбол?
> Мы готовимся к игре с командой из Санкт-Петербурга. Мы встречаемся в спортзале. Тренировки в понедельник, в среду, в пятницу. Они начинаются в 16 и кончаются в 18 часов.
> Спортзал находится на улице Комарова, туда идёт шестой автобус.
>
> Лара Губина, 9 „Б".

2 Вопросы

Что спрашивают ребята у Лары?

1. — К чему вы готовитесь?
   — К игре с командой из Санкт-Петербурга.
2. — …?
   — В спортзале.
3. — …?
   — В понедельник, в среду и в пятницу.
4. — …?
   — В 16 часов.
5. — …?
   — В 18 часов.
6. — …?
   — На улице Комарова.
7. — …?
   — Шестой.

я	встреча**юсь**
ты	встреча**ешься**
он(а)	встреча**ется**
мы	встреча**емся**
вы	встреча**етесь**
они	встреча**ются**

3 Лара рассказывает о тренировке

1. Я сейчас … к игре с командой из Санкт-Петербурга.
2. Обычно тренировка … в 16 часов и … в 18 или 19 часов.
3. У нас очень хороший тренер. Мы обычно … с ним на стадионе или в спортзале.
4. Стадион и спортзал … недалеко от центра города.
5. Моя подруга Алла тоже играет в команде и … с нами к игре.
6. Я часто … с ней после школы, и мы вместе идём на тренировку.

4 Слушайте и говорите

[ц]	[ц]	[ц]
готовиться	он готовится	они готовятся
встречаться	она встречается	они встречаются
начинаться	он начинается	они начинаются
кончаться	она кончается	они кончаются
находиться	он находится	они находятся

1. Команда из Новгорода готовится к игре с командой из Санкт-Петербурга.
2. Ещё спортсмены готовятся к игре с командой из Москвы.
3. Лара встречается с Аллой. Они встречаются после школы.
4. Игра начинается уже в 15 часов. Спортзал находится в центре города.
5. „Хорошо то, что хорошо кончается."

A Урок 5

| я могу́ |
| ты мо́жешь |
| они́ мо́гут |

5 Мочь

а) *Лара:* Ой, Света, что с тобой?
Света: Мне так тру́дно! Я пло́хо понима́ю фи́зику.
Лара: Зна́ешь, мы мо́жем вме́сте де́лать уро́ки.
Света: Вот хорошо́! Ты мо́жешь уже́ сего́дня по́сле шко́лы?
Лара: Нет, я могу́ то́лько по́сле трениро́вки.
Света: Хорошо́, пока́!
Лара: Пока́!

б) 1. Там идёт шесто́й авто́бус. Ты … е́хать на нём.
2. У Вовы есть свобо́дное вре́мя. Он … игра́ть на компью́тере.
3. Что вы … де́лать в свобо́дное вре́мя?
4. Как хорошо́! Со́лнце све́тит. Мы … гуля́ть и фотографи́ровать.
5. В воскресе́нье они́ … спать до обе́да.
6. Посмотри́, Костя идёт. Сейча́с ты … с ним танцева́ть.
7. Я не … рисова́ть, потому́ что у меня́ нет карандаша́.

6 Уме́ть

а) Что они́ уме́ют де́лать? Что вы уме́ете де́лать?
Образе́ц: Лара: игра́ть в волейбо́л
Лара уме́ет игра́ть в волейбо́л, а я не уме́ю / я то́же уме́ю.

1. Вова: рисова́ть
2. Костя и Вова: игра́ть в футбо́л
3. Таня: танцева́ть
4. Ба́бушка: гото́вить
5. Света: фотографи́ровать
6. Вика и Света: ходи́ть на лы́жах
7. Бори́с Петро́вич: писа́ть на компью́тере
8. Попуга́й: говори́ть

О СЕБЕ
б) Кто в кла́ссе уме́ет хорошо́ рисова́ть, игра́ть в футбо́л, танцева́ть, гото́вить, фотографи́ровать, ходи́ть на лы́жах, игра́ть на компью́тере?

7 -ова-, -ева-

а) Кого́ они́ рису́ют? Что они́ фотографи́руют?

| ребя́та | я | вы | Света | ты | мы |

б) С кем они́ танцу́ют? *Образе́ц:* Андрей танцу́ет с Викой.

| я | тре́нер | Вика | Света | мы | Петя и Ваня | ты |
| Лара и Алла | | фигури́стка | Костя | | Андрей | он | вы | Вова |

8 Чита́йте

Консерви́ровать, реаги́ровать, фантази́ровать, импровизи́ровать, тренирова́ть, анализи́ровать, гипнотизи́ровать, дискути́ровать, опери́ровать, телефони́ровать.

Урок 5 Б Чем мы занимаемся?

1 В спортзале

а) Чем ребята занимаются в спортзале?

Образец: В понедельник ребята занимаются волейболом.
Тренировка начинается в 16 часов и кончается в 18 часов.

день	время	в спортзале
Понедельник	16 ч. – 18 ч. 18 ч. – 22 ч.	волейбол хоккей
Вторник	14 ч. – 16 ч. 16 ч. – 19 ч. 19 ч. – 22 ч.	футбол гимнастика баскетбол
Среда	13 ч. – 15 ч. 16 ч. – 18 ч.	аэробика; дзюдо волейбол
Четверг	15 ч. – 18 ч. 18 ч. – 21 ч.	гимнастика теннис
Пятница	14 ч. – 16 ч. 16 ч. – 18 ч. 19 ч. – 22 ч.	гандбол волейбол теннис
Суббота	10 ч. – 13 ч. 14 ч. – 18 ч.	аэробика; дзюдо футбол

б)
О СЕБЕ

1. Вы занимаетесь спортом?
2. Кто в классе занимается …?

2 Чем они интересуются?

Образец: Нина часто ходит в библиотеку. Она интересуется **литературой**.

1. Нина часто ходит в библиотеку.
2. Зина читает журнал „Молодой физик".
3. У Вовы есть дискеты.
4. Надежда Александровна хорошо знает Гёте, Шиллера, Гейне.
5. Костя читает журнал „Футболист"
6. Тренер Светы — теннисист.
7. Вика умеет играть на гитаре.
8. Над диваном Лары висит фото волейболиста.

3 Какое у них хобби?

*Расскажите о хобби дяди Феди, Светы, Вовы, Пети и Вани.
Начните, например, так:* Хобби дяди Феди — это рыбалка. Он очень любит …

| дядя Федя | Света | Вова | Петя и Ваня |

Б Урок 5

4 Объявления

Живу в деревне. Мне очень скучно. У меня нет подруги. Кто хочет со мной переписываться? Люблю плавать, лежать на солнце и читать.

Соня, 15 лет, тел. 10-02-05.

Я люблю кататься на велосипеде, но … не один! Какая симпатичная девушка тоже любит кататься на велосипеде? Давай кататься вместе!

Алёша, 16 лет, тел. 38-07-24.

Кто хочет со мной переписываться? Мой хобби — лёгкая атлетика, настольный теннис и современная литература. Кататься на коньках тоже люблю.

Файна, 15 лет, тел. 12-21-01.

Кто умеет хорошо играть в шахматы и хочет готовиться вместе со мной к турниру?

Оксана, 16 лет, тел. 24-02-11.

Ищу пианистку. Люблю играть на пианино в четыре руки.

Игорь, 17 лет, тел. 19-27-30.

Собираю и меняю всё: кассеты, афиши, открытки, монеты и марки.

Николай, 14 лет, тел. 25-19-01.

Какой молодой человек умеет играть на гитаре и даёт уроки?

Нина, 15 лет, тел. 25-22-00.

а) Расскажите, какие хобби у Сони, Игоря, Алёши, Николая, Оксаны, Файны и Нины.
б) Ответьте Соне, Игорю, Алёше, Николаю, Оксане, Файне или Нине.
в) Напишите объявление в газету о себе.

О СЕБЕ

5 О хобби

Спросите друг друга.
Образец: — Ты собираешь марки?
— Да, …./Нет, ….

6 Сравните

Саша — волейболист.
Лара — волейболистка.

68 шестьдесят восемь

Урок 5   В   В кинотеатре

1   Пойдём в кино!

а) *Вова:* Привет, Света! Ты что делаешь?
Света: Привет, ребята! Отдыхаю. Смотрите, у меня новый журнал. Я читаю интересный рассказ американского автора.
Костя: Давай пойдём сегодня в кино!
Света: В кино? А на какой фильм?
Вова: В „Космосе" идёт исторический фильм о Петре Первом.
Света: В „Космосе"? Это в центре города?
Костя: Нет, не в центре. „Космос" находится недалеко от новой библиотеки. Ты знаешь, где это?
Света: Знаю. В новой библиотеке работает мама Тани.
Костя: Ах, да! Ну что, пойдём?
Света: Нет, ребята. Исторические фильмы я не очень люблю. А какие кинотеатры есть ещё в Новгороде?
Вова: В кинотеатре „Родина" идёт новый американский фильм.
Света: Американский? Это, наверное, интересно!
Вова: Ну хорошо, пойдём туда!

б) Вечером Вова и Костя стоят в большом вестибюле кинотеатра „Родина". Светы ещё нет. Недалеко от них стоит девушка. Она говорит с молодым человеком. Вова смотрит на молодого человека и на симпатичную девушку. Он думает: „Какая она красивая!"
И вот, наконец, Света приходит. Но она идёт не к Вове и Косте, а к молодому человеку и красивой девушке. Потом они все вместе идут к ним. Света говорит: „Ребята, это Таня и Юра. Мы вместе каждую субботу катаемся на коньках."
Ребята идут в кинозал. Они сидят в десятом ряду. Вова сидит рядом с симпатичной Таней. Он думает: „Какой сегодня хороший день!"

2   Вопросы

а) 1. Что делает Света в парке?
2. Где находится кинотеатр „Космос?"
3. Света знает, где это? Почему?
4. Какой там идёт фильм?
5. На какой фильм идут Света, Вова и Костя?

б) 1. Где встречаются ребята вечером?
2. На кого смотрит Вова? Почему?
3. К кому идёт Света?
4. Что делают Света, Таня и Юра каждую субботу?
5. Где сидят ребята?
6. Почему Вова думает, что сегодня хороший день?

3   Это книга …

Образец: Это книга *(американский)* журналиста.
             Это книга **американского** журналиста.

1. Это музыка *(немецкая)* рок-группы.
2. Это рассказ *(молодая)* журналистки.
3. Это фото *(русский)* фотографа.
4. Это песня *(русская)* гитаристки.
5. Это фильм *(американский)* автора.
6. Это история *(старый)* города.
7. Это здание *(новая)* библиотеки.
8. Это вода из *(большое)* озера.

B Урок 5

4 Допо́лните

Образе́ц: — Све́та, что ты смо́тришь?
— Я смотрю́ **америка́нский** фильм.

1. — Дени́с, кого́ ты рису́ешь? — Я рису́ю … де́вушку.	4. — Ни́на, на кого́ ты смо́тришь? — Я смотрю́ на … челове́ка.
2. — Ребя́та, кого́ вы хорошо́ зна́ете? — Мы хорошо́ зна́ем … дире́ктора.	5. — Оле́г, кого́ ты фотографи́руешь? — Я фотографи́рую … учи́тельницу.
3. — О́ля, что ты чита́ешь? — Я чита́ю … кни́гу.	6. — Де́вушки, куда́ вы идёте? — Мы идём в … клуб.

америка́нский
краси́вый
ста́рый
но́вый
интере́сный
симпати́чный
молодо́й

5 К кому́ они́ хо́дят ка́ждый день?

Образе́ц:
Ла́ра → но́вая подру́га
Ка́ждый день Ла́ра хо́дит **к но́вой подру́ге**.

> ка́ждый день   ка́ждую неде́лю
> ка́ждый вто́рник   ка́ждую сре́ду
> ка́ждое воскресе́нье

1. студе́нты → молодо́й профе́ссор
2. ученики́ → симпати́чная учи́тельница
3. Ле́на → но́вый друг
4. волк → ста́рая ба́бушка
5. учи́тель → но́вый дире́ктор
6. молодо́й челове́к → краси́вая де́вушка

6 Кто чем занима́ется?

1. — Бори́с, ты занима́ешься … (*лёгкая атле́тика*)?
   — Да, я ка́ждый день хожу́ на трениро́вку.
2. — Де́вушки, чем вы занима́етесь в свобо́дное вре́мя?
   — Мы занима́емся … (*неме́цкий язы́к*).
3. — Ко́стя, Ви́ка, вы интересу́етесь … (*но́вый компью́тер*)?
   — Да, коне́чно.
4. — Ната́ша, ты лю́бишь занима́ться … (*совреме́нная литерату́ра*)?
   — Нет, не о́чень.
5. — Ребя́та, чем вы занима́етесь ве́чером?
   — Мы занима́емся … (*насто́льный те́ннис*).
6. — И́горь, ты интересу́ешься … (*класси́ческая му́зыка*)?
   — Да, о́чень. Класси́ческая му́зыка — э́то моё хо́бби.

7 У ка́ссы

а) *Скажи́те, что вы хоти́те.*
— Пожа́луйста, оди́н биле́т в деся́тый ряд.

КИНО
РЯД 10   МЕ́СТО 4

б) *Скажи́те, где вы сиди́те.*
— Я сижу́ в деся́том ряду́, на четвёртом ме́сте.

КИНО РЯД 2 МЕ́СТО 9	**КИНО** РЯД 8 МЕ́СТО 12	**КИНО** РЯД 15 МЕ́СТО 18	**КИНО** РЯД 21 МЕ́СТО 6	**КИНО** РЯД 32 МЕ́СТО 7

Урок 5 B

8 Вика, Костя и Лара о себе

а) Какое у меня хобби? Трудный вопрос!
Первое хобби — это музыка. Я очень интересуюсь ...
(*классическая музыка*). Умею играть на пианино и на
гитаре. ...(*каждый вторник*) и ... (*каждая пятница*)
хожу в ... (*музыкальная школа*). Я сейчас готовлюсь
к ... (*большой концерт*). Это очень трудно, но мама
всегда говорит: „Без труда не вытащишь и рыбку из
пруда!" Второе хобби у меня — это книги. Очень
люблю читать ... (*современная литература*). Часто
хожу в ... (*новая библиотека*).
Ещё я занимаюсь ... (*немецкий язык*), интересуюсь ...
(*немецкая литература*).
А знаете, что я совсем не люблю? Когда мой брат
играет на пианино. Ужас! Он умеет играть только на
кассетнике!

б) В свободное время я часто слушаю ... (*современная
музыка*). Ещё я очень интересуюсь компьютером.
Люблю играть на ... (*новый компьютер*) Вовы.
Ещё я люблю смотреть видеофильмы. Мы с Вовой
часто ходим в ... (*новый видеосалон*). Мой папа всегда
говорит, что мы очень много смотрим телевизор,
и что это очень плохо. А я думаю, что это не так.
Я очень интересуюсь спортом, занимаюсь ...
(*настольный теннис*) и футболом. А зимой люблю
ходить с другом на рыбалку. Но, к сожалению, рыба
меня не любит!

в) У меня три хобби: первое хобби — спорт, второе —
спорт, третье — тоже спорт! Я уже четыре года
занимаюсь волейболом в ... (*школьная команда*).
... (*каждый понедельник*), ... (*каждая среда*) и ...
(*каждый четверг*) хожу на тренировки. Это очень
здорово! Мы часто встречаемся с командой из
Санкт-Петербурга. Вот и сейчас готовимся к ...
(*новый турнир*).
Ещё я интересуюсь ... (*лёгкая атлетика*). Недалеко от
... (*старый центр города*) находится ... (*большой
спортзал*). Здесь мы можем заниматься не только
волейболом, но и баскетболом, гандболом, дзюдо
или ... (*настольный теннис*). Я очень люблю плавать.
Летом мы с Викой, Вовой и Костей часто ходим на
реку, а зимой в ... (*новый бассейн*). Вова и зимой
плавает в реке, он у нас морж. А мне — ой, как
холодно!

семьдесят один 71

Урок 5 «У вас есть билеты?»

Урок 5 Моё хобби

1 Почему у меня нет хобби?

Рассказывает Аня Николаева, сестра Лары.

„Почти у каждого человека есть интересное хобби. Моя подруга Нина, например, интересуется балетом. Она занимается в новгородском театре.
А Вова, друг Лары, не только хорошо рисует, но он ещё и хороший спортсмен. И у нас в семье у каждого есть хобби. Только я не знаю, чем заниматься в свободное время.
У мамы, например, золотые руки. Она очень хорошо умеет шить. Я тоже хочу шить. Каждый вечер сижу и шью юбку. Наконец показываю её маме. Но мама смотрит на юбку и потом на меня и говорит: „Аннушка, какой ужас!" Нет, думаю я, сидеть и шить — это не по мне.
Моя сестра Лара занимается спортом. Она хорошая волейболистка. Она всё время только в спортзале. А я? Как только я думаю о спорте, у меня всё болит. Заниматься спортом — это совсем не по мне.
Мой брат интересуется компьютером. Сейчас у него есть новая компьютерная игра. Он часто играет в неё. Вот и я хочу играть на компьютере. Как это здорово! Я играю час, два, три ... Но потом я не могу спать, потому что я вижу всё время цифры и фигуры. Нет, это тоже не по мне.
У папы тоже есть хобби. Он любит читать детективы. Вот и я читаю детектив. Не понимаю: кто, что, к чему, с кем, почему ...? Нет, это неинтересно!
Не понимаю, почему папа так любит детективы.
Что делать? Всё время сидеть перед телевизором? Скучно! Заниматься спортом, как Лара? Не люблю. Рисовать, как Вова? Не умею. Фотографировать? Не могу, у меня нет фотоаппарата. Почему же у меня нет интересного хобби?"

И вот день рождения Ани. Утром папа будит её и говорит: „Смотри, Аня, в коридоре сидит твой подарок."
— „Сидит?" — В коридоре она видит маленькую собаку. „Ой, какая она симпатичная! Спасибо, папа."
Теперь у Ани есть новый друг. Его зовут Джек. Каждый день она гуляет с ним в парке. Он очень любит играть с Аней, и ей с ним всегда интересно. Как хорошо, что наконец и у Ани есть хобби!

2 Вопросы

а) 1. Какое хобби у подруги Ани?
2. Чем занимается Вова?
3. Почему Аня говорит, что у мамы „золотые руки"?
4. Чем занимается сестра Ани?
5. Чем любит заниматься брат Ани?
6. Что любит делать отец Ани?
7. Какое хобби есть сейчас у Ани?

б)
О СЕБЕ

1. Чем вы интересуетесь?
2. У вас есть собака, кот или попугай?
3. Как вы думаете, у вас „золотые руки"? Что вы умеете делать?
4. У вас в семье у каждого есть хобби? Расскажите.

Урок 5

3 Аня шутит

Что неправильно в рассказе Ани?

1. У каждого есть хобби. Например, моя сестра Лара часто ходит в бассейн. Там она занимается волейболом.
2. Вова любит рисовать. Он всё время рисует: в школе, дома, когда он едет на автобусе, когда катается на велосипеде.
3. Моя подруга Нина интересуется балетом. Она сейчас готовится к игре с командой из Москвы.
4. У Кости золотые руки. Каждый вечер шьёт и шьёт. Наконец у него красивая юбка.
5. Мой брат любит играть на компьютере. Вечером он сидит перед компьютером и смотрит видеофильмы.
6. Хобби папы — литература. Он любит читать книги, кассеты и журналы.

4 Настольный календарь

Это календарь Вики, Кости, Светы, Лары или Вовы? Почему вы так думаете?

ПН	ВТ	СР	ЧТ	ПТ	СБ	ВС
тренировка 16 ч. делать уроки со Светой 19 ч.	18 ч. спортзал	тренировка 16 ч.	21 ч. рок-концерт	15 ч. игра на стадионе !!!	19 ч. кино с Викой	у Вовы день рождения 18 ч. (подарок!)

‹5 Сегодня хорошая погода›

1. Кто говорит с Кириллом?
2. Чем занимается Кирилл?
3. Что хочет делать Игорь?
4. Почему Кирилл не может идти с ним?
5. Куда он идёт вечером?
6. Кто хорошо умеет играть на гитаре?

Урок 6 Праздники

Урок 6 A Готовимся к празднику

1 Где наш подарок?

Сегодня у Вовы день рождения. У Вики и Кости есть подарок для Вовы. Но где подарок? Вика ищет его в комнате Кости.

Вика: Костя, какой беспорядок в твоей комнате!
Костя: А что ты делаешь в моей комнате?
Вика: Я ищу наш подарок для нашего Вовы.
Костя: Может, он в моём шкафу?
Вика: Здесь нет нашего подарка.
Костя: А на полке, рядом с моим кассетником?
Вика: Не с моим, а с нашим … Но здесь его тоже нет.
Мама: Что вы ищете? Ваши учебники?
Вика: Нет, мы ищем наш подарок и нашу открытку для Вовы.
Мама: Я не знаю, где ваши вещи.
Костя: Может, подарок в моей сумке?
Вика: Ах, вот он! В сумке вместе с нашей открыткой.

Вика берёт ручку и пишет: „Нашему дорогому Вовочке …!"

2 Мой, твой, наш, ваш

Что говорят Вика, Костя и Вера Максимовна? *Образец:* Где **наш** подарок?

1. Где   подарок?
2. Я ищу   открытку.
3. Это подарок для   друга Вовы.
4. Подарок лежит в   шкафу.
5. В шкафу нет   подарка.
6. В шкафу тоже нет   открытки.
7. Подарка нет рядом с   кассетником.
8. Вы ищете   учебники?
9. Я не знаю, где   вещи.
10. Костя, какой беспорядок в   комнате!
11. Подарок лежит в   сумке.
12. В сумке лежит подарок вместе с   открыткой.
13. Мы пишем открытку   другу Вове.

мой
твой
наш
ваш

3 Дополните

а) 1. У … брата день рождения. (*мой*)
   2. В … семье сегодня весело. (*наш*)
   3. После обеда я иду в кино с … кузиной. (*мой*)
   4. Ты говоришь о … новом учителе? (*ваш*)
   5. „Вова и Роман, у … кузины есть собака?" (*ваш*)
      „Да, у … кузины есть собака." (*наш*)
   6. Ты знаешь … подругу? (*мой*)

б) 1. Почему … сегодня нет в школе? (*твой брат*)
   2. Лара занимается в …? (*твой класс*)
   3. Подарок лежит рядом с …. (*моя сумка*)
   4. Они готовят ужин на …. (*наша кухня*)
   5. Мы идём к Вове с …. (*наш тренер*)
   6. Я даю … цветы. (*твоя мама*)
   7. Оксана показывает … (*наш друг/ наша открытка*)

76 семьдесят шесть

Урок 6 A

4 Дóма у Вóвы

У Вóвы гóсти из Ки́ева. Это его тётя и дя́дя, его кузи́на Оксáна и её собáка. Они спят в его кóмнате. Там стоя́т их вéщи на полý. На столé лежáт их подáрки для Вóвы. В кóмнате беспоря́док, но Вóве интерéсно и вéсело вмéсте с дя́дей и тётей, кузи́ной и её собáкой.

5 Постáвь все вéщи на мéсто!

Сегóдня мама с Вóвой убирáют квартúру. Там лежáт вéщи тёти и дя́ди, Оксáны, брáта Ромáна и пáпы.

а) *Вова:* Это сýмка Оксáны? *Вова:* Это газéта пáпы?
   Мама: Да, это её сýмка. *Мама:* Да, ...
   Вова: Это кни́га тёти и дя́ди?
   ...

Спроси́те друг дрýга.
Там ещё лежáт: подáрки, кассéта, фотоаппарáт, бутербрóды, тéрмос, откры́тки, тетрáдь, гитáра.

б) Мама говори́т Вове: „Постáвь вéщи в маши́ну *тёти и дя́ди.*"
   Образéц: Постáвь вéщи в **их** маши́ну.

   1. Положи́ тéрмос в сýмку *тёти.*
   2. Положи́ фотоаппарáт на пóлку *пáпы.*
   3. Постáвь кассéту ря́дом с кассéтником *Ромáна.*
   4. Положи́ ю́бку *Оксáны* в шкаф.
   5. Постáвь подáрки *тёти и дя́ди* на стол.
   6. Покажи́ собáке *Оксáны* туалéт.

6 Чьи это вéщи?

Спроси́те друг дрýга.
а) *Вова:* Чей это учéбник?
   Мама: Это учéбник Оксáны.
   Вова: Чья это кассéта?
   Мама: Я не знáю, чья это кассéта.

Чей		учéбник?
Чья	это	кассéта?
Чьё		фóто?
Чьи		откры́тки?

Там ещё лежáт: журнáл, сýмка, я́щик, календáрь, игрá, письмó, шоколáд, конфéты, расписáние.

б) В клáссе.
   — Чья это рýчка?   кассéта   учéбник   тетрáдь
   — Это рýчка Томаса. дневни́к   карандáш   ...

‹7 Чьи чижи́?›

На часáх сидя́т чижи́,
Кáждый час поют они́:
— Чьи — чьи — чьи ...

— Ты чей, чи́жик?
— Вы чьи, чижи́?
— Мы ничьи́, ничьи́, — отвечáют чижи́.

Урок 6 Б Каждый год

1 Открываем календарь. Начинается январь.

ФЕВРАЛЬ
МАРТ
АПРЕЛЬ
МАЙ
ИЮНЬ
ИЮЛЬ
АВГУСТ
СЕНТЯБРЬ
ОКТЯБРЬ
НОЯБРЬ
ДЕКАБРЬ

ЯНВАРЬ

а) *Спросите друг друга. Образец:*
Какой месяц после марта?
Какой месяц перед апрелем?

б) В каком месяце начинается зима, весна, лето, осень?

в) В каком месяце у вас день рождения?
А у подруги, друга, сестры, брата …?

январь	— в январе
февраль	— в феврале
сентябрь	— в сентябре
октябрь	— в октябре
ноябрь	— в ноябре
декабрь	— в декабре

2 Какое сегодня число?

Сегодня первое января.   … третье мая.   … девятое октября.
   … второе февраля.   … двадцатое августа.   … тридцатое ноября.

Скажите, какое сегодня число. 6. 8., 1. 7., 4. 10., 3. 11., 14. 8., 19. 3., 17. 6., …

3 Слушайте и говорите

а) [а]   [ʌ]   [а]   [иᵉ]
январь — третье января,   сентябрь — девятое сентября
февраль — шестое февраля   октябрь — восьмое октября
декабрь — седьмое декабря   ноябрь — второе ноября

⟨б⟩ В январе, в январе   В октябре, в октябре
много снегу на дворе.   частый дождик на дворе.
                                              (С. Маршак)

4 Календарь Вики

Спросите друг друга.
а) — Какого числа у Вовы день рождения?
   — У Вовы день рождения третьего мая.
б) Какого числа у вас день рождения?
   А у вашего папы, вашей мамы, вашей сестры, вашего брата …?

5 Праздники

31-го декабря и 1-го января русские празднуют Новый год. Дома стоит красивая ёлка. Приходят Дед Мороз и Снегурочка. Они поздравляют с Новым годом, желают здоровья, счастья, всего хорошего. Все в семье получают подарки.

7-го января русские празднуют Рождество. В квартире ещё стоит ёлка. Люди не работают, некоторые идут в церковь.

8-го марта русские празднуют Женский день. Люди не идут на работу. В Женский день дома работают не женщины, а мужчины. Они убирают квартиру и готовят обед. Мальчики им помогают. Женщины и девочки получают цветы и подарки.

Весной есть ещё один праздник. Это Пасха. Дома на столе лежат красивые яйца и куличи. Некоторые люди идут в церковь.

Как и мы, русские люди празднуют день рождения. Приходят гости, поздравляют с днём рождения, желают здоровья, счастья и всего хорошего. В день рождения всегда очень весело.

6 Вопросы

1. Что празднуют русские люди и когда?
2. Когда у нас Рождество?
3. В какой праздник русские получают подарки?
4. Скажите, как празднуют русские Новый год и 8-ое марта?

Когда?	
	В день рождения.
	На Пасху.
	На Рождество.
	На Новый год.

7 С праздником!

Образец: Лара поздравляет бабушку с Новым годом и желает ей всего хорошего.

Лара		бабушка		Новый год		
Костя и Вика		дядя		праздник		
Вова		брат		Женский день		
я	поздравлять	ты	с	Пасха	и	желать ….
ты		мы		новоселье		
мы		вы		Рождество		
вы		я		день рождения		
…		…		…		

Урок 6 ◆ В   День рождения Вовы

1 Вова празднует свой день рождения

Вечер. В квартире у Вовы гости: вот его тётя и дядя и кузина Оксана, его бабушка и дедушка и его друзья.

Вова помогает своей маме на кухне.   Лара тоже помогает его маме на кухне.
Вова говорит со своим дядей.   И Света говорит с его дядей.
Вова показывает своей бабушке подарки.   И Андрей показывает его бабушке подарки.
Вова танцует со своей кузиной.   Потом Костя танцует с его кузиной.
Вова рассказывает о своём брате.   Вика тоже рассказывает о своём брате.
— Как его зовут?   — О ком она рассказывает?

2 Обычно …, но сегодня …

1. Обычно Вова помогает **своей** маме, но сегодня **его** маме помогает Лара.
2. Обычно Вика играет на … гитаре, но сегодня на **её** гитаре играет Андрей.
3. Обычно лампа стоит на … месте, но сегодня на … месте лежит собака.
4. Обычно Вова сидит рядом со … братом, но сегодня рядом с … братом сидит дядя.
5. Обычно Таня танцует со … другом, но сегодня … Оксана.
6. Обычно папа читает … газету, но сегодня … тётя.
7. Обычно Вова спит на … диване, но сегодня … Оксана.

3 Свой или не свой

Образец:
Учебник Вовы: Сегодня Вова не читает **свой учебник, его учебник** лежит под диваном.

1. Собака Оксаны: Оксана играет со …, Света тоже играет с … .
2. Фотоаппарат тёти и дяди: Тётя и дядя не знают, где … . Они ищут … .
3. Гитара Вики: Вика играет на …, Лара тоже … .
4. Кресло дедушки: Дедушка не сидит в …, в … спит собака.
5. Подарок Оксаны: Оксана ищет … в сумке, но … уже лежит на столе.
6. Стакан Вики: Вика пьёт из …, Костя тоже пьёт из … .
7. Брат Вики: Вика сидит рядом со …, но … всё ещё говорит с Оксаной.
8. Комната Вовы: Вова убирает … комнату, Оксана тоже убирает … комнату.

‹4 Переведите›

Делать своё дело хорошо.
Ехать в Тулу со своим самоваром.
В своём доме как хочу, так и ворочу.
Всяк кузнец своего счастья.

(Неделя № 5, 2/92)

Урок 6 B

5 Подарки Вовы

Вова показывает свои подарки.
Ребята спрашивают его.

— Покажи, пожалуйста, кассету.
— Какую?
— Вот эту кассету, рок-группы „Авиа".

— Есть у тебя фото группы?
— Какой группы?
— Вот этой группы. Группы „Авиа".

— Я хочу посмотреть этот журнал.
— Какой? Вот этот, немецкий?
— Да, этот. Спасибо.

— От кого эти карандаши?
— Эти карандаши — подарок дедушки.
— Здорово!

Спросите друг друга.
Вова показывает ещё подарки: большая чашка, весёлая игра, открытка Вики и Кости, немецкие марки, новый кассетник, видеофильм от папы.

6 Напишите открытку

О СЕБЕ Напишите праздничную открытку другу, подруге, бабушке, учителю …

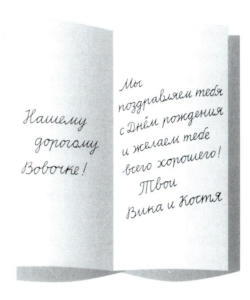

7 Сказка Бабы-Яги

1. Где эта улица, где этот дом?
2. В … доме живёт старая бабушка.
3. … старую бабушку зовут Баба-Яга.
4. С … старой бабушкой живёт … большой кот.
5. … большого кота зовут Васька.
6. Васька спит в … старом кресле.
7. … старое кресло стоит рядом с … столом.
8. За … столом сидит Баба-Яга.
9. Она смотрит в … маленькое окно.
10. За … маленьким окном она видит … красивую девочку.

8 Диалоги

а) — Я хочу пригласить тебя в кино. Пойдём?
— С удовольствием. Когда?
— Сегодня вечером в 8 часов.

б) — Я хочу пригласить вас в гости.
— Когда?
— В субботу, 22-го мая.
— К сожалению, не могу. В субботу у меня уже есть билеты в театр.

Вы хотите пригласить друга или подругу в кафе / в театр / на рыбалку / на ужин / в ресторан / на Новый год / на день рождения.

Урок 6

9 Вова, скажи!

Дедушка хочет знать, кто эти гости.

Дедушка: Скажи, Вова, кто этот мальчик, который танцует с Оксаной?
Вова: Это Костя. Он брат Вики.
Дедушка: Интересно. А кто эта девочка, с которой говорит Вика?
Вова: Это Света. Она из Москвы, но сейчас она живёт в одном подъезде с Викой.
Дедушка: А кто эта девочка, которой твоя мама показывает фото?
Вова: Её зовут Лара. Она волейболистка. Тоже ходит в 9-й класс.
Дедушка: Она очень симпатичная. А кто этот молодой человек, с которым она сейчас говорит?
Вова: Это её тренер.
Дедушка: Скажи, кто этот мужчина, для которого твой папа готовит бутерброды?
Вова: Это Максим Михайлович. Он живёт рядом с нами. Он часто ходит на рыбалку с папой.
Дедушка: А я совсем не знаю эту красивую женщину, которая стоит рядом с твоим братом.
Вова: О ком ты говоришь?
Дедушка: Я говорю о женщине, которая сейчас смотрит на нас.
Вова: Ах, дедушка, это же тётя Алиса, твоя дочь!

10 Кто это?

1. Мальчик, ... говорит с дедушкой, это Вова.
2. Люди, ... в квартире у Вовы, это гости.
3. Девочка, ... из Москвы, это Света.
4. Мальчик, с ... танцует Оксана, это Костя.
5. Мужчина, ... папа даёт бутерброды, это Максим Михайлович.
6. Молодой человек, о ... говорит дедушка, это тренер Лары.
7. Женщина, ... дедушка не знает, это тётя Алиса, его дочь.

‹11 Марк Шагал. „День рождения"›

1. У девушки, которая стоит в комнате, день рождения.
2. Девушка, ... поздравляет её друг, очень красивая.
3. Молодой человек целует девушку, ... он желает здоровья и счастья.
4. Цветы, ... она получает от него, красивые.
5. В комнате стоит стол, на ... стакан.
6. Торт, ... стоит на столе, очень вкусный.
7. Обычно девушка спит на диване, над ... висит ковёр.
8. За окном, в ... смотрит девушка, находится улица.

‹12 В кафе „Русский чай"›

Послушайте диалог. Ответьте на вопросы.

1. Кто встречается в центре города?
2. Что они делают в центре?
3. Кто хочет пригласить кого в кафе? Почему?
4. Где находится кафе?
5. Как кончается диалог?

Урок 6 Новоселье

1 Дра́ма

Пе́рвая сце́на: Ве́чер. Кварти́ра № 26. В гости́ной уже́ стоя́т и сидя́т го́сти. В углу́ стои́т самова́р. В середи́не ко́мнаты стол, на кото́ром стоя́т винегре́т, ку́рица, ры́ба,
5 котле́ты, сала́ты, огурцы́, бутербро́ды, хлеб.
Звоно́к. Ива́н Андре́евич открыва́ет дверь.

Бори́с Петро́вич: До́брый ве́чер. Мы к вам
10 на новосе́лье. Вот моя́ жена́ Ве́ра Макси́мовна, на́ша дочь Ви́ка и наш сын Ко́стя.
Все: Здра́вствуйте! До́брый ве́чер!
Ива́н Андре́евич: Заходи́те, заходи́те.
15 *Ве́ра Макси́мовна:* С удово́льствием.
Ната́лья Васи́льевна: Здра́вствуйте. Меня́ зову́т Ната́лья Васи́льевна, вот мой муж Ива́н Андре́евич, наш сын Ваню́шка и на́ша ба́бушка, моя́ ма́ма,
20 Елизаве́та Серге́евна.
Ве́ра Макси́мовна: До́брый ве́чер. Вот вам на новосе́лье.

Ве́ра Макси́мовна даёт Ната́лье Васи́льевне большо́й календа́рь.

25 *Ната́лья Васи́льевна:* Ой, как краси́во! Спаси́бо вам! Это фо́то Но́вгорода?
Ве́ра Макси́мовна: Да, это наш Но́вгород.
Бори́с Петро́вич: Поздравля́ем вас с новосе́льем!
30 *Ви́ка:* Жела́ем вам всего́, всего́ хоро́шего в но́вой кварти́ре.
Ко́стя: Здоро́вья! Сча́стья!
Елизаве́та Серге́евна: Каки́е у вас хоро́шие де́ти!
35 *Ива́н Андре́евич:* Что же вы тут стои́те? Все уже́ за столо́м. Ната́шенька, положи́ календа́рь на по́лку. Там уже́ лежа́т други́е пода́рки.

Втора́я сце́на. Го́сти сидя́т за столо́м.

Ната́лья Васи́льевна: Хоти́те ещё сала́т? 40
1-й гость: Да, пожа́луйста. О́чень вку́сно.
Ива́н Андре́евич: Вам ещё ры́бу?
2-й гость: Нет, спаси́бо, уже́ не могу́.
3-й гость: Како́й вку́сный винегре́т!
4-й гость: Как вы хорошо́ уме́ете 45 гото́вить, Ната́лья Васи́льевна.
Ната́лья Васи́льевна: Вы зна́ете, винегре́т у нас то́лько па́па гото́вит.
3-й гость: Что вы говори́те! У вас па́па гото́вит? Вы́пьем за па́пу! 50
Ива́н Андре́евич: За меня́? Нет, нет. Сего́дня у нас новосе́лье. Вы́пьем за сча́стье в этом до́ме. За вас, дороги́е го́сти.
2-й гость: За ва́ше здоро́вье, Ива́н 55 Андре́евич и Ната́лья Васи́льевна!

Все встаю́т и говоря́т: На здоро́вье!

Тре́тья сце́на.

Бори́с Петро́вич: Кварти́ра у вас неплоха́я. 60
Ива́н Андре́евич: Да, неплоха́я. Но ма́ленькая. Две ко́мнаты, и ба́бушка живёт то́же с на́ми.
1-й гость: Это ничего́. „В тесноте́, да не в оби́де". 65
Ната́лья Васи́льевна: У нас ку́хня больша́я. Это хорошо́.
2-й гость: И балко́н то́же большо́й. Ле́том он как ко́мната.
Ива́н Андре́евич: Ваню́шка да́же мо́жет 70 спать там.
Все: Ха-ха-ха.
3-й гость: Вы́пьем за балко́н.

во́семьдесят три 83

Урок 6

Четвёртая сцéна. Ребя́та сидя́т на дива́не.

Ви́ка: Ваню́шка, ско́лько тебе́ лет?
Ваню́шка: Мне 6 лет.
Ко́стя: Ты уже́ хо́дишь в шко́лу?
Ваню́шка: Ещё нет.
Све́та: С кем ты лю́бишь игра́ть?
Ваню́шка: С на́шей ко́шкой Ма́узи.
Ви́ка: У тебя́ есть ко́шка? Интере́сно. А где она́?
Ваню́шка: Не зна́ю. Наве́рное, она́ под дива́ном. Она́ всегда́ спит там.

Ребя́та и́щут под дива́ном.

Все: Ма́узи, где ты?
Ваню́шка: Вот она́!

Пя́тая сце́на.

1-й гость: Ната́лья Васи́льевна, покажи́те нам, пожа́луйста, пода́рки.
Ната́лья Васи́льевна: С удово́льствием. Вот ла́мпа. Кака́я она́ краси́вая. Большо́е вам спаси́бо.
2-й гость: А это от нас. Ча́шки.
3-й гость: Здо́рово! А кака́я это кни́га?
Ива́н Андре́евич: „Ру́сская ку́хня". Вот это пода́рок! Я о́чень люблю́ гото́вить.
Ната́лья Васи́льевна: А вот цветы́. Ах, каки́е они́ краси́вые! Спаси́бо, дороги́е го́сти.
Ива́н Андре́евич: Вот календа́рь. Почему́ он не виси́т на стене́? Здесь его́ ме́сто. Где молото́к, где гвоздь?
Ваню́шка: Вот они́.

Ива́н Андре́евич берёт молото́к и гвоздь, и ... Бах! Бух! Бац!

— Темнота́ —

Все: Что это? У́жас! Почему́ темно́? К чему́? Где? Мя́у! Ой! Ах!

— За́навес —

2 Вопро́сы к дра́ме

1. Что вы зна́ете о но́вой семье́ в до́ме?
   Как их зову́т?
   Кто живёт в кварти́ре?
   На како́м этаже́ они́ живу́т?
   Кака́я у них кварти́ра?
2. Каки́е пода́рки они́ получа́ют?
3. Чего́ жела́ют го́сти?
4. За кого́ и за что они́ пьют?

3 С новосе́льем!

а) Напиши́те сце́ны, как други́е лю́ди прихо́дят в го́сти.
   Что говоря́т Ле́бедевы?
   Что говоря́т го́сти?
б) Инсцени́руйте дра́му в кла́ссе.

4 Сравни́те

по — здоро́в—ье / здоро́в—о / здра́в—ствуйте / здрав—ля́ть

Урок 6 «Всего хорошего!»

1 Песенка крокодила Гены

Пусть бегут неуклюже
Пешеходы по лужам,
А вода — по асфальту рекой.
И неясно прохожим,
В этот день непогожий,
Почему я весёлый такой.

„Я играю на гармошке
У прохожих на виду …
К сожаленью, день рожденья —
Только раз в году."

Прилетит вдруг волшебник
В голубом вертолёте
И бесплатно покажет кино.
С днём рожденья поздравит
И, наверно, оставит
Мне в подарок пятьсот „Эскимо".

„Я играю на гармошке …"

2 Спокойной ночи!

Спокойной вам ночи,
Приятного сна.
Желаю вам видеть
Козла и осла.
Козла до полночи,
Осла до полдня.
Спокойной вам ночи,
приятного сна.

3 Что это?

В небо — дыра.
В землю — дыра.
В середине — огонь.
Кругом — вода.

———
Самовар.

восемьдесят пять 85

Урок 7 На даче

Урок 7   A   Как они жили

1 Всё было лучше

Софья Васильевна и Иван Антонович думают, что раньше всё было лучше.

Софья Васильевна: Раньше после школы дети читали, делали уроки, помогали на кухне …

Иван Антонович: Да-да, мой сын, например, всегда помогал, ходил в магазин, убирал квартиру, готовил обед. А сегодня дети приходят домой, смотрят телевизор, слушают рок-музыку, играют на компьютере.

Софья Васильевна: Когда я была девочкой, я всегда помогала, в кино не ходила, а сидела, читала книги, играла на пианино, шила. У нас не было дискотеки и бассейна. Как хорошо мы жили! А сегодня?

Иван Антонович: Сегодня? Мой внук только гуляет, ходит на дискотеку. А этим летом он едет в Берлин. Понимаете, в Берлин!

Софья Васильевна: К чему ему Берлин? Там же люди не знают русского языка!

Иван Антонович: Да-да, когда я был мальчиком, мы летом все вместе были на даче, вместе работали. И какая была хорошая погода! Каждый день светило солнце. Хорошо было. А теперь всегда плохая погода. Раньше всё было лучше!

2 Когда Софья Васильевна была девочкой, и Иван Антонович был мальчиком

а) Как вы думаете, что они делали, а что нет?
Образец: Софья Васильевна раньше часто работала на даче.
          Иван Антонович не слушал рок-музыку.

1. гулять по парку
2. играть на компьютере
3. слушать кассеты
4. работать на даче
5. смотреть видеофильмы
6. готовить вкусные обеды
7. ловить рыбу
8. читать книги
9. говорить по телефону
10. ходить в церковь
11. танцевать на дискотеке
12. плавать в бассейне

б) Как вы думаете, что у них было и чего у них не было?
Образец: У них был велосипед. У них **не было** маши**ны**.

машина, велосипед, кассетник, компьютер, самовар, радио, телевизор, пианино, гитара, телефон, холодильник, фотоаппарат

3 Кем они были?

Образец: Лара — волейболистка. Её мать тоже **была** волейболист**кой**.

1. Борис Петрович — журналист. Его отец тоже … .
2. Света — фигуристка. Её мать тоже … .
3. Вера Максимовна — гид. Её мать тоже … .
4. Моя мать — архитектор. Мой дедушка тоже … .
5. Надежда Александровна — учительница. Её отец тоже … .
6. Иван Петрович хороший пианист. Его мать тоже … .
7. Сергей плохой спортсмен. Его отец тоже … .
8. Чарли симпатичная собака. Его мать тоже … .

А Урок 7

4 Открытка

> Дорогая Надя! 3 сентября
> К сожалению, только сегодня отвечаю тебе. Раньше я не могла, потому что мы были на даче. Вова и Света тоже там были. Было здорово! Мы встречались каждый день, много работали, собирали в лесу грибы. Вова каждый день катался на лодке и ловил рыбу. Он не мог без рыбалки. А мы ели его рыбу — на завтрак, на обед и на ужин. Ужас! Мы не могли её уже видеть! А чем ты занималась летом?
> Целую. Вика

5 Летом

а) Что они часто делали летом?

б) Что вы часто делали летом в свободное время?

6 Мог — могла — могло — могли?

1. Вчера была плохая погода, и ребята не … собирать грибы.
2. Летом на улице лежал снег. Где это … быть?
3. Они ели так много рыбы, что не … уже видеть её.
4. Вова не … кататься на лодке, потому что ему было плохо.
5. Аня всё время играла на компьютере, а потом она не … спать.
6. Они на даче не … смотреть телевизор, потому что там не было телевизора.
7. Ребята … делать всё, что хотели.

Урок 7 Б   Погода и природа

1 Весна на улице!

- Какая сегодня погода?
- Очень хорошая.
- Снег не идёт?
- Нет, не идёт.
- Мороза нет?
- Нет, уже тепло.
- А дождь не идёт?
- Вчера шёл, а сегодня нет. Солнце светит.
- Ветер сильный?
- Нет, ветер слабый, тёплый. Сегодня прекрасная погода, птицы поют.
- Весна на улице! Пойдём гулять в лес!
- С удовольствием!

2 Какая сегодня погода?

а)
1. Почему туристы сегодня не гуляют по городу?
2. Почему ребята сегодня не сидят дома?
3. Почему люди сегодня не катаются на велосипеде?
4. Почему ребята сегодня не играют в бадминтон?

б) А какая у вас сегодня погода? А какая погода была вчера (летом, зимой)?

3 Какое время года они любят?

Вика: Я люблю весну. Весной уже тепло, но ещё не жарко. Птицы поют. Можно гулять в лесу.

Костя: Я люблю осень. Осенью можно собирать грибы. И ещё — осенью у меня день рождения.

А вы? Какое время года вы любите?

восемьдесят девять 89

Б Урок 7

4 Здорово на даче!

Сегодня Сорокины на даче. Дача находится недалеко от города, прямо у леса и реки. Там тихо и красиво. Дача — это домик, маленький сад и большой огород.

5 Вопросы

Какие фрукты и овощи растут на даче? Где они растут? Где сидит ворон? Что он делает?

О СЕБЕ

У вас тоже есть сад или огород? Что там растёт? Вы любите работать в саду и в огороде? Какие фрукты вы любите? Какие овощи вы любите?

⟨6 Песня: „Калинка"⟩

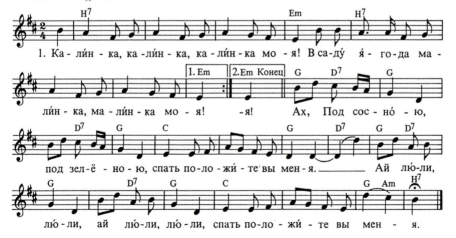

90 девяносто

урок 7 ◆ B   Они построили дом

1 Новый дом

Всё лето Сорокины были на даче. Они там строили новый дом. Их старый дом был очень маленьким. Дом строили все: папа, мама, бабушка, дедушка, дядя, тётя, Вика, Костя.

Вова и Света часто приходили туда. Когда папа и дядя Артём делали фундамент, Костя и Вика помогали им. Мама и тётя Лиля работали в огороде. Иногда ребята им помогали. В хорошую погоду они собирали в лесу ягоды и грибы. Бабушка и дедушка каждый вечер готовили ужин. Дедушка всё время говорил: „Кто хорошо работает, тот и хорошо ест." После ужина Сорокины делали костёр, сидели у костра, шутили, пели.

Когда папа и дядя Артём сделали фундамент, в семье был небольшой праздник. На праздник пришли и Света с Вовой. Мама и бабушка приготовили праздничный ужин. Ребята им помогли. Они собрали овощи и фрукты. Потом папа сделал костёр. Когда они всё приготовили, дедушка сказал: „Пожалуйста, все к столу!" Это был очень весёлый вечер.

Сорокины долго строили. Наконец, в августе они построили свой дом.

2 Сорокины всё лето строили

1. Сорокины всё лето ... дом. В августе они его ... .
2. Света и Вова часто ... на дачу. На праздник они тоже ... .
3. Костя и Вика часто ... Борису Петровичу и дяде. Когда они сделали фундамент, мама и бабушка ... праздничный ужин. Ребята им ... .
4. Ребята иногда ... ягоды и грибы в лесу. На праздник они ... в огороде овощи.
5. Папа и дядя долго ... фундамент. Когда они его ..., они ... стены.
6. Когда они ... ужин, дедушка ...: „Пожалуйста, все к столу!" Иногда и дедушка ... ужин. Он всегда ...: „Кто хорошо работает, тот и хорошо ест."

3 писал — написал?

1. Вика после обеда долго ... .
   Наконец она ... четыре открытки. — писать/написать
2. Вера Максимовна каждый день ... газеты, но сегодня она не ... их. — читать/прочитать
3. Вчера Света, наконец, ... открытку от Алины.
   Раньше она каждую неделю ... письмо от неё. — получать/получить
4. — Кто мне ... этот молоток? — сказал папа. — Ужас, какой он плохой!
   Когда у тёти Лили не было дачи, овощи и фрукты ей всегда ... Сорокины. — давать/дать
5. Вчера у Вики был день рождения, и ребята ... прекрасный фильм. Всё лето они не ... телевизор. — смотреть/посмотреть
6. На даче Сорокины всегда ... в 8 часов, а после праздника они ... только в десять часов. — вставать/встать
7. Света много ...: дачу, лес, озеро.
   Наконец она ... и новый дом. — фотографировать/сфотографировать
8. Вова долго сидел и ... новый дом.
   Только вечером он ... его. — рисовать/нарисовать

▶ Урок 7

4 Свинья́ и дуб

В оди́н прекра́сный день свинья́ гуля́ла по ле́су. Вдруг она́ (ви́дела/уви́дела) большо́й ста́рый дуб. А под ду́бом лежа́ли жёлуди. Свинья́ о́чень люби́ла жёлуди. Она́ (е́ла/съе́ла) оди́н жёлудь.
— Как э́то вку́сно! — (говори́ла/сказа́ла) она́. Она́ ещё до́лго (е́ла/съе́ла) и, наконе́ц, (е́ла/съе́ла) все жёлуди. На ду́бе сиде́л во́рон и (смотре́л/посмотре́л) на свинью́. Пото́м он (говори́л/сказа́л):
— Почему́ ты э́то (де́лала/сде́лала)? Все жёлуди (е́ла/съе́ла)! Э́то нехорошо́!
— Почему́ нехорошо́? — (спра́шивала/спроси́ла) свинья́. — Жёлуди о́чень вку́сные!
— Жёлудь — э́то бу́дущий дуб. Нет жёлудя, нет и ду́ба! Понима́ешь?
— Ну и что? К чему́ мне дуб? — (отвеча́ла/отве́тила) свинья́.
— Эх, ты! — (говори́л/сказа́л) во́рон. — Кака́я ты свинья́!

5 Вопро́сы

1. Где гуля́ла свинья́ в оди́н прекра́сный день?
2. Что она́ уви́дела?
3. Что она́ де́лала под ду́бом?
4. Кто с ней говори́л?
5. Почему́ он сказа́л ей: „Кака́я ты свинья́?"

6 Сравни́те

про- чита́ть
у- ви́деть
по- смотре́ть
по- стро́ить
при- гото́вить
на- писа́ть
на- рисова́ть
с- де́лать
с- фотографи́ровать

Уро́к 7 **B**

7 Мо́жно?

Вопро́сы и отве́ты.

1. Мо́жно откры́ть окно́? Мне жа́рко.
2. Мо́жно пла́вать в э́том о́зере?
3. Мо́жно вам помо́чь?
4. Мо́жно здесь ката́ться на конька́х?
5. Мо́жно посмотре́ть ваш журна́л?
6. Мо́жно пригласи́ть вас на у́жин?
7. Мо́жно вас сфотографи́ровать?

Да, мо́жно, но лу́чше с вну́ком.
Да, коне́чно, я его́ уже́ прочита́л.
Нет, зимо́й здесь не о́чень хо́лодно.
→ Да, коне́чно, мне то́же о́чень жа́рко.
Да, мо́жно, но вода́ в нём о́чень холо́дная.
Да, большо́е спаси́бо.
Нет, к сожале́нию, я не могу́. Я иду́ в теа́тр.

8 Ты им помога́ешь

Неме́цкая семья́ пригласи́ла ру́сского ученика́ в го́сти. Его́ зову́т Же́ня. Ма́ма и па́па не зна́ют ру́сский язы́к, а Же́ня не зна́ет неме́цкий. Ты им помога́ешь.

Ма́ма: Frag ihn 'mal, ob sie auch ein Wochenendhaus haben!
Ты: У вас есть да́ча?
Же́ня: Да, да́ча есть. В ию́ле э́того го́да мы постро́или но́вый до́мик.
Ты: …
Па́па: Und wo ist das Häuschen?
Ты: …
Же́ня: Совсе́м недалеко́ от Москвы́. Там ма́ленькая дере́вня. Авто́бус идёт туда́ два часа́.
Ты: …
Ма́ма: Habt ihr auch einen Garten?
Ты: …
Же́ня: Да, у нас большо́й огоро́д и ма́ленький сад. Там расту́т капу́ста, лук, карто́шка, огурцы́ и помидо́ры.
Ты: …
Па́па: Was für ein Häuschen habt ihr denn? Kann man da auch im Winter wohnen?
Ты: …
Же́ня: Мо́жно. Там две ко́мнаты, ку́хня, но туале́т во дворе́. Мы живём ка́ждое ле́то на да́че.
Па́па: Das ist aber schön! Ein Wochenendhäuschen, nicht weit weg von der Stadt, — das ist schon lange unser Traum!
Ты: …

⟨9 Домово́й на да́че⟩

Прослу́шайте текст. Отве́тьте на вопро́сы.

1. Когда́ ребя́та спа́ли на да́че?
2. Кто хоте́л там спать?
3. Кто не хоте́л? Почему́?
4. Что де́лали ребя́та ве́чером?
5. Почему́ Све́та сказа́ла: „Ти́хо"?
6. Кто пришёл пото́м?
7. Что бы́ло пото́м?

девяно́сто три

Урок 7   Г   Жили-были

1 Подснéжники в январé (Скáзка)

В мáленькой деревне жи́ли-бы́ли мать, дочь и пáдчерица. Мать и дочь не рабóтали, а тóлько éли, пи́ли да спáли. А пáдчерица мнóго рабóтала дóма, в садý и в огорóде. Однáжды вéчером в январé мать и дочь сидéли дóма и смотрéли в окнó. Был морóз. Шёл снег. На дворé бы́ло óчень хóлодно. Пáдчерица готóвила ýжин.
Вдруг дочь сказáла:
— Опя́ть снег! Тóлько снег да снег. Где цветы́? Где подснéжники?
А мать сказáла пáдчерице:
— Иди́ в лес. Там растýт подснéжники. Принеси́ их!
Девочка знáла, что подснéжники в лесý в январé не растýт. Но что дéлать? Онá ушлá из дóма. Онá дóлго шла по лéсу. Бы́ло хóлодно и темнó. Был си́льный вéтер. Вдруг онá уви́дела костёр. У кострá сидéли лю́ди, стáрые и молоды́е. Их бы́ло двенáдцать. Оди́н стáрик уви́дел дéвочку и спроси́л:
— Что ты дéлаешь в лесý зимóй?
Девочка отвéтила:
— Я ищý подснéжники.
— Подснéжники зимóй? Они растýт тóлько веснóй!
— Но мне мать сказáла: „Принеси́ для сестры́ подснéжники!"
В это врéмя оди́н молодóй и весёлый человéк встал и сказáл:
— Я э́ту дéвочку знáю. Онá кáждый день рабóтает в садý, в огорóде и дóма. Брат Янвáрь, мóжно мне на твоё мéсто на оди́н часи́к?
— Хорошó, брат Март.
И вдруг дéвочка уви́дела подснéжники! Онá собирáла, собирáла их … и собрáла большóй букéт.
— Спаси́бо, мéсяц Март! Спаси́бо, мéсяц Янвáрь!
Пришлá дéвочка домóй и всё рассказáла.
А сестрá сказáла:
— Мéсяцы мáло тебé дáли! Тóлько подснéжники. У них есть ещё я́блоки, грýши, я́годы и грибы́!
И сказáла мать:
— Что мнóго говори́ть! Тепéрь ты, дóчка, иди́ в лес! Принеси́ нам подáрки!
Дочь ушлá из дóма. В лесý онá уви́дела костёр. У кострá сидéли лю́ди. Их бы́ло двенáдцать.
— Что ты дéлаешь в лесý зимóй? — спроси́л мéсяц Янвáрь.
— Я ищý подáрки.
— Подáрки?! — сказáл Янвáрь.
— Ты не рабóтаешь, а тóлько ешь, пьёшь да спишь. А тепéрь хóчешь ещё подáрки?
Вдруг стáло совсéм темнó и óчень хóлодно. И дéвочка замёрзла.
Мать дóлго сидéла у окнá и дýмала:
— Где моя́ дóчка? Что с ней? Почемý онá не пришлá домóй?
Наконéц мать ушлá в лес. Онá искáла, искáла дóчку и замёрзла в лесý.
А пáдчерица жилá дóлго и хорошó.

Урок 7   Г

2 Перескажите сказку „Подснежники в январе"

1. Жили-были … в маленькой … .
2. Мать и дочь только …, а падчерица … .
3. Это было зимой. На дворе … .
4. Когда падчерица готовила ужин, мать и дочь … .
5. Дочь хотела …, а падчерица знала, что … .
6. Но она … .
7. В лесу у костра … .
8. … дал падчерице …, потому что … .
9. Когда она пришла домой, … .
10. Дочь тоже ушла в лес, потому что … .
11. Но дочь не получила подарки, потому что … .
12. В лесу стало …, и она … .
13. Её мать …, а падчерица … .

‹3 „Красная Шапочка"›

Вы все знаете сказку „Красная Шапочка". Расскажите её. Напишите маленькую сказку! Начните, например, так:
Жила-была маленькая девочка, которую звали Красная Шапочка. Однажды мама ей сказала: „Вот подарки. Иди к бабушке." И Красная Шапочка ушла в лес … .

дать подарки для бабушки
увидеть волка
жить за лесом
лежать на диване
съесть бабушку
спросить бабушку

‹4 Русские и немецкие пословицы›

1. Одна ласточка не делает весны.
2. Яблоко от яблони недалеко падает.
3. Ворон ворону глаз не выклюет.
4. Всякому овощу своё время.
5. Либо дождик, либо снег, либо будет, либо нет.

А. Eine Krähe hackt der anderen kein Auge aus.
Б. Wenn der Hahn kräht auf dem Mist, ändert sich das Wetter, oder es bleibt, wie es ist.
В. Eine Schwalbe macht noch keinen Sommer.
Г. Der Apfel fällt nicht weit vom Stamm.
Д. Alles zu seiner Zeit.

Урок 8   Санкт-Петербург

1 Город Петра́

1 Па́мятник Петру́ Пе́рвому. В нача́ле XVIII ве́ка ру́сский царь Пётр I основа́л но́вый го́род на за́паде страны́. Он хоте́л „откры́ть окно́ в Евро́пу". Два ве́ка Санкт-Петербу́рг был столи́цей страны́.

2 Петропа́вловская кре́пость. Э́то бы́ли пе́рвые зда́ния бу́дущего Петербу́рга. Кре́пость нахо́дится на ма́леньком о́строве реки́ Невы́.

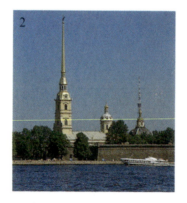

3 Зи́мний дворе́ц. В э́том дворце́ жи́ли ру́сские цари́ и цари́цы. Сейча́с во дворце́ нахо́дится изве́стный музе́й „Эрмита́ж".

4 Адмиралте́йство. Э́то ме́сто, где ра́ньше стро́или корабли́. Кора́бль на Адмиралте́йстве — си́мвол го́рода.

5 Не́вский проспе́кт — гла́вная у́лица Санкт-Петербу́рга. На Не́вском нахо́дятся магази́ны, рестора́ны, кафе́, теа́тры и собо́ры.

Урок 8

6 Смольный институт.
Здесь раньше жил и работал Владимир Ильич Ленин. Ленинград — так назывался город много лет.

7 Санкт-Петербург — центр рок-музыки. Здесь играют известные и ещё неизвестные рок-группы. Каждый год, в июне, в Санкт-Петербурге большой рок-фестиваль.

8 Недалеко от города находится Петергоф. Здесь летом жили русские цари и царицы.

9 Санкт-Петербург очень красивый город, здесь парки, сады, каналы и мосты.

2 Вопросы

1. Почему Пётр I основал Санкт-Петербург?
2. Где находится Петропавловская крепость?
3. Зимний дворец — что там сейчас, и кто там раньше жил?
4. Почему корабль символ города?
5. Как называется главная улица Санкт-Петербурга?
6. Как ещё назывался город?
7. Что вы знаете о Петергофе?

девяносто семь 97

Урок 8   A   Все в Петербург!

1 Сорокины едут в Санкт-Петербург

а) Борис Петрович едет в командировку в Санкт-Петербург. Перед ужином он говорит об этом со своей семьёй.

Вера Максимовна: Ну, что с командировкой? Ты едешь?
Борис Петрович: Да, в субботу.
Вера Максимовна: Слушай, Боря, я тоже хочу. Я давно не была у Лили.
Я хочу посмотреть её новую квартиру.
Борис Петрович: Пожалуйста. Почему нет?
Костя: А мы? Слушайте, у меня идея. Поедем все вместе!
Вика: Здорово! Пап, скажи, а Свету можно пригласить? Она ещё не была в Петербурге.
Борис Петрович: Конечно, пригласи её и покажи ей город.
Вера Максимовна: Обязательно посмотрите Зимний дворец и погуляйте по Невскому.
Костя: Прекрасно. А, может, там будет рок-концерт. И ещё я хочу купить новую кассету.
Борис Петрович: Ладно, купи. А после обеда поедем вместе в Петергоф!
Вера Максимовна: Ой, ребята, уже семь часов. Убирайте книги, готовьтесь к ужину.

б) В пятницу вечером у Светы дома.

Мама: Света, ты уже спишь?
Света: Нет, я ещё читаю.
Мама: Напиши, пожалуйста, бабушке открытку из Петербурга. Она так любит этот город.
Света: Ладно.
Мама: Поставь будильник на шесть.
Света: Почему будильник? Лучше ты разбуди меня.
Мама: Хорошо, не волнуйся. А теперь поцелуй меня и спи, Светик.

2 Что они говорят?

а) *Образец:*
Вера Максимовна хочет посмотреть новую квартиру Лили.
Борис Петрович говорит: „Хорошо, **посмотри** квартиру."

1. Вика хочет пригласить Свету.
2. Вика и Света хотят посмотреть Зимний дворец.
3. Ребята хотят погулять по Невскому.
4. Костя хочет купить кассету.
5. Они все хотят посмотреть Петергоф.
6. Они хотят ужинать.

б) Что говорят Света и её мама?
1. Бабушка так любит Санкт-Петербург. ....
2. Ты хочешь встать в шесть. ....
3. Почему будильник? ....
4. Уже 11 часов? Теперь ....

98 *девяносто восемь*

Урок 8 A

3 В школе

Что говорит учитель или учительница в классе?
Образец: Прочита́й(те) книгу.

1. прочитать (книга, рассказ, вопрос, образец)
2. посмотреть на (доска, карта, картина)
3. посчита́ть (дни, месяцы, недели)
4. спросить (мама, папа, учитель, учительница)
5. нарисовать (кот, кошка, попугай)
6. показать (дневник, ру́ки, записка)
7. написать (записка, вопрос, рассказ)
8. рассказать о (Гоголь, Пётр I, Москва, Новгород)
9. заниматься (спорт, литература, немецкий язык)
10. готовиться к (урок, работа, экзамен)

4 Диалоги

Образец: — Это книга о Петербурге? Можно посмотреть?
— Пожалуйста, посмотрите.

1. — Это новая кассета? Можно послу́шать?
2. — Это письмо от Алины? Можно прочитать?
3. — Это твоя тетрадь? В ней можно рисовать?
4. — Все здесь? Можно начина́ть урок?
5. — Мама, можно пригласить Лару на ужин?
6. — Можно вас сфотографировать?
7. — Эта лодка свободная? Можно поката́ться?

5 Что можно делать в Санкт-Петербурге?

а) *Образец:* Можно гулять по Не́вскому проспе́кту, ходи́ть в магазины и в кафе …

б) Вы в Петербурге. Что вы хоти́те делать?

Йенс: Я хочу́ идти на балет. Я люблю́ балет.
Анна: Я хочу́ ката́ться на ске́йт-бо́рде перед Эрмита́жем. Это здорово.

урок 8 Б Экскурсия по городу

1 Экскурсия на катере

В Санкт-Петербурге Костя, Вика и Света решили покататься на катере. Они купили билеты в киоске недалеко от Эрмитажа. Катера стояли у берега Невы.

Света: Как здорово! Смотрите, на этой скамейке есть ещё свободные места.
Гид: Дорогие гости! Друзья нашего города! Сейчас вы находитесь на Большой Неве в центре исторического Петербурга. Вы, наверное, знаете, что наш Петербург — это „северная Венеция". Санкт-Петербург — это большие и маленькие острова, реки и каналы.
Света: Какие здесь красивые мосты, дома и памятники!
Гид: Справа вы видите знаменитый Зимний дворец и Эрмитаж. Там есть прекрасные картины и иконы, которые собирал уже великий царь Пётр I. Кто из вас ещё там не был, обязательно посмотрите их.
Напротив Эрмитажа находится Петропавловская крепость со своим высоким собором.
Света: Ой, что это? Кто стреляет?
Гид: Не волнуйтесь! Сейчас двенадцать часов, и каждый день в двенадцать часов стреляет старая пушка на крепостном острове.
Теперь, тоже слева, вы видите маленький домик. Это домик Петра I. Как вы, наверное, знаете, Пётр I был очень высоким человеком. Он даже не мог стоять в этом низком домике!
Света: Подумайте только! Царь жил в этом домике!
Вика: Да, это интересно. Света, сфотографируй домик.

Света взяла свой фотоаппарат и сфотографировала домик Петра I.

2 Расскажите о Санкт-Петербурге

Образец: — Великий царь Пётр I основал этот знаменитый город.
— „Северная Венеция" — так говорят туристы об этом прекрасном городе.
— В историческом Эрмитаже можно посмотреть ... .

| царь Пётр I, Зимний дворец, город, Петропавловская крепость, соборы, Венеция, пушка, каналы, домик, места, Адмиралтейство, корабль, улицы, мосты, острова, картины, сад, катер, памятник, музей | великий, высокий, знаменитый, исторический, свободный, северный, старый, маленький, классический, низкий, красивый, прекрасный, интересный, известный, большой |

3 Он и они

 дом

 дома

остров — острова, катер — катера, берег — берега

А как дальше?
город — ..., профессор, вечер, лес, номер, директор, учитель

человек люди
друг друзья

Урок 8 Б

4 В магазине

Ребята гуляют по Невскому. Перед магазином „Мелодия":

Костя: Стойте! Я же забыл купить кассету. Может, здесь есть новые кассеты. Здравствуйте. У вас есть новые рок-кассеты?
Девушка: Да, посмотрите. Вот новая американская. А вот новая кассета нашей группы „ЭСТ".
Костя: Можно послушать?
Девушка: Пожалуйста, послушайте.
Света: Ой, „ЭСТ"! Здорово! Обязательно купи её.
Костя: Ладно. Дайте вот эту.
Девушка: Заплатите в кассу, пожалуйста.
Костя: Хорошо.

Составьте диалоги в магазине. Вы хотите купить сувениры/матрёшку/план города/книгу о городе/маленький золотой корабль, символ города.

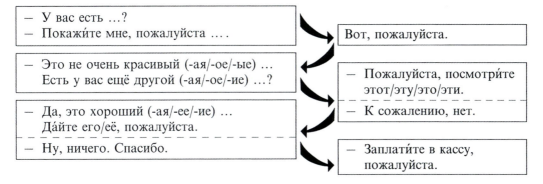

5 В кафе

Ребята хотят есть и пить. Они идут в кафе „Мороженое".

Официантка: Здравствуйте. Вы уже выбрали?
Вика: Да. Принесите мне, пожалуйста, мороженое „Петербургская мечта" и чай.
Костя: А я не знаю, что взять.
Официантка: Возьмите блины. Они сегодня очень вкусные.
Костя: Хорошо. Принесите блины, пожалуйста.
Света: А мне, пожалуйста, мороженое „Петербургская мечта" и блины.
Официантка: Хорошо.

Составьте диалоги в кафе или ресторане. Вы хотите есть и пить.

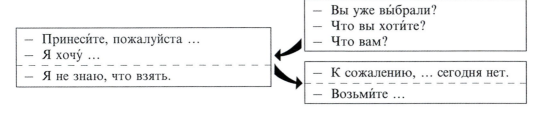

урок 8   B   Погуляйте по Петербургу

1   План Невского

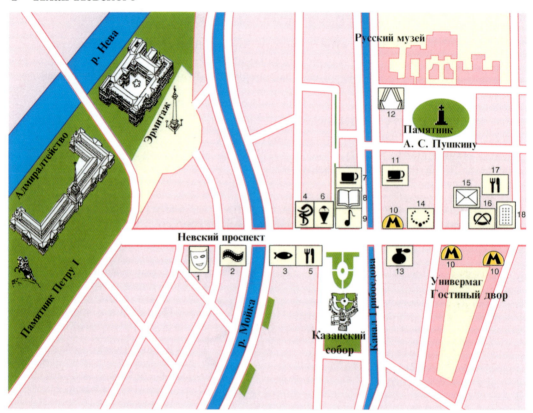

 Читайте.

1 Магазин „Маска"
2 Кинотеатр „Баррикада"
3 Магазин „Рыба"
4 Аптека 8/21
5 Ресторан „Кавказский"
6 Кафе „Мороженое"
7 Кафе „У Казанского"
8 „Дом книги"
9 Магазин „Ноты"
10 Станция метро
11 Кафе „ICE"
12 Театр оперы и балета
13 Парфюмерия
14 Ювелирный магазин „Кристалл"
15 Почта 8/22
16 Кондитерская „Север"
17 Ресторан „Нева"
18 Универмаг „Пассаж"

2   Извините, пожалуйста

— Извините, пожалуйста. Где здесь аптека?
— Рядом с кафе „Мороженое".
— Большое спасибо.

— Скажите, пожалуйста, где находится „Дом книги"?
— Напротив Казанского собора.
— Спасибо.

Посмотрите на план Невского и спросите друг друга.
Где памятник Пушкину / Адмиралтейство / катера / кафе „Мороженое" / станция метро / памятник Петру I / Казанский собор / Русский музей / почта / парфюмерия / ресторан „Нева" / река Нева / …?

в	на	напротив	у
рядом с		за	
перед		недалеко от	

102   сто два

Урок 8 В

3 О Петербурге

| отец | рисунок |
| отца | рисунка |

1. Пётр I построил дворец Петергоф недалеко от Санкт-Петербурга.
2. Он сам нарисовал первые планы … . — дворец
3. Когда Пётр I был в Петергофе, он всегда жил в маленьком … „Монплезир".
4. За … начинается море. Пётр очень любил смотреть на море, на запад.
5. „Монплезир" очень красивое здание, и сегодня гиды в Петергофе много рассказывают об этом … .
6. Дочь Петра, будущая царица Елизавета I, получила дворец от … . — отец
7. Архитектор строил сады по … Петра I. — рисунок
8. На берегу Невы стоит памятник Петру I. Памятник был … царицы Екатерины II для Петербурга. — подарок
9. В декабре в Санкт-Петербурге солнце светит только час, … очень тёмные. — день
10. Люди сидят на … Невы и ловят рыбу. — лёд
11. Зимой в Петербурге холодно. Часто там сильный ветер. А в июне солнце светит 20 часов. Погода хорошая, … нет. — ветер

4 Сравните

большой — **не**большой   плохой — **не**плохой

Это вы тоже понимаете.

неизвестный
нехороший
некрасивый
неинтересный
небольшой
неплохой

1. Это кафе …, там только одна маленькая комната.
2. Он … друг, он не хочет помогать нам.
3. Это ещё … рок-группа, потому что она новая.
4. Я знаю … ресторан. Там всегда вкусные блины.
5. Сегодня был … урок литературы. Мы читали скучный рассказ.
6. Я не люблю современные картины. Я думаю, что они … .

5 Слушайте и говорите

а)
[л]	[л']	[н]	[н']	[р]	[р']	[ф]	[ф']
символ	корабль	диван	день	катер	царь	напротив	церковь
вокзал	фестиваль	ресторан	осень	сахар	дверь	детектив	поставь
канал	апрель	ужин	очень	самовар	сентябрь		

— Корабль на Адмиралтействе — это символ города.
— Детектив положил в угол на пол свой журнал и пошёл в кремль искать церковь.
— Пришла осень. Каждый день я хожу в ресторан и ем очень вкусный ужин.
— Инженер открыл дверь, но был ноябрь — на дворе был сильный ветер.

б) Извините, вы не знаете, где Невский проспект?
Извините, вы не знаете, где здесь туалет?
Извините, можно посмотреть эту книгу?
Извините, можно вас спросить?

Урок 8 Г   Рассказы о Петре

1 Пётр I и иностранцы

Светило солнце, но день был холодный, с ветром. Пётр I любил ветер. Он гулял перед своим маленьким домиком и смотрел на Неву. На берегу реки уже стояли первые каменные дома. Напротив — Адмиралтейство, рядом с ним — большой собор. Недалеко в порту стояли немецкие, английские, голландские корабли. Рядом строили первые русские корабли. В городе работали итальянские, английские, немецкие архитекторы, инженеры, строители и другие специалисты.

— Вот, — сказал Пётр, — Петербург — это окно в Европу.

Как всегда, вместе с царём был Александр Меншиков, бургомистр Петербурга и старый друг Петра.

— Мин херц, — сказал Меншиков, — какой красивый город здесь будет. Я уже люблю твой Петербург!

Пётр засмеялся.

— Это ты так думаешь и я, а как думает вот этот голландский матрос?

Все иностранцы знали русского царя, его высокую фигуру. Царь часто ходил по городу, говорил с ними и смотрел, как быстро идут работы. Иногда он даже с ними вместе работал.

Пётр знал голландский язык и сам спросил матроса:

— Скажи, ты знаешь старый русский порт Архангельск? Ты был там?

Матрос ответил:

— Да, был.

— А что? Петербург лучше?

— Нет, совсем нет, — ответил матрос.

— Почему? — удивился Пётр.

— В Архангельске всегда были блины и водка.

— Здесь тоже будут блины и водка, — засмеялся Пётр. — Приходите все ко мне сегодня вечером во дворец.

Когда Пётр пришёл во дворец, он сказал своему главному повару Велтину:

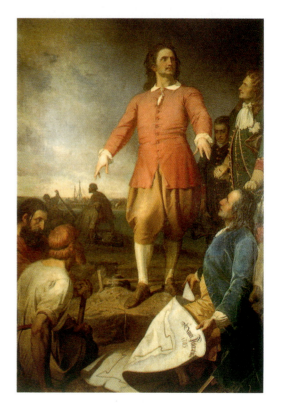

— Сегодня вечером у нас будут гости. Готовь блины и водку!

А Меншикову он сказал:

— А ты, Алексашка, пригласи театр.

— Мин херц, лучше музыку.

Иностранцы любят петь и танцевать.

— Да, так будет лучше.

Вечером был праздник во дворце. Пришли все голландские матросы. Они пили водку и ели блины вместе с царём. Играла музыка. Было очень весело.

А некоторые русские говорили:

— Иностранцы хорошо живут в Петербурге. А мы? Пётр делает всё, что они говорят.

Пётр услышал это и сказал:

— Русские тоже будут жить хорошо. Иностранцы помогают нам строить Петербург. Они много знают. Вместе с ними будут у нас новая столица и новая жизнь!

104   сто четыре

Урок 8   Г

2 Фа́кты, фа́кты ...

Скажи́те, что вы узна́ли но́вого о Петре́ и о Петербу́рге.
Образе́ц: — Я ещё не знал(а), что так бы́стро стро́или ка́менные дворцы́.

— Для меня́ бы́ло интере́сно, что ...
— Я узна́л(а), что ...
— Я ра́ньше (не) ду́мал(а), что ...
— Тепе́рь я зна́ю, что ...
— Для меня́ бы́ло но́вым, что ...

3 Когда́, где, кто говори́т?

Образе́ц: „Петербу́рг — э́то окно́ в Евро́пу.“
— Э́то сказа́л Пётр, когда́ он стоя́л пе́ред свои́м до́мом на берегу́ Невы́ и смотре́л на го́род. Он ви́дел пе́рвые ка́менные дома́, иностра́нные и ру́сские корабли́.

1. „Петербу́рг — э́то окно́ в Евро́пу.“
2. „Мин херц, како́й краси́вый го́род здесь бу́дет.“
3. „Скажи́, ты зна́ешь ста́рый ру́сский порт Арха́нгельск?“
4. „Приходи́те все ко мне сего́дня ве́чером во дворе́ц.“
5. „Да, так бу́дет лу́чше.“
6. „Иностра́нцы хорошо́ живу́т в Петербу́рге. А мы?“

4 Викторина

Кто что зна́ет о Петербу́рге?

1. Он дал го́роду своё и́мя.
2. Так го́род называ́лся ра́ньше.
3. Она́ дала́ го́роду па́мятник Петру́ I в пода́рок.
4. Здесь ле́том жил Пётр I.
5. Здесь жил В. И. Ле́нин.
6. На э́той у́лице нахо́дится Каза́нский собо́р.
7. Елизаве́та — кто э́то?
8. Он си́мвол го́рода.
9. Она́ стреля́ет в двена́дцать часо́в.
10. Здесь мо́жно посмотре́ть карти́ны и ико́ны.
11. Э́то ре́ки в Петербу́рге.
12. Он был бургоми́стром Санкт-Петербу́рга.
13. Здесь ра́ньше стро́или корабли́.

‹5 В Петерго́фе›

Прослу́шайте расска́з и отве́тьте на вопро́сы.

1. Где гуля́ли Соро́кины по́сле обе́да?
2. Что сказа́ла Ве́ра Макси́мовна?
3. Кого́ они́ уви́дели в па́рке?
4. Где они́ его́ уви́дели?
5. Что хоте́ли ребя́та? Что отве́тил Пётр I?
6. Где хоте́л Бори́с Петро́вич сде́лать фо́то?
7. А где хоте́л сде́лать фо́то Пётр I и почему́?

сто пять 105

Урок 9 В чём мы ходим в школу?

1 Школьная форма

Раньше все ученики ходили в школу в школьной форме.
Девочки ходили в коричневом платье и в чёрном фартуке, а на праздники в белом фартуке. Мальчики ходили в синем костюме.

А теперь? Ученики ходят в школу, в чём хотят.
Света сегодня в красной блузке и зелёной юбке. Костя и Вова любят ходить в джинсах. Вика сегодня тоже в брюках. Вова в сером свитере, Костя в голубой рубашке, а Вика в жёлтой майке.

2 Вопросы

1. В чём все ученики ходили в школу раньше?
2. В чём ребята ходят в школу сегодня?
3. В чём вы любите ходить в школу?
4. Вы знаете, в чём ходят в школу английские, французские или американские ученики?

О СЕБЕ

урок 9   A   Какой цвет вы любите?

1 В чём они сегодня?

Борис Петрович идёт на работу в си́нем костю́ме и бе́лой руба́шке.

В день рождения Вика в ….

Бабушка идёт в церковь в ….

Света идёт на дискотеку в ….

Вера Максимовна работает на даче в ….

Костя едет в Петербург в ….

2 Они какого цвета?

Каким карандашо́м они рису́ют?
Образец: Вова рисует лес. Он рисует зелёным карандашо́м.
1. Надя рисует снег.
2. Вика рисует море.
3. Мальчик рисует солнце.
4. Красная Шапочка рисует волка.
5. Баба-Яга́ рисует своего́ кота́.
6. Вова рисует ягоды.
7. Света рисует собаку.
8. Дед-Мороз рисует ёлку.

3 Это ей очень идёт

В магазине люди покупают одежду.
Что ему/ей идёт, а что не идёт?

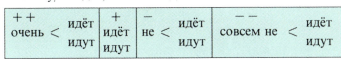

Образец: Молодой человек; се́рый костю́м ++
Молодому человеку се́рый костю́м очень идёт.

1. Маленькая девочка; кра́сное пла́тье +   2. Высокий мужчина; жёлтая руба́шка --   3. Симпатичная бабушка; голубы́е джи́нсы ++   4. Красивая женщина; чёрная юбка −   5. Маленький мальчик; зелёный сви́тер +   6. Весёлый дядя; коричневые брюки --

А Урок 9

4 Что у них есть, а чего нет?

+ есть	Вика	Костя	Таня	Андрей	Виктор	Петя
− нет	Света	Вова	Лара	Роман	Олег	Ваня

5 Нравится или не нравится?

О СЕБЕ

а) *Спросите друг друга.*
Образец: — Посмотри, какой у меня свитер. Он тебе нравится?
— Да, нравится./Да, очень./Нет, не нравится./Нет, совсем не нравится.

б) *Составьте диалоги.*
Образец: — Тебе нравятся русские иконы? — Да, .../Нет, ...

весёлые люди   современная литература   русские картины
   исторические фильмы   английский язык   классическая музыка
молодой учитель   старые машины   русские песни   ...

6 Понравилось или не понравилось?

Образец: Ты вчера смотрела фильм по телевизору? Он тебе понравился?
1. Вы прочитали эту книгу?
2. Ты слушал новую песню?
3. Она видела новую учительницу?
4. Вы смотрели драму?
5. Она видела картины и иконы?
6. Они были в Петербурге?
7. Вы вчера были в театре?
8. Он в субботу был на дискотеке?

7 Читайте

Образец: На столе лежит кремовое бикини.

оранжевый
фиолетовый
салатный
лиловый
кремовый
бежевый
розовый

сандалеты
шорты
блéзер
бикини
жакет
пуловер
костюм для
   джоггинга

108   сто восемь

Урок 9 Б Какой у них характер?

1 Мальчик твоей мечты

Я могу́ тебя́ сде́лать счастли́вой. Мне 16 лет. Я прекра́сно вы́гляжу. У меня́ спорти́вная фигу́ра. Глаза́ голубы́е, как мо́ре, и во́лосы све́тлые, как со́лнце. У меня́ золоты́е ру́ки. Я всё уме́ю де́лать. Я о́чень у́мный и́ли, так сказа́ть, све́тлая голова́. Игра́ю в те́ннис, люблю́ му́зыку и теа́тр. Все де́вушки меня́ лю́бят.

Серге́й

P. S. Я совсе́м забы́л, что я ещё скро́мный и до́брый.

2 Что вы ду́маете о Серге́е?

1. Как он вы́глядит?
2. Како́й у него́ хара́ктер?
3. Чем он лю́бит занима́ться?
4. Как вы ду́маете, он скро́мный?
5. Вам нра́вится Серге́й? Почему́?

3 Ответы

Дорого́й Серге́й!

Пи́шет тебе́ симпати́чная стро́йная де́вушка. Меня́ зову́т Татья́на. У меня́ коро́ткие ры́жие во́лосы и зелёные глаза́. Подру́ги говоря́т, что я о́чень краси́вая. Ма́ма ду́мает, что я немно́го лени́вая, но э́то, по-мо́ему, совсе́м не так. Я то́же люблю́ игра́ть в те́ннис, хорошо́ пою́ и танцу́ю. Я мечта́ю о тако́м ма́льчике, как ты.

Татья́на

Приве́т, Серге́й!

Меня́ зову́т Мари́я. Мне 15 лет. Я сре́днего ро́ста, немно́го по́лная. У меня́ ка́рие глаза́ и дли́нные чёрные во́лосы. Как и ты, я то́же всё уме́ю и зна́ю. Я могу́ быть и весёлой, и серьёзной. Я совсе́м не спорти́вная, но о́чень мно́го чита́ю. Я хочу́, перепи́сываться и разгова́ривать с у́мным, ве́жливым челове́ком. Пиши́.

Мари́я

P. S. Я то́же о́чень до́брая и скро́мная.

4 Вопро́сы

а)
1. Как вы́глядит Татья́на?
2. Како́й челове́к Татья́на?
3. Как вы́глядит Мари́я?
4. Како́й у неё хара́ктер?
5. Чем де́вушки интересу́ются?
6. Вам нра́вятся Татья́на и Мари́я? Почему́?
7. Как вы ду́маете, кому́ отве́тил Серге́й?
8. О како́м ма́льчике и́ли како́й де́вушке вы мечта́ете?

б)
1. Кто э́то? Расскажи́те о де́вушке и́ли ма́льчике в кла́ссе, но не говори́те, как их зову́т.
2. Како́й челове́к твой друг и́ли твоя́ подру́га, брат и́ли сестра́?

сто де́вять 109

Б Урок 9

5 Как они выглядят?

Что говорят бабушка, Ирина и Света?

а) Кто приходил?
Вова: Здравствуй, бабушка!
Бабушка: А, это ты, Вова? Ну, как дела?
Вова: Всё нормально.
Бабушка: Ах, почти забыла, к тебе сегодня приходила симпатичная девушка.
Вова: Какая девушка?
Бабушка: Я её не знаю.
Вова: А как она выглядела?
Бабушка: ...
Вова: Ах, это, наверное, была Вика.

б) Ты его знаешь?
Ирина: Слушай, Лара, я вчера на дискотеке встретилась с очень интересным мальчиком. Ты, по-моему, его знаешь.
Лара: Вот как?!
Ирина: Он очень хорошо выглядит. Он ...
Лара: Конечно, я его знаю. Это Костя Сорокин, брат моей подруги.

в) Разговор по телефону.
Света: Алло, это ты, Алина? Говорит Света.
Алина: Привет, Света! Что нового?
Света: Алина, моя подруга будет в воскресенье в Москве. Её зовут Лара. Утром у неё будет игра на стадионе, а после обеда у неё свободное время. Ты можешь ей немного показать город?
Алина: С удовольствием. А какая она? Чем она интересуется?
Света: ...
Алина: Ну, хорошо. В 14 часов у кассы стадиона. А как Лара выглядит?
Света: ...
Алина: Ладно, это всё?
Света: Всё. Спасибо тебе, Алина. До свидания.

урок 9 В Брюки мне велики

1 красивый — красив

а) Наш город очень красивый. В праздники он (был) особенно красив.
Река в нашей деревне очень красивая. Утром она (была) особенно красива.
Озеро за городом очень красивое. Вечером оно (было) особенно красиво.
Петербургские парки очень красивые. Весной они (были) особенно красивы.

б) 1. Моя подруга очень …. Вчера на концерте она была особенно ….
2. Наш дедушка не очень …. Но вчера в день рождения мамы он был очень ….
3. Это большое здание за театром очень …. Вечером оно особенно ….
4. Мой друг всегда очень …. Но сегодня он был совсем не ….
5. Диму любят все, потому что он …. Но вчера в школе он был совсем не ….

вежливый/вежлив
красивая/красива
скромный/скромен
весёлый/весел
красивое/красиво

2 В магазине

маленький/ мал, -а́, -о́, -ы́
большой/ велик, -а́, -о́, -и́

а) Иван Иванович хотел купить себе новый костюм.
В магазине висели очень красивые костюмы: коричневые, чёрные, серые, зелёные, синие …
Зелёный костюм ему очень понравился, и он надел его. Но пиджак был ему
5 короток, а брюки длинны́. Тогда он надел коричневый костюм. Теперь пиджак был как раз, но брюки коротки. У чёрного костюма пиджак был длинен, а брюки как раз.
„Какой ужас! Что делать? Какая у меня ненормальная фигура!" — подумал Иван Иванович и надел свой старый серый костюм. Может, лучше купить новую
10 рубашку? Но и это сделать было очень трудно. Первая рубашка, которую он надел, была ему велика, вторая мала, а третья длинна. Только четвёртая рубашка была и не коротка, и не длинна, а как раз.
Девушка показала ему ещё красивые тёплые пальто. Но Иван Иванович сказал: „Спасибо, пальто у меня прекрасное. Оно мне не велико́, не мало́, не ко́ротко
15 и не длинно́. Такого хорошего пальто у вас, наверное, нет!"

б) Что говорит Иван Иванович девушке? *Образец:*
— Зелёный пиджак мне, к сожалению, короток, а брюки длинны́. Какой ужас!

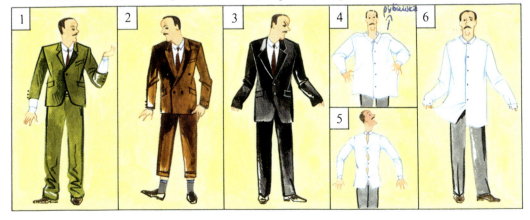

сто одиннадцать 111

В Урок 9

3 Слушайте и говорите

Этот свитер Саше был велик.
Эта блузка Нине была велика.
Это платье маме было велико.
Эти джинсы Диме были велики.

Синий костюм брату был мал.
Чёрная юбка подруге была мала.
Зелёное пальто бабушке было мало.
Серые брюки дяде были малы.

А эта голубая рубашка отцу была не велика и не мала, а как раз.

4 Всё не так

Образец: Мама сшила Ане новую юбку. Но, к сожалению, она была ей мала.
1. Отец купил маме в подарок красивую блузку. Но …
2. На дискотеку Света хотела надеть юбку Вики. Но …
3. В магазине тётя Лиля увидела прекрасное пальто. Но …
4. Старые джинсы Вове очень нравятся. Но …
5. Бабушка хотела купить себе синий костюм. Но …
6. Костя получил на день рождения новый свитер. Но …

5 Анекдот

Тётя смотрит на маленькую Таню и говорит:
— Не понимаю, Танюша. На папу ты не похожа и на маму не похожа. Да, ты, наверное, похожа на твою бабушку.
Таня долго смотрит на тётю и отвечает:
— Ужас, старею …

— Теперь он похож на тебя, папочка.

6 Кто на кого похож?

1	2	3	4	5
Вера – отец	Зина – мама	Юра – брат	Оля – сестра	Дьяковы – мама

7 Вы согласны?

а) Кто прав?

Нина: По-моему, все полные люди очень весёлые.
Олег: Да, ты права. Моя бабушка, например, полная. Она очень добрый и весёлый человек, любит шутить и рассказывать анекдоты.
Дима: А я с тобой совсем не согласен. Полные люди не всегда весёлые. Есть и очень серьёзные.

б) А вы согласны с этим?
1. Только стройные люди спортивные.
2. Слушать классическую музыку очень скучно.
3. В театр можно ходить в джинсах.
4. Чёрный цвет идёт только старому человеку.

Урок 9   Г   Друзья

1 Бо́льше не приходи́!

Ра́ю в кла́ссе все люби́ли. Учителя́, потому́ что она́ была́ у́мная и ве́жливая. Де́вочки, потому́ что она́ всегда́ была́ весёлая и до́брая. А ма́льчики, потому́ что Ра́йка была́ о́чень краси́вая. Она́ прекра́сно вы́глядела: у неё бы́ли дли́нные све́тлые во́лосы, больши́е ка́рие глаза́, стро́йная фигу́ра.

Ра́я давно́ дружи́ла с Са́ввой. Ра́ньше они́ вме́сте игра́ли во дворе́, в шко́ле они́ сиде́ли в одно́м кла́ссе, ле́том вме́сте отдыха́ли. Са́вва о́чень люби́л му́зыку, он хоте́л быть изве́стным компози́тором. Он уме́л хорошо́ игра́ть на пиани́но и писа́ть му́зыку.

Одна́жды в класс пришёл но́вый учени́к — Я́ша. Ра́е он о́чень понра́вился. Он был высо́кого ро́ста, спорти́вный, сме́лый, у́мный. На уро́ке всё знал. Он о́чень люби́л матема́тику и фи́зику, мно́го чита́л, занима́лся компью́тером и да́же каратэ́. Одни́м сло́вом — интере́сный челове́к! Ра́я и Я́ша ча́сто гуля́ли вме́сте. Ра́я всё вре́мя хоте́ла быть то́лько с ним. Она́ была́ о́чень сча́стлива. И Са́вве ста́ло гру́стно. Он Ра́ю люби́л и да́же пе́сни писа́л для неё. А Ра́я то́лько шути́ла и расска́зывала ему́, како́й прекра́сный челове́к Я́ша.

Была́ зима́. На у́лице лежа́л снег, был си́льный моро́з. На реке́ был лёд, на кото́ром ребя́та люби́ли ката́ться. Одна́жды Ра́я с Я́шей шли из шко́лы домо́й, а Са́вва, как всегда́, шёл за ни́ми. Вдруг они́ услы́шали крик: „Помоги́те!" — Они́ по́няли — э́то была́ не шу́тка! На большо́й льди́не они́ уви́дели Анто́на, ученика́ из пе́рвого кла́сса. Льди́на, на кото́рой он стоя́л, всё да́льше уходи́ла от бе́рега.

— Дава́й, в во́ду! — кри́кнул Я́ша. Но Анто́н не уме́л пла́вать. Что де́лать?
— Недалеко́ стои́т ло́дка. Мо́жет, возьмём её? — спроси́л Са́вва.
Но Я́ша отве́тил, что э́то о́чень опа́сно.

Он бы́стро побежа́л в дере́вню. А льди́на с Анто́ном уходи́ла всё да́льше и да́льше. Са́вва и Ра́я бы́стро побежа́ли к ста́рой ло́дке. Бы́ло о́чень хо́лодно. Где же Анто́н? На льди́не его́ уже́ не́ было. Ребя́та иска́ли его́ в воде́. Вдруг они́ уви́дели Анто́на. Он уже́ почти́ замёрз, и па́льцы у него́ бы́ли совсе́м бе́лые. Са́вва и Ра́я положи́ли ма́льчика в ло́дку. До бе́рега бы́ло ещё далеко́. И вдруг они́ уви́дели в ло́дке во́ду.
— Э́то коне́ц, — поду́мал Са́вва.

Когда́ Ра́я откры́ла глаза́, она́ до́лго не могла́ поня́ть, где она́. Пото́м она́ уви́дела, что ря́дом с ней сиде́ла ма́ма.
— А что с Анто́ном? — спроси́ла Ра́я.
— Всё хорошо́, Ра́ечка, не волну́йся, — отве́тила ма́ма. Приходи́ли друзья́, спра́шивали о здоро́вье. То́лько Я́ша до́лго не приходи́л. Он пришёл то́лько на пя́тый день. Он рассказа́л, что но́вого в кла́ссе, каки́е кни́ги он чита́ет, каки́е фи́льмы иду́т в клу́бе. Пришёл и Са́вва с бинто́м на пра́вой руке́.
— Что э́то у тебя́? — спроси́ла Ра́я. Са́вва до́лго не хоте́л отвеча́ть, а пото́м сказа́л:
— Тепе́рь на э́той руке́ то́лько три па́льца. Ра́я запла́кала. А Са́вва сказа́л:
— Ничего́, Ра́йка, всё бу́дет норма́льно. Ты не ду́май, я всё равно́ бу́ду писа́ть му́зыку и дава́ть конце́рты. Зна́ешь, Бетхо́вен глухо́й был и писа́л му́зыку …
Когда́ Я́ша пришёл ещё раз, Ра́я сказа́ла:
— Бо́льше не приходи́.
— Почему́?
— Потому́. *(По расска́зу А. Толстико́ва)*

Урок 9

2 Вопросы к тексту

1. Как выглядят Рая и Яша?
2. Что вы узнали о Савве?
3. Что делали раньше Рая и Савва вместе?
4. Какие хобби у Яши?
5. Что ребята увидели однажды у реки?
6. Что сделал Яша, а что сделали Рая и Савва?
7. Что вдруг было с лодкой?
8. Что потом было с Раей, что с Саввой?
9. О чём говорил Яша, когда он пришёл к Рае домой?

3 Как вы думаете?

а)
1. Почему Рае понравился новый ученик?
2. Почему Савве стало грустно?
3. Почему Яша не помог Антону?
4. Почему Рая заплакала?
5. Почему она сказала Яше: „Больше не приходи!"

б) О характере.
1. Какой характер у Раи?
2. Что за человек Савва?
3. Какой человек Яша?

4 Рассказывает мама Антона

Я так ..., что с Антоном всё хорошо.
Не думайте, что наш Антон ... мальчик. Он ... ученик, в школе у него всё .... Его учитель говорит, что Антон всегда очень ... и .... Не понимаю, почему он катался на льдине. Это совсем не ... на него. Наш сын обычно очень ..., он же прекрасно знал, что это ....
Понимаете, мы своего Антона очень любим. Он у нас ещё такой .... Как и Савва, он любит музыку. На день рождения мы ему гитару купили. Антон и ... спортсмен. Только плавать ещё не умеет. Раю я тоже знаю. Мы живём недалеко от её дома. Она очень ... девочка. Когда я думаю о Савве, мне очень грустно. Какой ... мальчик! Какой ужас! Я долго плакала. Мы же знаем, что Савва хочет быть ... композитором и пианистом.

маленький
нормальный
плохой
похожий
вежливый
смелый
симпатичный
опасный
счастливый
знаменитый
хороший
скромный
осторожный
неплохой

⟨5 Кто здесь кто?⟩

а) Кого вы видите на фото? Как они выглядят?
б) Прослушайте и скажите, кто есть кто. Какой у них характер?

Урок 9 ‹Цвет и характер›

Из газеты „НОВГОРОДСКАЯ ПРАВДА":

СЕГОДНЯ В НОМЕРЕ:

ЦВЕТ И ХАРАКТЕР

Все мы любим один цвет. Ну, может, не один, а два, три. Цвет, который вы больше любите, может рассказать о вашем характере.

Белый — это цвет мечты. Он очень интересный. Светлый и холодный, как лёд. Все, кому нравится этот цвет, люди с хорошим характером.

Чёрный — этот цвет очень тёмный. Кто любит его, тот несчастливый человек. Эти люди много волнуются, у них часто драма.

Серый цвет обычно любят люди, которые много работают, думают, решают. Это умные и серьёзные люди.

Красный цвет — это любовь. Он символ свободы, теплоты. Его любят сильные и счастливые люди.

Оранжевый цвет любят люди, которые много мечтают. Эти люди часто не очень скромны и вежливы.

Коричневый — цвет семьи. Его любят там, где есть дети, теплота. Это очень добрые люди.

Жёлтый — это цвет солнца. Эти люди добрые и умные. С ними можно хорошо дружить.

А **розовый** цвет? Он вам тоже нравится? Люди, которые его любят, обычно оптимисты, они счастливы. У них всё хорошо, они любят жить.

Фиолетовый цвет любят только серьёзные люди. Осторожно, с ними иногда скучно!

Синий — цвет неба. Обычно это сильные люди. Они любят отдыхать на берегу моря.

Зелёный — цвет природы и весны. Это сильные и весёлые люди.

Ну что? Вы думаете, это шутка? Или вы совсем не согласны с автором?

(Н. Кузнецова)

— Осторожно, доктор, я занимаюсь каратэ.

Урок 10 — Москва — вчера...

12-ый век.
Москва ещё была маленькой деревней. В середине века Юрий Долгорукий построил кремль.

13-ый век.
Татары разрушили Москву.

16-ый век.
Иван Грозный был первым русским царём.

18-ый век.
При Петре I Санкт-Петербург стал столицей страны, но Москва всегда была её сердцем.

19-ый век.
Наполеон и его армия в Москве.

20-ый век.
В начале века была Октябрьская революция, и Москва опять стала столицей страны.

Урок 10   A   ... и сегодня

1 Самый большой город страны

Москва — самый большой город страны и её столица. Город очень старый. Его основал Юрий Долгорукий в 12-ом веке. В центре города находится Кремль. Его
5 красивые соборы, башни и дворцы — самые старые здания Москвы.

Красная площадь — центральная и самая известная площадь Москвы. На ней находится храм Василия Блаженного,
10 самый красивый собор столицы. Напротив Кремля находится ГУМ — Государственный универсальный магазин. Недалеко от ГУМа находится гостиница „Россия", это самая большая гостиница
15 в центре города.

В Москве есть красивые парки и сады. Там москвичи гуляют, отдыхают и слушают концерты. В самом большом парке — в Измайловском — находится луна-парк.
20 Москвичи и туристы любят ходить в самую популярную галерею страны — в Третьяковскую галерею.

Московское метро — самое красивое метро в мире. Почти каждая станция
25 в центре похожа на дворец.

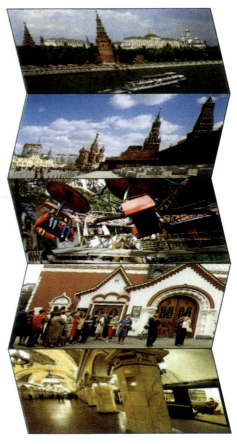

2 О Москве

Что вы узнали о/об
— центре города?
— самом красивом соборе?
— самой большой гостинице?
— Измайловском парке?
— Третьяковской галерее?
— московском метро?

3 Что ещё есть в Москве?

Казанский вокзал —		большая крепость в мире.
Московский государственный университет —	самый	высокая башня страны. популярная радиостанция Москвы.
Московский Кремль —	самая	
Большой театр —	самое	известный кинотеатр Москвы.
Телебашня „Останкино" —	самые	большой вокзал Москвы.
„Эхо Москвы" —		длинная улица в Москве.
Тверская улица —		известный театр страны.
Кинотеатр „Россия" —		старый университет страны.

сто семнадцать 117

Урок 10

4 Туристы рассказывают

а) *Образец:* Когда я была в Москве, я ходила в **самую известную галерею** города.

1. Когда я был в Петербурге, я был в *(самый известный музей)* города.
2. В Лондоне я жила недалеко от *(самый большой дворец)* города.
3. Я сфотографировал *(самая высокая башня)* Берлина.
4. Когда я была в Вене, я гуляла по *(самый популярный луна-парк)* города.
5. Я спал под *(самый старый мост)* Парижа.
6. Когда я была в Китае, я гуляла по *(самая длинная стена)* мира.
7. Когда я был в Мадриде, я смотрел картины в *(самая знаменитая галерея)* страны.
8. Я говорила с *(самый известный мужчина)* Ватикана.
9. Когда я был в Монте-Карло, я катался на *(самая быстрая машина)* мира.

б) Расскажите, где вы были, куда вы ходили, с кем вы встречались, танцевали, кого/что вы видели.

5 Москва – Санкт-Петербург

Так говорят:	*Так пишут:*
Москва – столица страны.	Москва является столицей страны.
Санкт-Петербург – морской порт.	Санкт-Петербург является морским портом.

1. Юрий Долгорукий – основатель Москвы. Пётр I – основатель Санкт-Петербурга.
2. Спасская башня – символ Москвы. ... – символ Санкт-Петербурга.
3. Третьяковская галерея – самый известный музей Москвы. ...
4. Тверская улица – главная улица Москвы. ...
5. Кремль – исторический центр Москвы. ...

6 Песня: „Подмосковные вечера"

1. Не слышны в саду даже шорохи,
   Всё здесь замерло до утра.
   Если б знали вы, как мне дороги
   Подмосковные вечера.

2. Речка движется и не движется,
   Вся из лунного серебра.
   Песня слышится и не слышится
   В эти тихие вечера.

3. Что ж ты, милая, смотришь искоса,
   Низко голову наклоня?
   Трудно высказать и не высказать
   Всё, что на сердце у меня.

4. А рассвет уже всё заметнее...
   Так, пожалуйста, будь добра,
   Не забудь и ты эти летние
   Подмосковные вечера!

Урок 10 Б Люди и улицы в Москве

1 Они жили в Москве

а) Михаил Васильевич Ломоносов

Михаил Васильевич Ломоносов родился в начале 18-го века в маленькой деревне недалеко от города Архангельска. Его отец был рыбаком. Отец много работал, и Михаил часто помогал ему. В деревне школы не́ было, читать и писать он научился сам. Когда ему было 19 лет, он переехал в Москву. Там он хотел учиться дальше. Другие ученики в школе смеялись и говорили: „Смотрите, какой старик у нас в классе. В 20 лет пришёл учиться!" Но Ломоносов был очень хорошим учеником, и поэтому он мог учиться дальше в университете в Ма́рбурге и во Фра́йберге. В за́падной Европе он жил 5 лет. Ломоносов стал первым русским профессором в Санкт-Петербурге. Там раньше были только немецкие профессора. Ломоносов был великим физиком, химиком, астрономом, филологом и поэтом. Он написал русскую грамматику и нарисовал первую карту русской страны.
Ломоносов является основателем московского университета, который сегодня называется „Московский государственный университет имени М. В. Ломоносова". Он умер в Санкт-Петербурге в середине 18-го века.

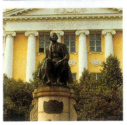

б) *Напишите короткий текст о Пу́шкине или о Чайко́вском. Вот вам факты о них.*

Александр Сергеевич Пу́шкин	Пётр Ильич Чайко́вский
* в конце 18-го века в Москве	* в середине 19-го века на Урале
† в середине 19-го века в Петербурге	† в конце 19-го века недалеко от Москвы
— няня и бабушка читали ему стихи, рассказывали сказки; он очень любил их	— его семья: очень музыкальная, мать любила музыку, играла на фортепиано, отец был директором завода
— много читал, дома у них была большая библиотека	— получал уроки музыки
— в 12 лет переехал в Петербург, учился в Ца́рском Селе́, написал первые стихи	— слушал итальянские и немецкие оперы
— написал стихи против царя	— в 10 лет учился музыке в Петербурге
— сослали его на юг	— в 26 лет переехал в Москву
— в 32 года переехал с женой в Петербург	— стал профессором музыки и известным композитором
— в 37 лет умер после дуэли	— часто жил на Западе, например, в Ба́ден-Ба́дене и в Пари́же
— самые известные рассказы, драмы и романы: „Пи́ковая да́ма", „Борис Годунов", „Евгений Онегин"	— самые известные оперы: „Евгений Онегин", „Пи́ковая да́ма"
	— самый известный балет: „Лебединое озеро"
— сегодня в Москве: дом-музей Пу́шкина, памятник Пу́шкину, музей им. А. С. Пу́шкина	— сегодня в Москве: концертный зал им. П. И. Чайко́вского, памятник Чайко́вскому

Б   урок 10

2 Турист в Москве

3 Диалоги на улице

Что спрашивают туристы?

1. – ...?
   – До МГУ? На метро до „Университета".
2. – ...?
   – Нет, стадион „Динамо" через две.
3. – ...?
   – Идите прямо по Тверской улице до памятника Пушкину. Там вы увидите кинотеатр „Россия" справа.
4. – ...?
   – Нет, сейчас не выхожу.
5. – ...?
   – Идите прямо по Пушкинской улице до конца. Потом поверните налево. Там вы увидите Большой театр.
6. – ...?
   – Идите прямо до кинотеатра. Там остановка автобуса.

4 Как добраться?

Составьте диалоги.
Образец:
„Памятник Долгорукому?"
→ Пушкинская улица
→ кафе
⌐
→ Тверская улица

– Извините, пожалуйста, как добраться до памятника Долгорукому?
– Идите прямо по Пушкинской улице до кафе. Поверните налево и идите дальше до Тверской улицы. Там стоит памятник Долгорукому.

1. „Магазин Мелодия?" → этот проспект → остановка автобуса ⌐ → улица Новый Арбат
2. „Луна-парк?" → эта улица → киоск ⌐ → зелёный театр ⌐ луна-парк

120   *сто двадцать*

Урок 10 Б

‹5 Экскурсия по Москве›

Правила игры: Ваша экскурсия начинается перед гостиницей „Россия". Бросайте кубик и ходите вперёд. Скажите, куда вы идёте/едете („Я иду/еду в Кремль."), или где вы находитесь („Сейчас я в Кремле."). Если вы сделаете ошибку, вы не сможете ходить дальше!

Кремль: Вы в сердце Москвы. Смотрите, вот соборы, дворцы и башни. Как красиво! Пропустите один ход.

Большой театр: Вы хотите купить билет на „Лебединое озеро". К сожалению, касса не работает. Идите дальше по Тверской улице до памятника Пушкину. Вы идёте пешком. Не бросайте кубик. Каждый ход — 2 пункта вперёд.

Концертный зал им. Чайковского: Вы слушаете 1-ый концерт Чайковского, но кто спит на концерте — 2 пункта назад.

Станция „Комсомольская": Эта станция — как дворец! На метро вы едете очень быстро — 2 пункта дальше.

Измайловский парк: Отдыхайте в парке. Луна-парк — это здорово! Пропустите один ход.

Телебашня „Останкино": Вы обедаете в ресторане „Седьмое небо" — 4 пункта дальше.

Стадион „Динамо": Здесь вы смотрите очень интересный футбольный матч. „Динамо" играет очень хорошо. На метро дальше до „Пушкинской".

Арбат: Вы покупаете сувениры на Арбате. Осторожно. Здесь всё очень дорого! 3 пункта назад.

Экскурсия на катере: Вы едете на катере по Москве-реке до МГУ. Не бросайте кубик. Каждый ход — два пункта вперёд.

МГУ: Студент приглашает вас в университет. Вы почти всё понимаете — 4 пункта дальше.

Третьяковская галерея: Вам очень нравятся иконы и картины в этом знаменитом музее. Пропустите один ход.

Гостиница „Россия": Экскурсия кончается. Кто первый?

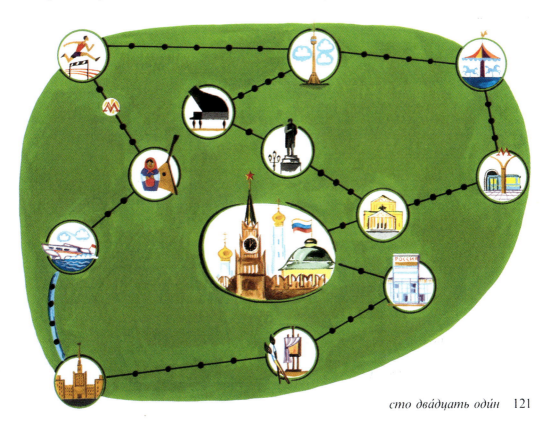

урок 10 ▸ В Москва и москвичи

1 Из дневника москвички

Четверг
Узнала, что Евгений Кисин в субботу даёт концерт в зале им. Чайковского! Весь день думала только о том, как купить билет. Рассказала Лизе о концерте. Лиза знает женщину, которая работает в кассе. После школы мы идём к той кассе, где она работает, но, конечно, все билеты на этот концерт она уже продала. Но она сказала, что перед концертом ещё, наверное, будут билеты.

Пятница
Какой день был сегодня! Трудно обо всём написать! После школы хотела отдохнуть, но во всей квартире был беспорядок! Это всё Мишка сделал, и, конечно, не убрал. Я начала убирать, но вдруг звонок. Это Лиза:
— Давай поедем в центр!
— Хорошая идея!
В автобусе ужасно. Вся Москва едет в центр! Не могли выйти на той остановке, где хотели. В метро было не лучше. Потом мы гуляли по Арбату. Было здорово. Играла музыка, туристы со всего мира покупали сувениры.

Вдруг две девочки из Дюссельдорфа спросили нас, где можно поужинать. Они были очень симпатичные и знали два, три слова на русском языке: „До свидания", „Я люблю тебя" и „Хорошо". Наш немецкий язык был тоже не лучше. Но было очень весело. Потом они пригласили нас в кафе. Весь вечер мы говорили, шутили и забыли обо всём другом. И вдруг я увидела, что уже 11 часов. Дома мы были только в 12. Обо всей драме дома не хочу писать. На сегодня всё.

Суббота
Всю субботу убирала квартиру, и вечером мама сказала: „Ладно, иди на концерт." В 6 часов мы с Лизой едем в центр. Уже в метро нас спрашивали: „Есть лишний билет?" Всю дорогу слышали этот вопрос. И вдруг нас спросил один молодой человек: „Хотите на концерт? Вот вам билеты." Места были прекрасные, но, к сожалению, не рядом с тем симпатичным молодым человеком …

2 Обо всём

Образец: Девочка думала о концерте весь четверг.

1. Женщина в кассе продала уже ... билеты на концерт.
2. ... пятницу была драма.
3. Девочка не хотела писать обо ...
4. Когда она пришла домой, во ... квартире был беспорядок.
5. В этот день на метро ехала ... Москва.
6. Девочки ... вечер были в кафе.
7. После ужина они гуляли по ... городу.
8. В субботу она ... день убирала квартиру.
9. Когда девочки шли на концерт, ... дорогу люди спрашивали о лишнем билете.
10. Молодой человек дал им билеты и пожелал ... хорошего.
11. В понедельник она ... классу рассказала о концерте.

Урок 10

3 Вся Москва

1. Вы хотите знать ... Москву?
2. В этой книге информация о ... Москве:
3. В ней план ... города.
4. В ней ... адреса и номера.
5. В ней музеи, театры, рестораны ... столицы!
6. Читайте! У вас будет информация обо ...

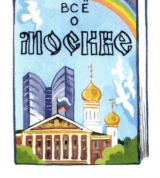

4 Всё время

а) *Образец:* **Всю зиму** лежал снег.

день	весна	утро	воскресенье	лето
год	зима	неделя	вечер среда	февраль

1. ... они строили дачу.
2. ... был сильный мороз.
3. ... мы готовились к экзамену.
4. ... они смотрели телевизор.
5. ... он сидел перед компьютером.
6. ... искала свой учебник.
7. ... работали в огороде.
8. ... отдыхал на море.
9. ... делали уроки.
10. ... занималась немецким языком.

б) Что вы делали весь вечер, всё лето, ...?

5 этот — тот

Образец: в ресторане — русская кухня/итальянская
В **этом** ресторане русская кухня, а в **том** итальянская.

1. в театре идут — оперы и балеты/драмы
2. автобус едет — в центр/на Казанский вокзал
3. туристы живут — недалеко от Кремля/недалеко от Большого театра
4. другу я написал — открытку/письмо
5. на улице есть — универмаг/почта
6. рядом с гостиницей есть — бассейн/кинотеатр
7. перед собором обычно встречается — первая группа/вторая группа

!
эти — те
этим — тем

6 Памятники в Москве

а) *Образец:* Лев Толстой — знаменитый писатель — 19-ый век
В Москве есть памятник Льву Толстому. Толстой был знаменитым русским писателем. Он жил в 19-ом веке.

1. Дмитрий Менделеев — известный химик — 19-ый век
2. Михаил Ломоносов — знаменитый профессор — 18-ый век
3. Александр Пушкин — великий поэт — начало 19-ого века
4. Пётр Чайковский — известный композитор — 19-ый век
5. Владимир Маяковский — известный поэт — 20-ый век
6. Юрий Гагарин — первый человек в космосе — 20-ый век

б) Какие памятники есть в вашем городе? Кому? Что вы знаете о них?

Урок 10 Г Русские цари

1 Царевич Дмитрий

1. Когда русский царь Иван Грозный умер, жили два его сына: Фёдор и Дмитрий. Царём стал его первый сын Фёдор. Но Фёдор был слабоумным, и за него царствовал Борис Годунов.

Второй сын — маленький Дмитрий и его мать не могли больше жить в Кремле. Они переехали в маленький город Углич на Волге.

Уже семь лет они жили в Угличе. Дмитрий был смелым и умным мальчиком, но его мать всегда волновалась, что царевича могут убить.

И это случилось весной, в мае, когда Дмитрию было восемь лет. Царевич играл в парке, вдруг мать услышала крик.

— Что случилось? Где мой Дмитрий?

Царевич лежал в парке мёртвый, а рядом с ним — нож. Весь Кремль и вся Россия быстро узнали, что царевич умер.

— Почему умер царевич? Его убили? Кто? Почему? В Угличе царская комиссия долго искала ответы на эти вопросы, но без результата. Поэтому комиссия решила, что Дмитрий сам убил себя, когда он играл с ножом. Но люди говорили:

— Наверное, Борис Годунов его убил, потому что он сам хочет стать царём.

Борис Годунов был умным человеком, и он хорошо царствовал за Фёдора. И когда Фёдор умер, царём стал Борис Годунов. Царь Борис был неплохим царём, но время было очень трудное, люди умирали от голода. Одни думали, это потому, что Борис Годунов убил царевича Дмитрия. Другие говорили:
— Царевич не умер. Он живёт в Польше. Там у него армия. Скоро он будет царём в Кремле, и всё будет лучше.

2. В это время в Польше жил молодой человек, который рассказывал, что он царевич Дмитрий, сын Ивана Грозного. — Моя мать волновалась, что меня могут убить. Поэтому рядом со мной всегда был другой мальчик, который был похож на меня. Его убили, а не меня, — так говорил молодой человек и показывал золотой крест. — Этот крест мне дала моя мать, когда я ещё жил в Угличе.

Этот молодой человек не был похож на Ивана Грозного. Он был маленького роста, и у него были рыжие волосы. Но он был похож на царевича.

124 сто двадцать четыре

Урок 10

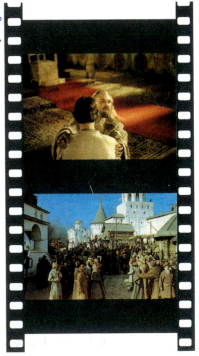

Например, его правая рука была очень короткая, как у царевича Дмитрия. Он был умным и смелым молодым человеком. Все говорили, что он вежливый, добрый человек, и что манеры у него царские.

„Дмитрий" хотел стать царём. Он собирал армию. Поляки помогали ему. Многие русские тоже думали, что он царевич Дмитрий, Во всей стране были люди, которые хотели помочь ему. Наконец у смелого „царевича" была армия.
Весной, когда он был уже недалеко от Москвы, вдруг умер Борис Годунов. Дмитрий пришёл в Москву и стал царём.

Такого царя русские ещё не видели. Он гулял по всему городу, любил западные манеры, западную моду, хотел основать школы. Ему нравилось смотреть, как живут и работают в Москве иностранцы.
„Дмитрий" царствовал в Кремле только один год. Конец был ужасным. В конце мая его убили. Даже сегодня мы не знаем, был он царевичем или нет.

2 Что случилось?

1. Когда умер Иван Грозный, Фёдор …
2. Когда Фёдор был царём, Борис Годунов …
3. Когда Борис Годунов царствовал, маленький Дмитрий …
4. Когда Дмитрию было восемь лет, …
5. Когда умер царевич Дмитрий, …
6. Когда Фёдор умер, …
7. Когда Борис Годунов был царём, в Польше …
8. Когда поляки узнали о „царевиче", …
9. Когда „Дмитрий" был недалеко от Москвы, …
10. Когда „Дмитрий" был царём, …

3 Что вы знаете о них?

— Иван Грозный
— Фёдор Иванович
— Дмитрий Иванович
— Борис Годунов

4 Почему?

Скажите, почему …

* жена Ивана Грозного жила в Угличе.
* Борис Годунов царствовал за сына Ивана Грозного.
* говорили, что Борис Годунов убил царевича.
* царская комиссия была в Угличе.
* „Дмитрий" в Польше показывал золотой крест.
* можно сказать, что манеры и характер „царя Дмитрия" были как у Петра I.

Урок 11 Будьте здоровы!

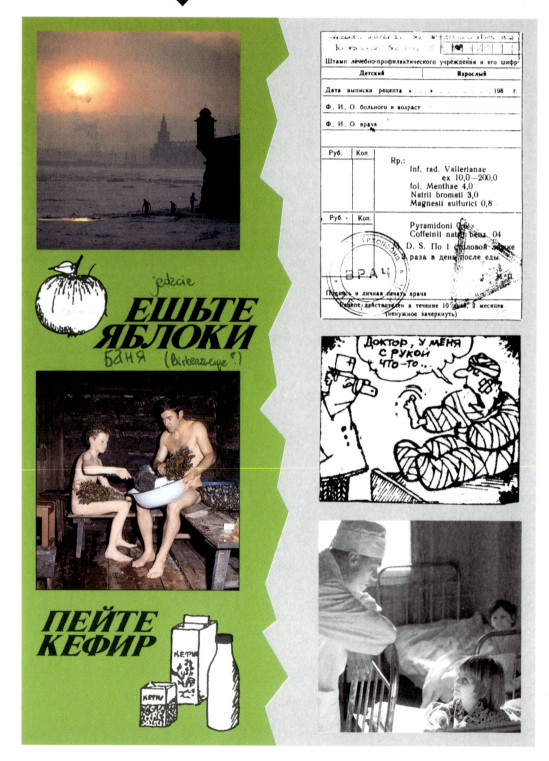

УРОК 11   A   Света больна

1 Надо лежать

— Света, вставай!

Мама уже второй раз будит Свету.

— Уже 7 часов, а ты всё ещё лежишь. Вставай. Что с тобой?
— Я чувствую себя плохо.
— Что за фокусы? Вставай!
— Мама, я не могу. У меня всё болит: голова, горло. Мне холодно.
— Ого, у тебя высокая температура. Вот что, Светик, лежи, не вставай. Надо позвонить врачу.

После обеда приходит врач.

— Ну, Света, как ты себя чувствуешь?
— Плохо. Я не могу говорить. Очень болит горло и голова. У меня температура.
— Открой рот, скажи „а — а — ...".
— А – а
— Всё ясно. У тебя ангина. Наверное, ходила без пальто и шапки? Вот что, Света, теперь тебе надо лежать дома. В школу ходить нельзя. Вот рецепт. Эти таблетки надо пить три раза в день. А горчичники у вас есть? — спрашивает маму врач.

— Конечно, есть, — отвечает мама.
— Поставьте их вечером.
— А горчичники не надо. Я их не люблю.
— Любишь или не любишь, а поставить надо. И ещё надо много пить.
— Ой, хорошо, пить хочу. Мама, принеси колу из холодильника, пожалуйста.
— Нет, нет, холодную колу пить нельзя, — говорит врач.
— А как же с тренировкой? Всю неделю надо лежать?
— Нет, всю неделю не надо лежать, но заниматься спортом нельзя две недели.
— Ох, как скучно! А телевизор смотреть можно?
— Да, можно, читать тоже можно, но только не долго. Надо много спать.

2 Света чувствует себя плохо

1. Почему Свете надо лежать дома?
2. Что надо делать больной Свете, а что не надо?
3. Что ей можно делать, чего ей нельзя делать?

3 Что надо, не надо, можно, нельзя?

Что делать, когда

* у вас ангина?
* у вас грипп?
* голова болит?
* горло болит?
* глаза болят?
* руки болят?
* у вас температура?
* вам плохо?
* вам холодно?
* вам жарко?

танцевать, ходить в школу, кататься на велосипеде, говорить, волноваться, есть мороженое, пить чай, пить таблетки, читать, плавать в бассейне, играть в футбол, ставить горчичники, смотреть телевизор, делать компрессы, ходить на дискотеку, надевать пальто и шапку ...

сто двадцать семь   127

A Урок 11

4 Что делать?

Образец: На стадионе играет рок-группа „Авиа".
Надо обязательно купить билет на концерт.

1. В комнате очень жарко.
2. На улице сегодня холодно.
3. Мы не знаем, какая погода будет в субботу.
4. В холодильнике нет молока.
5. Я не знаю, что сегодня идёт в кинотеатре.
6. У тёти в воскресенье день рождения.
7. У Светы ангина.
8. Вы чувствуете себя плохо.

5 Что со Светой?

Вечером Вика приходит к Свете.

Вика: Что с тобой? Почему тебя сегодня не было в школе?
Света: Я больна. У меня горло болит, и голова тоже.
Вика: А врач был?
Света: Да, она сказала, что у меня ангина. Теперь мне надо лежать, пить таблетки.
Вика: А когда тебе можно в школу?
Света: Только в следующий понедельник.
Вика: Хорошо тебе! Ты можешь смотреть телевизор, читать, не надо сидеть на уроке.
Света: А ещё врач сказала, что мне надо много спать. Как скучно!
Вика: А что тебе можно есть?
Света: Да всё, только нельзя пить холодное, а я хочу пить колу из холодильника. И плохо, что я не могу ходить на тренировки. А что нового в школе?
Вика: Ничего, как всегда. Все спрашивали, что с тобой. Теперь я знаю. Ну, всего хорошего.
Света: Пока!

6 В школе

В школе Вика рассказывает, что она была у Светы.

Вика: Света сказала, что она больна.
Она рассказала, что у неё был врач, и что ей надо лежать и пить таблетки.
Я спросила её, когда ей можно в школу, и она сказала, что …

Продолжайте.

7 Что сказали ребята?

1. *Катя:* У меня тоже была ангина. Ну и что?
2. *Денис:* А я лежал две недели в больнице! Я чувствовал себя очень плохо.
3. *Таня:* Плохо, что Светы не было на тренировке. Было так интересно!
4. *Зина:* А хорошо, что её не было на уроке математики. Мы писали контрольную работу.
5. *Петя:* Ужас! У меня тоже болит горло. Я не могу говорить.
6. *Ваня:* Я тоже чувствую себя плохо. Ой, эпидемия!
7. *Лара:* А почему Андрея не было в школе? Наверное, он тоже болен.
8. *Вова:* Нет. У него дедушка умер.

Вечером Вика рассказывает Свете, что сказали ребята.
— Катя сказала, что у неё …

Урок 11 Б Как ваше здоровье?

1 Ваше тело

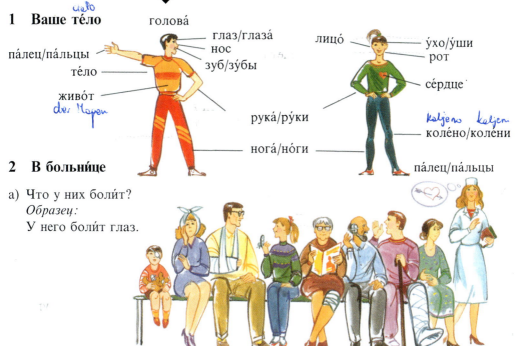

голова
глаз/глаза
нос
зуб/зубы
лицо
ухо/уши
рот
сердце
палец/пальцы
тело
живот
рука/руки
колено/колени
нога/ноги
палец/пальцы

2 В больнице

а) Что у них болит?
Образец:
У него болит глаз.

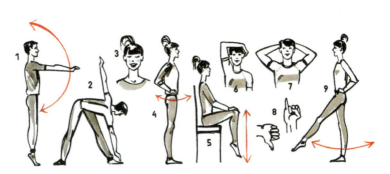

б) Что им надо, можно, нельзя делать?

в) Кто у вас в классе болен? А в семье? Что им надо, можно, нельзя делать?

3 Гимнастика

1. Поставьте ноги вместе. Руки вперёд. Руки вверх.
2. Правую руку на пальцы левой ноги. Левую руку на пальцы правой ноги.
3. Откройте рот. Скажите „а–а". Закройте рот. Закройте глаза. Откройте глаза.
4. Пальцы на живот. Живот вперёд, назад.
5. Руки на колени. Колени вверх, колени вниз. Ноги вверх. Ноги вниз.
6. Правую руку на левое ухо, левую руку на правое ухо.
7. Руки на голову. Голову назад, глаза направо, глаза налево.
8. Пальцы играют, пальцы отдыхают. Большой палец вниз. Маленький палец вверх.
9. Левую ногу вперёд. Левую ногу назад. Правую ногу вперёд. Правую ногу назад.

б) Делайте гимнастику в классе. Один ученик или одна ученица является тренером, а другие делают, что он или она говорит.

[handwritten top:] он был болен / больным / больни / больными

Б Урок 11

4 Читайте

- органи́зм, скеле́т, не́рвы, мускулату́ра, рефле́кс
- медици́на, поликли́ника, санато́рий, лаборато́рия
- до́ктор, медсестра́, пацие́нт, пацие́нтка
- симпто́м, ана́лиз, рентге́н, диа́гноз, нарко́з, опера́ция, шприц, пла́стырь, ва́та, термо́метр, пилю́ля, миксту́ра, дие́та

5 У врача́

а) *Пацие́нт:* Здра́вствуйте, до́ктор!
Врач: Здра́вствуй! Что с тобо́й?
Пацие́нт: Уже́ два дня у меня́ си́льный на́сморк и ка́шель. *[сбоку: katar]*
Врач: Температу́ра есть?
Пацие́нт: Да, есть. Невысо́кая.
Врач: Откро́й рот, скажи́ „а — а".
Пацие́нт: А — а.
Врач: Ну да. Го́рло немно́го кра́сное. Но э́то не так стра́шно. Реце́пт возьми́ у медсестры́. И не забыва́й надева́ть пальто́ и ша́пку — весно́й ещё хо́лодно. *[сбоку: siostra (szpital)]*
Пацие́нт: На́до мне лежа́ть до́ма?
Врач: Нет, не на́до. До свида́ния!
Пацие́нт: До свида́ния!

б) *Пацие́нт:* До́брый день!
Врач: До́брый день! Ну, что у вас боли́т? *[сбоку: boli]*
Пацие́нт: Мне пло́хо. У меня́ живо́т боли́т.
Врач: Что вы е́ли и пи́ли вчера́ и сего́дня?
Пацие́нт: Как всегда́. Ве́чером котле́ты с пюре́, яйцо́, а у́тром пил то́лько чай.
Врач: Э́то серьёзно. Сейча́с эпиде́мия. На́до сде́лать ана́лиз.

Соста́вьте диало́ги у врача́.
1-ый пацие́нт: грипп
2-ой пацие́нт: анги́на
3-ий пацие́нт: боли́т живо́т
4-ый пацие́нт: си́льный на́сморк
5-ый пацие́нт: боли́т ле́вое коле́но

6 Слова́, слова́

а) *Сравни́те.*

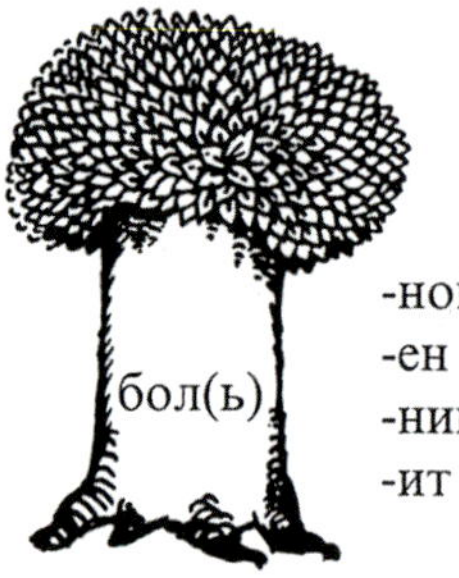

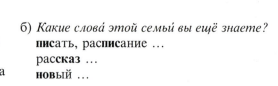

бол(ь)
-но́й
-ен
-ни́ца
-и́т

б) *Каки́е слова́ э́той семьи́ вы ещё зна́ете?*
писа́ть, рас**пис**а́ние …
рас**ска́з** …
но́вый …

⟨7 Прекра́сные табле́тки⟩

Прослу́шайте текст. Отве́тьте на вопро́сы.

1. Где сиде́л молодо́й челове́к?
2. Почему́ он пришёл к врачу́?
3. Когда́ у него́ начина́ется рабо́та?
4. Когда́ он обы́чно хо́дит на рабо́ту?
5. Что сказа́л врач?
6. Что пото́м сде́лал молодо́й челове́к?
7. Что бы́ло у́тром?
8. Что сказа́ли ему́ на рабо́те?
9. Почему́ смея́лись над ним?

Урок 11 B   Куда они идут?

1 Вы занимаетесь спортом?

Борис Петрович берёт интервью на улице. Вот что ему отвечают:

Павел Андреевич: Конечно, занимаюсь спортом. Три раза в неделю я хожу на тренировки. Зимой я хожу на лыжах, и, кроме того, вся наша семья ходит в походы или ездит по стране на велосипеде. А сейчас мне надо спешить. Я иду на тренировку.

Никита Георгиевич: Спорт — это не по мне. Я не люблю ходить пешком или ездить на велосипеде. На работу я езжу на машине. Сейчас? Сейчас я иду к остановке автобуса и еду на работу на автобусе, потому что сегодня моя машина на ремонте. Кошмар!

Марина: Я не занимаюсь спортом, но в школу, к подруге, в магазины я хожу только пешком. Кроме того, я каждый вечер хожу с моей собакой по парку. Ездить на автобусе — это для меня ужас.

Любовь Николаевна: Я думаю, что заниматься спортом даже опасно! Вчера я ходила в кино и смотрела фильм об этом. Я чувствую себя очень хорошо и без спорта.

Александр Петрович: У нас вся семья занимается гимнастикой. Только маленький Алёша ещё не может заниматься. Ему только год. Он ещё не ходит. Извините, но мне надо идти в магазин.

2 Дополните

1. Никита Георгиевич не любит … пешком. На работу он … на машине. Только сегодня он … на автобусе, потому что его машина на ремонте.
2. Марина всегда … пешком. Каждый вечер она … по парку со своей собакой. Она не любит … на автобусе.
3. Павел Андреевич сейчас … на тренировку. Три раза в неделю он … на тренировки. Кроме того, он … по стране на велосипеде и … в походы со всей семьёй.
4. У Александра Петровича маленький сын, который ещё не …. Сейчас Александр Петрович … в магазин.
5. Любовь Николаевна вчера … в кино и смотрела интересный фильм.

3 О себе!

1. Вы ходите на тренировки? Сколько раз в неделю?
2. Вы ходите в школу пешком? Или ездите? На чём ездите?
3. Сколько раз в год вы ходите в поход? С кем?
4. Вы любите ходить на лыжах? Когда? С кем?
5. Ваш папа или ваша мама ездит на работу на машине? А в магазины?

4 Анекдоты

Однажды в Екатеринбурге две старушки ехали на поезде. В вагоне они сидели и разговаривали.
— Куда вы едете?
— Я еду в Москву, к сыну.
— А я во Владивосток, к сестре.
— Смотрите, какая теперь техника, — сказала первая старушка. — Мы сидим в одном вагоне и едем в разные стороны!

Один человек пишет о командировке. „Вот кошмар!" — думает он. — „Куда я ездил, уже написал. Когда ездил, тоже написал. Только забыл, почему я ездил …"

сто тридцать один 131

▶ Урок 11

5 идти – ходить? ехать – ездить?

1. Каждое воскресенье мы ... на дачу.
2. Какой автобус ... до Эрмитажа?
3. Эти спортсмены ... на стадион.
4. Весь день туристы ... по городу с Верой Максимовной.
5. – Куда ты ...? – В больницу.
6. – Ты любишь ... на велосипеде? – Да, я всегда ... в школу на велосипеде.
7. Ей только 5 лет. Она ещё не ... в школу.
8. Вчера я ... в гости. Было очень весело.
9. В августе мы ... на море. Отдыхали здорово.

6 Где они были?

а) *Образец:* Где были туристы в четверг? (дом-музей Пушкина)
В четверг туристы ходили в дом-музей Пушкина.

1. Где был Борис Петрович в командировке? (Санкт-Петербург)
2. Где были Сорокины летом? (дача)
3. Где была Вика после обеда? (Лара)
4. Где был Вова в субботу? (дискотека)
5. Где была Оксана весной? (Вова)
6. Где была Алина вчера вечером? (Большой театр)
7. Где были спортсмены вчера? (стадион „Динамо")
8. Где были Орловы в воскресенье? (новоселье)

О СЕБЕ

б) 1. – Где вы были летом? (– Мы ездили на море. ...)
2. – Где вы были на Новый год? (– Мы ходили в оперу. ...)
3. – Где вы были в среду? (– Я ходила ...)

Продолжайте! Спросите друг друга.

7 Слушайте и говорите

[в:]	[к:]	[н:]
в‿волейбол	хоккей	Анна
в‿воскресенье	коккер	теннис
в‿Вене	к‿Кате	ванная
в‿ванную	к‿Коле	государственный
в‿восемь часов	к‿клубу	иностранный
		современный
		каменный

[с:]

бассейн
профессор
кассета
Россия
с‿сыном
с‿Саввой

> А жуки живут жужжа.
> Не жужжать жукам нельзя.
> Без жужжания жуки
> Заболеют от тоски.
>
> С. Щукина

132 сто тридцать два

урок 11 **B**

8 Что им на́до бы́ло де́лать?

Одна́жды Ве́ра Макси́мовна лежа́ла в больни́це.

а) Что на́до бы́ло де́лать Ви́ке, Ко́сте, Бори́су Петро́вичу?
   Бори́с Петро́вич: встава́ть ра́ньше, буди́ть Ко́стю и Ви́ку, гото́вить за́втрак
   Ви́ка: гото́вить у́жин, брать ма́ме кни́ги из библиоте́ки
   Ко́стя: ходи́ть в магази́ны, покупа́ть фру́кты для ма́мы
   Все вме́сте: убира́ть кварти́ру, обе́дать в столо́вой, ходи́ть в больни́цу

б) Что им не на́до бы́ло де́лать?
   волнова́ться (Ве́ра Макси́мовна чу́вствовала себя́ уже́ лу́чше); ходи́ть в больни́цу ка́ждый день; обе́дать в столо́вой в воскресе́нье (они́ обе́дали у ба́бушки); убира́ть кварти́ру ка́ждый день

9 Све́та чу́вствует себя́ лу́чше

а) Све́та чу́вствует себя́ уже́ лу́чше. Она́ говори́т с ба́бушкой в Москве́ по телефо́ну. Ба́бушка хо́чет всё знать, и Све́та расска́зывает.

Образе́ц: У меня́ была́ анги́на. У меня́ не́ было аппети́та.

б) Когда́ вы бы́ли больны́, вы чу́вствовали себя́ пло́хо? Что у вас бы́ло и чего́ не́ было? Что у вас боле́ло? Что вам на́до бы́ло де́лать? Что вам мо́жно бы́ло де́лать? А чего́ вам нельзя́ бы́ло де́лать?

анги́на ✓
аппети́т —
си́льный ка́шель —
си́льный на́сморк —
температу́ра ✓
кра́сное го́рло ✓
грипп —
го́сти ✓

10 Кра́сная ро́за

1. Све́та лежа́ла на *(свой дива́н)* и чита́ла *(интере́сная кни́га)*. 2. Вдруг она́ услы́шала *(дли́нный звоно́к)*. 3. Она́ вы́шла из *(своя́ ко́мната)* и откры́ла дверь. 4. В *(холо́дный, тёмный коридо́р)* она́ уви́дела на полу́ *(кра́сная ро́за)*. 5. Све́та засмея́лась, взяла́ *(кра́сная ро́за)* и поду́мала: „От кого́ она́?". 6. В *(своя́ ко́мната)* она́ стоя́ла у *(большо́е окно́)* и смотре́ла на у́лицу. 7. Она́ уви́дела ма́льчика, кото́рый стоя́л ря́дом с *(ма́ленький кио́ск)* у *(но́вая остано́вка авто́буса)*. 8. Э́то был ма́льчик *(большо́й рост)* со *(спорти́вная фигу́ра)*. 9. Ро́за от него́? Све́та хоте́ла откры́ть окно́ и спроси́ть его́, но вдруг пришла́ де́вушка и поцелова́ла *(тот молодо́й челове́к)*. 10. И молодо́й челове́к ушёл с *(э́та де́вушка)*. 11. Всё я́сно, *(кра́сная ро́за)* она́ не получи́ла от него́. А от кого́?

11 Шу́тки

— Э́то на́до де́лать так! ...

— Не волну́йтесь! Здесь мо́жно ещё стоя́ть!

Урок 11   Г   Лёля и Минька

1   Тридцать лет спустя

Мои родители очень меня любили, когда я был маленький. Я часто получал подарки, особенно когда я болел. А я болел очень часто.

5 А моя сестра Лёля почти не болела. И она завидовала, что я так часто болею. И вот однажды наши родители ушли в театр. Мы с Лёлей играли дома в настольный бильярд. И вдруг Лёля
10 охнула и сказала:
— Минька, я проглотила бильярдный шарик. Он был у меня во рту, а сейчас он в животе.
А у нас для бильярда были маленькие, но
15 очень тяжёлые металлические шарики. И я заплакал, потому что подумал, что у неё в животе будет взрыв.
Но Лёля сказала:
— От этого взрыва не будет. Но я буду
20 долго болеть.
Лёля легла на диван и начала охать.

Потом пришли наши родители, и я им всё рассказал. Мои родители поцеловали Лёлю и заплакали. Мама спросила
25 Лёльку, что она чувствует в животе. И Лёля сказала:
— Я чувствую, что шарик катается там у меня в животе. И мне от этого плохо, и я хочу какао и апельсин.
30 Папа сказал:
— Осторожно разденьте Лёлю. Надо позвонить врачу.
Мама начала раздевать Лёлю, и вдруг из фартука упал бильярдный шарик на пол.
35 Папа посчитал на бильярде шарики. Их было пятнадцать, а шестнадцатый шарик лежал под диваном.
Папа сказал:
— Лёля нас обманула. В её животе нет
40 шарика: они все здесь.
Мама сказала:
— Это ненормальная девочка. Я совсем не понимаю, почему она это сделала.
Папа сказал:
45 — Расскажи, почему ты это сделала?
Лёля не знала, что ответить и заплакала.

Папа сказал:
— Она хотела пошутить. Но с нами шутки плохи. Я хотел купить ей подарок, 50 а теперь подарка не будет. Она будет ходить весь год в старом платье, которое она так не любит!
И наши родители ушли из комнаты.

Тридцать лет спустя, когда я писал эти 55 рассказы, я опять подумал об этом. По-моему, Лёля обманула маму и папу совсем не потому, что она хотела получить подарки … И я поехал в Симферополь, где жила Лёля. 60
А Лёля была уже немного старая женщина. У неё была уже своя семья: дети и муж — доктор.
И вот в Симферополе я спросил Лёлю:
— Лёля, помнишь о бильярдном 65 шарике? Почему ты это сделала?
И Лёля, у которой уже были свои дети, покраснела и сказала:
— Когда ты был маленький, ты был очень красивый. И тебя все любили. 70
А я тогда была некрасивая девочка. И вот почему я проглотила бильярдный шарик. Я думала, что теперь меня все будут любить как больную.
И я её поцеловал, и она заплакала от 75 счастья, потому что она поняла, что я всегда любил её.

(По рассказу М. Зощенко)

Урок 11 Г

2 Что вы узнали о них?

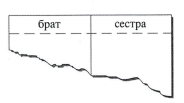

- Как зовут брата и сестру?
- Как вы думаете, сколько им лет в начале рассказа?
- Что вы узнали о здоровье брата и сестры?
- Как они выглядели, когда они были маленькие?
- Что вы узнали о них в конце рассказа?
- Где они живут в конце рассказа?

Напишите короткий текст о Миньке или Лёле.

3 Резюме

а) *Разделите текст на короткие абзацы. Дайте заглавие каждому абзацу.*
б) *Напишите резюме текста.*
 1. Когда автор был маленький …
 2. Когда дети играли в настольный бильярд, Лёля вдруг сказала, что …
 3. Брат заплакал, потому что он думал, что …
 4. Когда родители узнали обо всём, мама спросила, что …
 5. А Лёля сказала, что …
 6. Когда мама начала раздевать девочку, …
 7. Но папа и мама не поняли, почему …
 8. Папа сказал, что он хотел …
 9. Тридцать лет спустя автор спросил сестру, почему …
10. А сестра сказала, что …

в) Лёля рассказывает обо всём. Что она говорит?

4 Как вы думаете?

1. В каком месте рассказа вам стало ясно, что Лёля не проглотила шарик?
2. „Это ненормальная девочка," – сказала её мама. Вы согласны с ней?
   „Она хотела пошутить," – сказал её папа. Вы согласны с ним?
3. Вы доктор. Скажите маме и папе, почему их дочь их обманула.

5 Это смешно?

Вы смеялись, когда вы читали текст? Как вы думаете, какие места в рассказе смешные? Почему?

6 Что мы делаем?

Образец: Я плачу, потому что сестра заболела.

	плакать	потому что сестра заболела.
Я	завидовать	брату, что он болеет.
Ты	чувствовать	себя хорошо после игры.
Лёля	понимать	почему Лёля это сделала.
Минька	помнить	о бильярдном шарике.
Мы	целовать	её, потому что она больна.
Вы	рассказывать	маме обо всём.
Родители	звонить	врачу в больницу.
	обманывать	семью.

сто тридцать пять 135

Урок 12 — Приезжайте в гости!

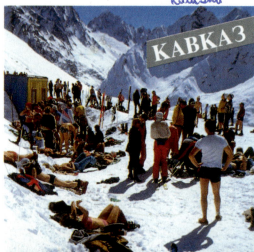
КАВКАЗ

МУРМАНСК

УРАЛ

БАХЧИСАРАЙ

ЧЁРНОЕ МОРЕ

ОЗЕРО БАЙКАЛ

урок 12 A Скоро каникулы

1 Письмо Алине

15-ое мая

Привет, Алина!

Когда же будут наконец летние каникулы! На улице светит солнце, а нам надо сидеть в школе, делать уроки. Ужас! Мои родители купили путёвку в Ялту, и я теперь думаю только о море. Мы будем жить в гостинице на берегу моря. Знаешь, у меня новое бикини, итальянское, красное. Каждый день я буду ходить на пляж, купаться в море и лежать на солнце. Я хочу хорошо загореть. Думаю, что Крым мне очень понравится. Я читала в журнале, что в Ялте очень много интересного! Мы обязательно покатаемся на катере по морю, увидим Ласточкино гнездо, Бахчисарай и дом-музей Чехова. Больше об этом писать не хочу, потому что скоро мы встретимся! Мы поедем в Крым через Москву. Будем жить там два дня у дяди Олега. 6-ого июня я приеду к тебе. Позвони Нине и Коле, может быть, они тоже придут. Я очень хочу их увидеть. А ты подумай, что мы будем делать в эти дни в Москве. Когда мы приедем в Москву, я тебе обязательно позвоню.
На сегодня всё.

Пока!

Света

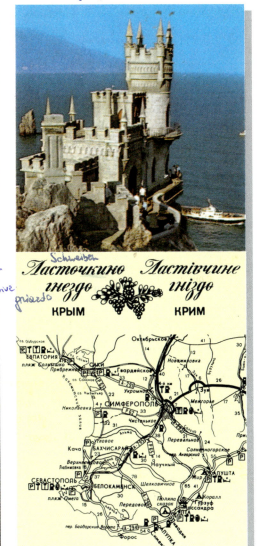

Ласточкино гнездо — Ластівчине гніздо
КРЫМ КРИМ

2 Каникулы Светы

а) Где и как будет отдыхать Света?
1. Света ... в гостинице на берегу моря.
2. Каждый день она ... на пляж.
3. Она ... в Чёрном море.
4. Света весь день ... на солнце.
5. В Москве она ... два дня у дяди Олега.
6. Она ещё не знает, что она ... в эти дни в Москве.

б) Куда Света поедет летом?
1. Света думает, что Крым ей очень ... .
2. Она обязательно ... на катере по морю.
3. Она обязательно ... Ласточкино гнездо.
4. Она ... в Крым через Москву.
5. В Москве она ... с Алиной.
6. Она ... Алине, когда она приедет в Москву.

сто тридцать семь 137

A Урок 12

3 Поедем на море

Дополните. Посмотрите глаголы на странице 185.

рассказать
1. Завтра я в классе ..., что поеду на море.
2. Света нам обязательно ... о Крыме.
3. Вы нам ... о новом фильме?

показать
1. После обеда мы ... нашему гостю центр города.
2. Потом ребята ... туристу, где находится музей.
3. Я ей завтра ... старый собор.

взять
1. Света ... с собой новое бикини.
2. Родители ... с собой план города.
3. Ты ... сегодня билеты на концерт?

дать
1. Ребята, вы мне завтра ... видеофильм о Ялте?
2. Ты мне ... твой номер телефона?
3. Я тебе его, конечно, ...

встать
1. Завтра я ... в 5 часов утра.
2. А моя сестра ... только в 9 часов.
3. Друзья завтра поедут в Москву. Они ... в 4 часа утра.

встретиться
1. Света ... с Алиной в Москве.
2. Завтра мы ... у кинотеатра.
3. Я с ним ... на вокзале.

4 Один день в Москве

Расскажите, что Света сделает в первый день в Москве.

СРЕДА 6
- 9.00 позвонить Алине
- 10.00 встретиться с А. у
- 11.00 памятника Пушк.
- 12.00
- 13.00
- 14.00 погулять по Арбату
- 15.00 купить сандалеты
- 16.00 отдохнуть в кафе "Пингвин"
- 17.00
- 18.00 встретиться с Ниной и
- 19.00 Колей перед университетом
- 20.00 пойти в цирк

5 Читайте

Что есть в гостинице и на пляже?

сауна, кегельбан, массажный кабинет, игровые автоматы, мини-гольф, теннисные корты, гидровелосипеды, водные лыжи, виндглайдеры, моторные лодки.

Урок 12   Б   Где можно отдыхать?

1 Как вы проведёте каникулы?

Ребята сидят в столовой и разговаривают. Приходит Вова.

Вова: Привет, что нового? О чём разговор? Обо мне?
Лара: Конечно. О ком же ещё?
Вова: Ну, а серьёзно?
Лара: Да вот, я только сегодня узнала, что наша команда поедет в спортивный лагерь, в город Мурманск. Туда, где полярный день, где солнце светит все 24 часа.
Вова: Это, конечно, интересно. Но я думал, что ты в волейбол играешь, а не на лыжах ходишь. Не забудь зимнее пальто и шапку!
Лара: Да что ты, Вова! Ты плохо знаешь Север! Лето там не такое холодное, как ты думаешь. Конечно, летом вся Россия едет в отпуск на юг. А мы не как все! Мы едем на Север. Каждое утро у нас будут тренировки, а в свободное время мы осмотрим город и, конечно, известный мурманский порт.
Света: А мы поедем в Ялту. Там можно прекрасно отдохнуть.
Вова: Прекрасно отдохнуть? Ха-ха-ха! Это смешно! Там на пляже нет места ни стоять, ни лежать.
Света: Ты всегда всё знаешь!
Вика: Ох, ребята, как я вам завидую! А мы в этом году опять проведём лето на нашей даче.
Лара: Но у вас на даче так хорошо! Там можно купаться в озере, загорать, ходить в лес, собирать грибы …
Вова: А Костя тоже всё лето будет на даче? Может быть, он вместе с нами пойдёт в поход в горы? Ему нужны только рюкзак и спортивная обувь. А палатка у нас есть.
Вика: Думаю, что эта идея Косте понравится. Я обязательно скажу ему об этом. Смотрите! Вот Игорь идёт.
Игорь: Привет, ребята!
Света: Привет! Как дела? Что ты будешь делать летом?
Игорь: Я поеду в круиз по Волге.
Вова: Ого! Ты уже капиталистом стал!
Игорь: Какой же я капиталист? Я сам заработаю деньги на эту поездку. Буду работать на заводе, а потом поеду на Волгу.
Вика: Ну, молодец ты, Игорь!

2 Планы на каникулы

Расскажите, как ребята проведут летние каникулы.

сто тридцать девять 139

Б Урок 12

3 Путешествие по Волге

Казань
В этом городе вы можете осмотреть кремль и его известную башню, соборы и другие исторические памятники. Обед будет в ресторане „Татарстан", где вы познакомитесь с национальной татарской кухней.

Нижний Новгород
Здесь начнётся ваше путешествие. Вы осмотрите город, его знаменитый кремль, погуляете по берегу реки Волги. Ужин будет на теплоходе.

Самара
Здесь вы увидите знаменитую ГЭС и поедете в Жигули, где будет пикник на берегу Волги.

Волгоград
В этом городе вы осмотрите известный мемориальный комплекс на Мамаевом кургане. В свободное время вы можете погулять по городу и пойти в театр.

Астрахань
Здесь вы увидите чудеса природы. Вы можете ловить рыбу и сами готовить рыбную солянку.
Здесь у Каспийского моря кончится ваше путешествие.

4 Вопросы

О СЕБЕ

1. Что будут делать туристы во время путешествия?
2. Что можно осмотреть там, где вы живёте? Сделайте рекламный проспект.

урок 12 ▼B Летний отпуск

1 Что надо взять с собой?

Скажите, что им (не) нужно.

Вика	(не)
Костя	нужен
Вова	нужна
Света	нужно
Лара	нужны
Игорь	

2 Что им (не) нужно будет?

Образец:
Сорокины поедут на озеро. Будет очень холодно. Им нужны будут тёплые вещи.

1. В походе Вова будет много рисовать.
2. Костя и в кемпинге не может жить без музыки.
3. На теплоходе Игорю, наверно, будет плохо.
4. В лагере Лара будет заниматься спортом.
5. Вика будет одна на даче.
6. Завтра Свете надо встать в 5 часов.

3 Если …

Образец:
Если мой друг/моя подруга не придёт, я больше не буду говорить с ним/ней.

а) 1. Если ты мне дашь цветы, … .
2. Если ты меня обманешь, … .
3. Если у меня будут деньги, … .
4. Если ты мне дашь твой велосипед, … .
5. Если ты не сделаешь уроки, … .
6. Если ты мне не поможешь, … .

б) 1. …, я буду спать до обеда.
2. …, я скажу маме об этом.
3. …, я больше не буду помогать тебе.
4. …, я приглашу тебя в кафе.
5. …, я буду плакать.
6. …, я тебе буду завидовать.

4 О себе

1. Когда у вас в этом году летние каникулы? 2. Где вы будете отдыхать? 3. Где вы там будете жить? 4. Что вы возьмёте с собой? 5. С кем вы проведёте каникулы? 6. Что вы хотите там осмотреть? 7. Как вы проведёте там время?

B Урок 12

5 Дьяковы едут в отпуск

Свой летний отпуск Дьяковы проведут в кемпинге. Петя и Ваня готовятся к поездке.

Петя: Где моя синяя рубашка?
Ваня: Откуда мне знать, где твои вещи!
Петя: Но вчера ты был в моей синей рубашке.
Ваня: Ты что, плохо видишь? Я был не в синей рубашке, а в синем свитере. И к чему тебе синяя рубашка? У нас в рюкзаке уже нет места.
А настольный бильярд возьмём?
Петя: Конечно, возьмём. И телевизор тоже. Будем делать утреннюю гимнастику по телику, а вечером детективы смотреть.

Мама открывает дверь.

Мама: Ребята, вы ещё не спите? Мы же поедем утренним автобусом!
Петя: А что, вечернего автобуса нет?
Мама: Есть, конечно, но мы хотим быть на месте ещё до обеда. А это что? Вы всё это хотите взять с собой в кемпинг? Кошмар! Телевизор, кассеты, бильярд, … всё это — лишнее. А это что? Зимнее пальто? Ребята, что с вами? Сейчас же летние, а не зимние каникулы!
Ваня: Мама, это же наш рюкзак! Нам всё это нужно будет.

6 Поездка в кемпинг

а) 1. К чему Дьяковы готовятся?
2. Что ищет Петя?
3. В чём Ваня был вчера?
4. Что они хотят взять с собой в кемпинг?
5. Каким автобусом поедет семья?
6. Почему мама говорит: „Кошмар!"?

О СЕБЕ

б) Вы уже отдыхали в кемпинге?
Что вы берёте с собой, когда вы едете в кемпинг?

О СЕБЕ

7 Спросите друг друга

1. Каким … спортом ты занимаешься?
2. Ты делаешь … гимнастику?
3. Почему ты сегодня не в … рубашке?
4. Ты уже был(а) в … дворце?
5. Когда у вас начинаются … каникулы, а когда …?
6. У тебя нет … билета на рок-концерт?
7. Ты вчера смотрела … программу?
8. Есть у тебя … джинсы?

вечерний
синий
утренний
лишний
летний
зимний

Урок 12 Г Мои планы на лето

1 Остров чудес

Не знаю, как у вас, а у меня уже есть планы на каникулы. В июне я поеду в деревню. У моего дяди есть ферма недалеко от города Ярославля. На этой ферме есть коровы, большой сад и теплица, где растут помидоры и огурцы. Дядя Федя давно меня приглашает на ферму: летом в деревне много работы, и надо ему помочь. Я буду жить у дяди Феди почти три месяца: буду работать в саду и в теплице, ездить на тракторе. В свободное время я буду ходить на реку купаться и загорать. А если будет плохая погода, можно ловить рыбу или ходить в лес, собирать ягоды и грибы.

В последний день школы ребята из нашего класса начали рассказывать, как они хотят провести каникулы. Борис сказал, что поедет в круиз по Волге. А Наташа будет отдыхать месяц у бабушки в Прибалтике, а потом, наверно, поедет в Санкт-Петербург. Андрей сказал, что проведёт лето во Владивостоке.
Потом Наташа спросила меня:
— Ну а ты, Максим, где будешь отдыхать?
И я подумал: „Коровы, теплицы, трактор, дядя Федя — кому это интересно?" И сказал, что поеду отдыхать на Майорку. Ребята очень удивились и начали спрашивать меня, что такое Майорка, где она находится, и для чего она мне нужна. Я рассказал им, что Майорка — это испанский остров, там живут испанцы, и вообще на Майорке отдыхают одни богачи. Ребята слушали мой рассказ, а Наташа сказала:
— Какой ты счастливый, Максим, ты будешь купаться в тёплом море!
Только Андрей мне не поверил. Он засмеялся и сказал:
— Послушайте мои стихи.

> Я люблю отдыхать на Майорке,
> Я люблю этот остров чудес.
> Ходят люди там в шубе из норки
> На прогулки по пляжу и в лес.

Я сказал Андрею, что его стихи — совсем не умные, и что больше я не буду рассказывать.
— Ничего, — сказала Наташа, — в сентябре расскажешь.
— Правильно! — сказал Борис. — Первого сентября я расскажу о своём круизе по Волге, Наташа — о Прибалтике, Андрей — о Владивостоке. Будет очень интересно.
— А я думаю, — сказал Андрей, — что вся школа захочет послушать Максима. Даже наш директор ещё не был на Майорке. Надо будет обязательно организовать вечер: „Майорка — остров чудес".
Так и решили. Все пошли домой, а я пошёл в библиотеку — искать книги о Майорке и учебник испанского языка. Вы не знаете, какие у нас ребята, у них будет тысяча „что, как и почему".

Вот такие у меня будут каникулы: я буду работать на ферме у дяди Феди и всё время думать о Майорке. Прощай, рыбалка! Прощайте, ягоды и грибы! В свободное время я буду заниматься испанским языком. И вы знаете, что я вам скажу, ребята: говорите правду и только правду. Правда — это лучшая политика.

(По рассказу В. Алексеева)

Урок 12

2 Вопросы

1. Какие у Максима планы на каникулы?
2. Где хотят провести каникулы ребята из его класса? Где эти места на карте?
3. Почему Максим сказал, что поедет отдыхать на Майорку?
4. Что хотят организовать ребята в сентябре?
5. Почему Максим говорит: „Прощай, рыбалка! Прощайте, ягоды и грибы!"?

3 Как вы думаете?

1. Почему Максим проведёт каникулы у своего дяди?
2. Почему Максим сказал, что на Майорке отдыхают одни богачи?
3. Почему Андрей не поверил ему?
4. Что вы знаете о Майорке?
5. Почему Максим говорит, что правда — это лучшая политика? Вы с ним согласны?

4 Каникулы Максима

Будет отдыхать или *отдохнёт?*
Образец: Максим три месяца **будет отдыхать** на ферме.
Родители думают, что там он хорошо **отдохнёт.**

1. В хорошую погоду он весь день ….
   В конце лета он хорошо ….
2. В школе Максим часто … о Майорке.
   И только маме с папой он …, как было у дяди в деревне.
3. Андрей купит открытки и … их в школе.
   Он часто … их классу.
4. Это лето Наташа … у бабушки.
   Она ещё много раз … свои каникулы там.

отдыхать/
отдохнуть
загорать/
загореть
рассказывать/
рассказать
показывать/
показать
проводить/
провести

5 Волга, Волга, мать родная

1. Из-за острова на стрежень,
   На простор речной волны
   Выплывают расписные
   Остроргудые челны.

2. На переднем Стенька Разин,
   Обнявшись, сидит с княжной,
   Свадьбу новую справляет
   Он, весёлый и хмельной.

3. Позади их слышен ропот:
   „Нас на бабу променял,
   Только ночь с ней провожжался,
   Сам наутро бабой стал."

4. Волга, Волга, мать родная,
   Волга, русская река,
   Не видала ты подарка
   От донского казака!

5. Мощным взмахом поднимает
   Он красавицу княжну
   И за борт её бросает
   В набежавшую волну.

Урок 12 〈Багаж〉

С. МАРШАК

Дáма сдавáла в багáж
  Дивáн,
  Чемодáн,
  Саквоя́ж,
  Картúну,
  Корзúну,
  Картóнку
И мáленькую собачóнку.

Вы́дали дáме на стáнции
Четы́ре зелёных квитáнции
О том, что полýчен багáж:
  Дивáн,
  Чемодáн,
  Саквоя́ж,
  Картúна,
  Корзúна,
  Картóнка
И мáленькая собачóнка.

Вéщи везýт на перрóн,
Кидáют в откры́тый вагóн.
Готóво. Улóжен багáж:
  Дивáн,
  Чемодáн,
  Саквоя́ж,
  Картúна,
  Корзúна,
  Картóнка
И мáленькая собачóнка.

Но тóлько раздáлся звонóк, —
Удрáл из вагóна щенóк.

Хватúлись на стáнции Дно:
Потéряно мéсто однó.

В испýге считáют багáж:
  Дивáн,
  Чемодáн,
  Саквоя́ж,
  Картúна,
  Корзúна,
  Картóнка…
— Товáрищи! Где собачóнка?

Вдруг вúдят: стоúт у колёс
Огрóмный взъерóшенный пёс.
Поймáли егó — и в багáж.
Тудá, где лежáл саквоя́ж,
  Картúна,
  Корзúна,
  Картóнка,
Где прéжде былá собачóнка.

Приéхали в гóрод Житóмир.
Носúльщик пятнáдцатый нóмер
Везёт на телéжке багáж:
  Дивáн,
  Чемодáн,
  Саквоя́ж,
  Картúну,
  Корзúну,
  Картóнку,
А сзáди ведýт собачóнку.

Собáка-то как зарычúт,
А дáма-то как закричúт:

— Разбóйники! Вóры! Урóды!
Собáка — не той порóды!

Швырнýла она чемодáн,
Ногóй отпихнýла дивáн,
  Картúну,
  Корзúну,
  Картóнку…
— Отдáйте мою собачóнку!

— Позвóльте, мамáша! На стáнции,
Соглáсно багáжной квитáнции,
От вас получúли багáж:
  Дивáн,
  Чемодáн,
  Саквоя́ж,
  Картúну,
  Корзúну,
  Картóнку
И мáленькую собачóнку.

Однáко
За врéмя путú
Собáка
Моглá подрастú!

сто сóрок пять

Форточка 1

1 Диалоги в Москве

а) *Юля:* Привет! Я Юля.
   А как тебя зовут?
   Ира: Меня зовут Ира.
   Юля: Ты живёшь в Москве?
   Ира: Нет, я живу в Санкт-Петербурге.
   А где ты живёшь?
   Юля: Я живу в Шверине.

Продолжайте.
Дженни (Берлин): Лара (Новгород)
Клаус (Фульда): Дима (Омск)
Штефан (Дрезден): Раиса (Ростов)

б) *Людмила Петровна:* Здравствуй!
   Меня зовут Людмила Петровна.
   А как тебя зовут?
   Феликс: Здравствуйте! Меня зовут
   Феликс. Фамилия Краузе.
   Людмила Петровна: А где ты живёшь?
   Феликс: Я живу в Мюнхене.

Продолжайте.
Виктор Борисович: Катя Браун (Галле)
Ольга Александровна: Даниэла Крюгер
(Франкфурт)
Дмитрий Иванович: Якоб Зегер (Ульм)

в) *Алла Васильевна:* Здравствуйте!
   Меня зовут Алла Васильевна.
   Сергей Иванович: А я Сергей
   Иванович.
   Алла Васильевна: А где вы живёте?
   Сергей Иванович: Я живу в Омске.
   Алла Васильевна: Я живу в Иркутске.
   Я инженер. Работаю на фабрике.

Продолжайте.
Максим Антонович (Санкт-Петербург,
радио, журналист): Владимир Петрович
(Москва, профессор, университет)

Лариса Дмитриевна (Новгород, ателье,
фотограф): Пётр Сергеевич (Омск,
школа, учитель)

2 Света

— Света уже знает Вику,

   Вика
         Костя
   Вова
         дядя Федя
   Лара

— но она ещё не знает Петю.

   Петя
         Ваня
   Дима
         Таня
   Ира

3 Куда?/Где?

? в / на

1. — Николай Андреевич, вы сегодня едете …? (Москва)
   — Нет, сегодня я еду …. (Новгород)
2. — Ира уже …? (класс)
   — Нет, она ещё стоит …. (коридор)
3. — Давай пойдём вечером …. (театр)
   — Нет, вечером я иду …. (концерт)
4. — Иван Сергеевич ещё …? (бюро)
   — Нет, он уже не работает. Сегодня он идёт … (концерт) … (стадион).
5. — Света ещё живёт …? (Москва)
   — Нет, она уже живёт …. (Новгород)
6. — Вера Максимовна, вы едете утром …? (кремль)
   — Нет, утром я еду …. (почта)

4 В школе

говори́ть смотре́ть люби́ть стоя́ть лежа́ть висе́ть

а) *Андре́й:* Что ты там 👤 , Та́ня? На что вы 👁 , ребя́та?
   Та́ня: Там ✍ афи́ша. Рок-гру́ппа „А́виа" игра́ет в Но́вгороде.
   Андре́й: Ах, зна́ю. В буфе́те то́же ✍ афи́ша.
   Ты ❤ гру́ппу „А́виа"?
   Та́ня: ❤ .
   Андре́й: А Пе́тя и Ва́ня 👄 , что они́ пло́хо игра́ют.
   Та́ня: Ну и что?

б) *Наде́жда Алекса́ндровна:* Во́ва, где афи́ша?
   Во́ва: Она́ ещё 🗝 в кла́ссе.
   Наде́жда Алекса́ндровна: Она́ ещё не ✍ в коридо́ре?
   Во́ва: Нет.
   Наде́жда Алекса́ндровна: И ты ещё 👤 ? Дава́й, дава́й!

5 Это друг Ви́ки

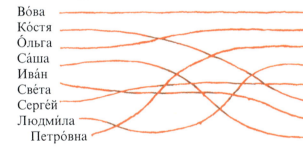

Во́ва — Ви́ка
Ко́стя — Андре́й
О́льга — Влади́мир
Са́ша — Ива́нович
Ива́н — Ла́ра
Све́та — Та́ня
Серге́й — Пе́тя
Людми́ла — Оле́г
Петро́вна — Ми́ша

Образе́ц: Во́ва друг Ви́ки.
Ла́ра подру́га … .

6 Во́ва рису́ет

Образе́ц: Во́ва рису́ет Алексе́я.

Форточка 1

7   Света пишет Алине

> Привет, Алина!
> Как дела в Москве? В Новгороде всё нормально. Я уже хорошо знаю город и школу. В школе всё хорошо. Учительницу физкультуры, Веру Сергеевну, я очень люблю. Живу я в одном подъезде с Викой и Костей. Сегодня воскресенье, и мы вместе едем на озеро. На озере здорово! Ребята отдыхают, играют в волейбол, слушают музыку. Но, конечно, в Новгороде не так, как в Москве. Вика и Костя уже знают, что я очень люблю Москву. Я часто говорю о Москве. Вика говорит, что в Новгороде тоже интересно, а я говорю Вике, что Новгород – провинция! Что ты сейчас делаешь в Москве? Как дела в школе?
> Привет Коле, Денису и Наташе!
>
> Пока!
> Света

8   Что делает Света в воскресенье?

9   в, к, на, о, с?

Она говорит …
Вика и Света стоят …
Ребята стоят …
Ребята отдыхают …
Ученик идёт …
Петя играет …

Я еду …
Она идёт …
Вика рассказывает …
Мы не работаем …
Они едут …
Света пишет …

10   Света пишет подруге о Новгороде

Света
Костя
Вика
Владимир
  Иванович
Учительница
  физкультуры
	рассказывает
	говорит
	пишет
		подруга
		друг
		учительница
		учитель
		Таня
		Алексей
			о(б)	концерт
				школа
				рок-группа
				песня
				Новгород
				Надежда Александровна
				учитель

1 Форточка

1 Маги́ческий квадра́т

Счита́йте так:

16	3	2	13
5	10	11	8
9	6	7	12
4	15	14	1

Образе́ц:

16 плюс 3 плюс 2 плюс 13 бу́дет …

2 Се́мьи

Скажи́те, где живу́т Беля́евы, Петро́вы, Ивано́вы и Жу́ковы.
Как зову́т де́вочку и́ли ма́льчика? Как зову́т па́пу, ма́му и ба́бушку? Ско́лько ей/ему́ лет?

А) Я с ма́мой и па́пой живу́ в Санкт-Петербу́рге. Меня́ зову́т Ди́ма. Мне 15 лет. Ма́му зову́т Ната́лья Бори́совна, па́пу зову́т Никола́й Петро́вич. Ма́ме 36 лет, а па́пе 37 лет. *(Э́то …)*

Б) Меня́ зову́т Дени́с. Мне 14 лет. Ма́му зову́т Ри́мма Петро́вна. Ей 39 лет. Па́пу зову́т Пётр Миха́йлович. Ему́ 37 лет. Сестру́ зову́т Анжели́ка. Ей 3 го́да. Мы живём в Но́вгороде. *(Э́то …)*

В) Я живу́ с ма́мой и ба́бушкой в Новосиби́рске. Меня́ зову́т А́ня. Мне 16 лет. Ма́ме 38 лет. Её зову́т Елизаве́та Гео́ргиевна. Ба́бушку зову́т Антони́на Степа́новна. Ско́лько ей лет? Я не зна́ю. *(Э́то …)*

Г) Меня́ зову́т Ни́на. Мне 13 лет. Ма́му зову́т Мари́я Никола́евна. Ей 38 лет. Па́пу зову́т Па́вел Па́влович. Ему́ то́же 38 лет. Бра́та зову́т Стёпа. Ему́ 12 лет. Мы живём в Москве́. *(Э́то …)*

3 Ты его́/её зна́ешь?

На переме́не Ви́ка и Све́та стоя́т в коридо́ре.

Спроси́те друг дру́га.

— Вот моя́ учи́тельница литерату́ры. Ты её зна́ешь, Све́та?
— Нет, а как её зову́т?
— Наде́жда Алекса́ндровна.
— Ско́лько ей лет?
— Ей три́дцать оди́н год.

1. Учи́тель матема́тики — Влади́мир Ива́нович — 27.
2. Учи́тельница фи́зики — Людми́ла Петро́вна — 39.
3. Учи́тель му́зыки — Ива́н Петро́вич — 31.
4. Учи́тельница физкульту́ры — Ве́ра Серге́евна — 22.
5. Тре́нер из Москвы́ — Станисла́в Алекса́ндрович — 24.
6. Тре́нер из Но́вгорода — А́нна Анто́новна — 35.

сто со́рок де́вять

Форточка 2

4 Нет страны без столицы

Нет	без
страна	футболист
рок-концерт	номер
телефонист	карандаш
класс	столица
учитель	билет
Москва	рок-музыка
театр	доска
футбол	Кремль
телефон	гитара
гитарист	телефон

5 У меня нет ...

Образец: У меня есть только брат.
У меня нет сестры.

1. У меня есть только сестра. У меня нет ... .
2. У меня есть только бабушка. У меня нет ... .
3. У меня есть только друг. У меня нет ... .
4. У меня есть только тётя. У меня нет ... .
5. У меня есть только подруга. У меня нет ... .
6. У мамы и папы есть только сёстры. У меня нет ... .
7. У тёти есть только сын. У меня нет ... .
8. У мамы и папы есть только один сын. У меня нет ... .

6 Нет, нет, нет

Образец: Оля не пишет.
У неё нет ручки.

1. Нина не рисует.
2. Дима не идёт в театр.
3. Бабушка не смотрит телевизор.
4. Денис не делает уроки.
5. Маша не слушает кассету.
6. Олег не отдыхает с подругой.

7 К кому они идут?

Образец: Костя живёт недалеко от меня.
Я иду к **нему**.

1. Коля живёт в центре города. Мы едем к ... .
2. У Кати грипп. Ты идёшь к ... ?
3. Ира живёт недалеко от меня. Я иду к ... .
4. Там стоит Кирилл. К ... идёт Надя.
5. В библиотеке работает моя мама. Я еду к ... .
6. У Вовы есть видеофильмы. Костя идёт к ... .

8 С кем куда?

С кем Зина идёт на концерт, на стадион, в кремль, в кино, в клуб, в библиотеку?

Образец:
Рита любит музыку.
С ней Зина идёт на концерт.

1. Борис — футболист.
2. Я люблю рок-музыку.
3. Аня любит соборы Новгорода.
4. Ты хорошо знаешь литературу.
5. У Игоря есть билеты в кино.
6. Ася хорошо играет в шахматы.

9 Кто? Что? Кого? Кому? С кем? О ком?

Спросите друг друга.

Образец:

Вова идёт с папой на футбол.
Кто идёт на футбол? — Вова и папа.
Что делает Вова? — Он идёт на футбол.
С кем Вова идёт на футбол? — С папой.
Куда идёт Вова с папой? — На футбол.

1. Мама смотрит с бабушкой волейбол.
2. Витя едет с другом к дедушке в Тулу.
3. Вика говорит с учительницей о Косте.
4. Отец зимой едет с семьёй на озеро.
5. Боря сегодня делает с подругой уроки.
6. Дедушка идёт с бабушкой к сыну.
7. Света рассказывает подруге о тренере.
8. Петя отдыхает с братом на озере.

2 Форточка

10 Читайте

юбиле́й, колле́ги, арти́ст, арти́стка, альбо́м, режиссёр, роль, гастро́ли, сце́на, премье́ра

11 Сего́дня юбиле́й

У ба́бушки Ла́ры, Виоле́тты Рома́новны, сего́дня юбиле́й. Она́ уже́ три́дцать лет рабо́тает в теа́тре. До́ма у неё друзья́ из теа́тра. Колле́ги ба́бушки говоря́т о рабо́те, о теа́тре, о пого́де, а ба́бушка пока́зывает режиссёру альбо́м и расска́зывает ему́ о себе́.

„Это я на экза́мене в институ́те в Москве́. Здесь мне 18 лет.
Это я игра́ю роль Джулье́тты во Владивосто́ке. А роль Роме́о игра́ет арти́ст Воло́дин. Вы его́ хорошо́ зна́ете. Он сейча́с дире́ктор теа́тра в Новосиби́рске.
Это мы на вокза́ле. Е́дем на гастро́ли в Со́чи. Там мы отдыха́ем и рабо́таем. У́тром на мо́ре, а ве́чером в теа́тре.
А э́то теа́тр в Му́рманске. В Му́рманске всегда́ хо́лодно! Зимо́й и ле́том. Здесь мне уже́ 28 лет.
А э́то мой Э́дик. Это я с ним в Ирку́тске. Здесь мы отдыха́ем на о́зере Байка́л.
А э́то я на ра́дио в Санкт-Петербу́рге. Вме́сте с арти́сткой Лысе́нко чита́ем расска́з Го́голя „Нос". Рабо́тать на ра́дио о́чень интере́сно.
Это сце́на из фи́льма „А́нна Каре́нина". Здесь мы в па́рке в Москве́ — а все ду́мают, э́то в Пари́же. В фи́льме я игра́ю роль Мэ́ри. Здесь я на премье́ре фи́льма. Мне уже́ 34 го́да.
А э́то опя́ть Джулье́тта. Но э́то не я, а Лю́ба, моя́ дочь! В семье́ все лю́бят теа́тр."

12 Вопро́сы

а) 1. Кто ба́бушка Ла́ры? 2. Почему́ у неё сего́дня колле́ги из теа́тра? 3. Кому́ ба́бушка расска́зывает о себе́? 4. Что вы зна́ете о семье́ Виоле́тты Рома́новны?
б) Вы то́же лю́бите теа́тр? Есть теа́тр там, где вы живёте?

13 Из альбо́ма

Смотри́те на фо́то и скажи́те, что де́лает Виоле́тта Рома́новна.

сто пятьдеся́т оди́н 151

Форточка 3

1 Новый фотоаппарат

А

Вика, Костя и Света стоят перед кремлём. Вот идёт Вова. У него **новый** фотоаппарат.

Света: Привет, Вова! Какой … фотоаппарат! Твой?
Вова: Мой.
Вика: Ну что, пойдём?
Костя: Пойдём.
Вика: Сегодня я гид. Я хорошо знаю кремль. Вот это … здание — музей.
Света: … музей?
Вика: … музей. Это очень … музей. У Новгорода … история. Это очень … город. Собор справа — … собор. Там тоже интересно. Пойдём в музей или в собор?
Вова: Ребята, солнце светит, а вы в музей! Давайте пойдём на озеро. Там … места!

красивый
интересный
новый
большой
старый
Софийский
какой
исторический

2 Улица Свободы, дом 13

Расскажите о квартире номер 4, 8, 12, 16.

⟨3 Новый дом⟩

Б

Против школы новый дом,
В этом доме мы живём.
Мы по лестнице бежим,
И считаем этажи.
Раз — этаж,
Два — этаж,
Три, четыре —
Мы в квартире.

3 Форточка

4 Кто живёт рядом с кем?

Здесь живут студенты Борис, Наташа, Дима, Татьяна и Олег.
Скажите, где живут Борис, Наташа и Татьяна. Татьяна живёт не рядом с Димой и Олегом.
Наташа живёт не рядом с Олегом и Борисом. *(Смотрите на страницу 241.)*

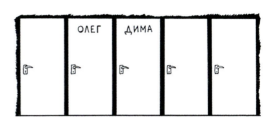

5 Где они живут?

а) *Они идут домой. Скажите, что у них есть.*
   Образец: У Фёдора есть гитара.

Фёдор   Вера   Зина   Степан Антонович   Мария Сергеевна   Игорь   Тамара Ивановна   Виталий Константинович

б) *Скажите, где они живут. Образец:*
Молодой человек с гитарой живёт в доме номер семь, в квартире номер 21.

д. 7, кв. 21   д. 8, кв. 14   д. 9, кв. 11   д. 19, кв. 29

д. 12, кв. 6   д. 24, кв. 15   д. 4, кв. 3   д. 37, кв. 23

6 Киоск

мне, меня, её, вас, (н)их, (н)им, (н)ими

... зовут Виктор. Я студент. Я живу рядом с институтом. На улице перед институтом стоит киоск. В киоске уже давно работают Дарья Фёдоровна и Григорий Данилович Новиковы. Но все ... говорят: тётя Даша и дядя Гриша. Они уже старые.
Когда студенты идут в институт, они ... спрашивают:
5 — У ... есть журнал „Театр"?
— А газета „Спорт" сегодня есть?
— Тётя Даша, у ... есть план города?
Тётя Даша и дядя Гриша дают ... газеты, журналы, книги, карты, планы.
Сегодня суббота. Я иду к киоску. Киоск работает, но где тётя Даша и дядя Гриша?
10 В киоске ... нет. В нём стоит сегодня симпатичная девушка. Я спрашиваю ...:
— А где Новиковы? Что с ...?
Девушка рассказывает ... о ...:
— Они сегодня дома. Я живу у .... Сегодня я помогаю ... в киоске.
— А как ... зовут? — спрашиваю я ... .
15 — Наташа, а ...?
— Виктор.
Вечером я опять стою у киоска. Вечером Наташа не работает, и мы вместе идём в кино.

сто пятьдесят три 153

Форточка 3

7 Вот теперь красиво!

Мама и папа на работе. Дома только Света, Шарик и попугай. Света говорит с попугаем:
— Слушай, Карудо, скучно у нас
5 в комнате? Как ты думаешь?
— Скучно, скучно!
— Правильно, Карудо, скучно. Давай вместе думать, как лучше. Почему лампа стоит в углу рядом с креслом? Слева
10 у стены стоят стол и стул. Старая афиша всё ещё висит над столом. Справа у стены стоит диван, над ним висит картина. Она новая, красивая. У окна слева
— маленький шкаф.
15 Звонок. Это Вика.
— Что ты делаешь, Света?
— Говорю с Карудо. Мы думаем, что у нас в комнате скучно. А как ты думаешь, Вика?
20 — Да, скучно. Почему шкаф стоит слева у окна? Поставь диван к окну, а лампу поставь рядом с диваном. И к чему тебе старая афиша? Картина над столом — это лучше.
25 — А куда шкаф и кресло?
— Поставь шкаф в коридор, а кресло лучше в центр комнаты.
Света и Вика всё делают вместе.
— Смотри, Карудо, вот теперь у нас
30 красиво, — говорит Света.
— К-р-р-р-асиво! К-р-р-р-асиво! — отвечает ей Карудо.

Вечером мама спрашивает Свету:
— Почему в коридоре стоит твой шкаф? Она идёт в комнату Светы и говорит: 35
— Да, теперь хорошо. Но поставь шкаф в угол. В коридоре у нас нет места. А стол и стул лучше к окну рядом со шкафом.
И Света делает всё, что ей говорит мама. 40
— Теперь у тебя лучше, — говорит мама. И Карудо тоже говорит:
— Л-л-л-учше, л-л-л-учше.
Но Света думает: „Стол рядом со шкафом — это плохо." 45

В среду Лара тоже говорит:
— Почему здесь стоит шкаф? Поставь его слева от окна, а диван лучше здесь. Стол поставь у стены слева. А лампу куда? 50
— Ну, поставь её в угол рядом с диваном. И кресло поставь рядом с лампой. Я часто читаю в кресле.
Лара помогает Свете. Она говорит подруге: 55
— Ну вот. Сейчас хорошо. Какая у тебя красивая комната. А где твоя афиша?
— Вот она, в шкафу.
И вот старая афиша опять висит над столом, а картина над диваном … 60
И опять Карудо говорит:
— Скучно, скучно!

8 Комната Светы

1. С кем говорит Света? Кто ей помогает?   2. Что у Светы в комнате?   3. Нарисуйте второй, третий и четвёртый вариант комнаты Светы.

4 Форточка

1 Работа таксиста

Олег живёт и работает в Москве. Он таксист. Сегодня вечером, в 8 часов, он идёт на работу. *Расскажите, когда он что делает. Образец:*
В двадцать один час Олег сидит в такси. Такси стоит перед театром. Молодой человек идёт к такси и говорит с Олегом. Потом они едут к стадиону „Локомотив".

21:00
— сидеть в такси перед театром
— идти к такси/говорить с Олегом
— ехать к стадиону „Локомотив"

23:00
— стоять у вокзала
— играть в шахматы с другом
— идти к машине
— ехать к ним домой

2:00
— стоять в центре города
— слушать музыку в машине
— ужинать

4:00
— стоять в аэропорту
— сидеть в машине и спать
— будить Олега
— ехать в центр

5:00
— сидеть в машине у Кремля
— считать деньги
— писать сумму в тетрадь
— ехать домой

6:00
— будить жену и сына
— готовить завтрак
— завтракать и спать

2 А ты?

Ответьте на вопросы Светы.

| д → ж |

1. Я бужу маму, а ты?
2. Я часто сижу в кресле и читаю, а ты?
3. Я прихожу домой в час, а ты?

| б, в, п → бл, вл, пл |

4. Я сплю 8 часов в день, а ты?
5. Я готовлю завтрак, а ты?
6. Я люблю рок-музыку, а ты?

сто пятьдесят пять 155

Форточка 4

3 День Шарика

Собака Светы рассказывает:

1. Летом я *(спать)* на балконе, а зимой в коридоре.
2. В 6 часов я *(вставать)* и *(будить)* Свету. Потом мы с ней *(гулять)* в парке.
3. В 7 часов мы с ней *(завтракать)*. Я *(сидеть)* рядом со стулом Светы.
4. В 8 часов Света *(идти)* в школу. Я дома *(играть)* с попугаем. Карудо — мой друг.
5. В час Света *(приходить)* домой. Она меня спрашивает, как у меня дела.
6. Потом я *(готовить)* обед. Ой, нет, Света *(готовить)* обед, а я ей *(помогать)*.
7. Потом Света *(делать)* уроки, а я *(смотреть)* телевизор. Я очень *(любить)* смотреть телевизор. А Карудо *(смотреть)*, что Света *(писать)*.
8. В 4 часа Света со мной *(гулять)* в парке. В 6 часов я *(приходить)* домой.
9. Вечером Света часто *(лежать)* на диване, но она ещё не *(спать)*. Она мне *(рассказывать)* о Москве, и как ей трудно в Новгороде.
10. А я очень *(любить)* Новгород. Какая у нас здесь хорошая квартира! Какой здесь красивый парк!

4 Продукты

а) *Что лежит/стоит в холодильнике?*

Образец: В холодильнике лежит кусок курицы.

б) *Скажите, что Света берёт из холодильника.*

Образец: Света берёт стакан молока.

5 Большая семья

Сколько человек в семье?

Семь из них очень любят курицу, а шесть — котлеты. Пять из них очень любят есть рыбу. Четыре человека любят и курицу, и котлеты. Три человека любят и курицу, и рыбу. Два человека любят и котлеты, и рыбу. Один человек всё любит есть. *(Смотрите на страницу 242.)*

4 Форточка

◗ ‹6 Пе́сня: Люби́тель — рыболо́в› Г

С утра́ сиди́т на о́зере
Люби́тель-рыболо́в,
Сиди́т, мурлы́чет пе́сенку,
А пе́сенка без слов.

Тра-ля-ля, тра-ля-ля-ля,
Тра-ля, ля-ля-ля-ля,
Тра-ля-ля, тра-ля-ля-ля,
Тра-ля-ля-ля …

А пе́сенка чуде́сная,
И ра́дость в ней, и грусть,
И зна́ет э́ту пе́сенку
Вся ры́ба наизу́сть.

Тра-ля-ля …

Тра-ля-ля, тра-ля-ля-ля-ля,
Тра-ля-ля, тра-ля-ля.
Как пе́сня начина́ется,
Вся ры́ба расплыва́ется.
Тра-ля!

‹7 Шу́тки›

Форточка 5

1 О себе

А

1. Где нахо́дится твоя́ шко́ла?
2. Когда́ у вас начина́ются уро́ки, и когда́ они конча́ются?
3. Где у вас в шко́ле нахо́дится спортза́л?
4. Ты игра́ешь в ша́хматы? Ты гото́вишься к турни́ру?
5. Ты игра́ешь в орке́стре? Вы сейча́с гото́витесь к конце́рту?
6. С кем ты встреча́ешься в свобо́дное вре́мя?
7. Где нахо́дятся теа́тр и кинотеа́тр? Они далеко́ от до́ма или нет?

2 Расскажи́те о них

Б

1. Каки́е у них хо́бби?
2. Чем они лю́бят занима́ться?
3. Чем они интересу́ются?
4. Что они уме́ют де́лать, а что не уме́ют?
5. Куда́ они хо́дят по́сле шко́лы?
6. Что они там де́лают?
7. Кто из них лю́бит занима́ться спо́ртом, а кто не лю́бит?

5 Форточка

3 Записка

1. Сегодня Света на *(большая перемена)* получает *(интересная записка)*:

> Встречаемся сегодня в 16 ч.
> в школьной библиотеке. Пока!
> Твой...

2. Света всё время думает, от *(какой мальчик)* записка: она от *(симпатичный Саша)* из *(десятый класс)* или от *(красивый Дима)* из *(девятый класс)*?
3. Дома она говорит маме, что после обеда она идёт в *(школьная библиотека)* и не может убирать комнату, где, как всегда, *(большой беспорядок)*.
4. В 16 часов Света идёт в *(школьная библиотека)*. Там на стене она видит *(маленькая записка)*:

> Света!
> Мы встречаемся на втором этаже
> в новом спортзале.
> Твой...

5. Света идёт на *(второй этаж)*. Она стоит перед *(новый спортзал)* и думает: „Почему там музыка? Может, там играют ребята из *(девятый класс)*? Может, там танцуют ребята из *(десятый класс)*?
6. Но в *(новый спортзал)* ребята не играют и не танцуют. Они работают! Костя говорит: „Заходи, Света!" — „Записки от тебя?" — спрашивает Света. „Да, от меня. Я знаю, ты так любишь убирать! Посмотри, какой здесь беспорядок. Мы готовимся к *(школьная дискотека)*. Давай убирать вместе."
7. „К сожалению, не могу. В четверг у нас будет контрольная работа", — говорит Света и идёт в *(школьная библиотека)*.

4 Интересный или скучный?

а) 1. Вика читает интересную книгу, а Костя скучную.
2. Семья меняет старую квартиру на … .
3. Седьмой „А" класс занимается немецким языком, а седьмой „Б" … .
4. Семья Лары живёт в маленькой квартире, а семья Светы в … .
5. Вова сидит у нового компьютера, а Денис у … .
6. Вера Максимовна интересуется исторической литературой, а Вика … .
7. Петя отвечает на трудный вопрос, а Ваня на … .

б) 1. В 16 часов тренировка начинается, а в 18 часов … .
2. Бабушка в автобусе сидит, а девочка … .
3. В 7 часов утра семья завтракает, а в 7 часов вечера она … .
4. Мороженое мы едим, а компот … .
5. На уроке математики ученики считают, а на уроке русского языка они … .
6. На дискотеке Саша всё время сидит, а Борис … .

Форточка 5

5 Читáйте

шахматúст, шáхматная доскá, шáхматные фигýры, шах, мат, стоп, гроссмéйстер, турнúр, пáртия, трéнер, цейтнóт, шанс, капитулúровать, партнёр

6 „Шах!" … „Мат!"

Одúн шахматúст расскáзывает:
Ужé 5 лет у меня́ живёт попугáй. Егó зовýт Чúпси. Он умéет говорúть. Чúпси любит смотрéть, когдá я игрáю в шáхматы. Он сидúт ря́дом со мной и говорúт: „Шах!", „Мат!", „Стоп!", „Дурáк!", „Ходú конём!".

5　Сегóдня я встречáюсь с óчень хорóшим шахматúстом. Он гроссмéйстер. Мы хотúм готóвиться к большóму турнúру. Чúпси вúдит, что пéред нáми лежúт шáхматная доскá, и говорúт: „Постáвьте фигýры! Пéрвая пáртия!" Мой гость покáзывает на „мáленького шахматúста" и спрáшивает:
— Это кто? Твой нóвый трéнер?

10　— Да, мы кáждый вéчер занимáемся игрóй в шáхматы.
Пéрвая пáртия начинáется. Сидúм час, два … Врéмя идёт … Мой гость в цейтнóте, я тóже. Да, игрá интерéсная, но трýдная. К сожалéнию, у меня́ шáнсы плохúе. Я ужé дýмаю: „Капитулúровать или нет?" У меня́ на доскé тóлько четы́ре фигýры, и я не знáю, как ходúть. И вот попугáй говорúт: „Ходú конём!" Я смотрю́ на дóску и дýмаю:

15　„Прáвильно говорúшь, Чúпси. Спасúбо!" Я так и дéлаю и говорю́: „Шах!" Наконéц игрá кончáется, и гроссмéйстер говорúт:
— Хорóший у тебя́ трéнер.
— Да, мой Чúпси — супертрéнер!

7 Вопрóсы

1. Какúе словá знáет попугáй?
2. Когдá он их говорúт?
3. Кто прихóдит к шахматúсту?
4. К чемý онú готóвятся?
5. Почемý игрá трýдная?
6. Комý шахматúст говорúт „спасúбо" и почемý?
7. Что говорúт гроссмéйстер о попугáе, когдá игрá кончáется?

8 Гроссмéйстер и попугáй

1. Гроссмéйстер расскáзывает дóма о попугáе:
„У коллéги есть интерéсный попугáй … ."
Продолжáйте.
2. Чúпси расскáзывает:
„Я живý у шахматúста. Кáждый день … ."
Продолжáйте.

9 Всё сýпер!

Кто и что у вас сýпер?
Образéц: супертрéнер, суперклáсс, суперурóк … .

‹10 Суперпопугáй›

Говорúт попугáй попугáю:
— Я тебя́, попугáй, попугáю!
Отвечáет попугáю попугáй:
— Попугáй, попугáй, попугáй!

6 Форточка

1 Сего́дня день рожде́ния
мой, твой, наш, ваш?

Почтальо́н: С днём рожде́ния, Генна́дий Никола́евич! Смотри́те, всё это вам: телегра́мма, пи́сьма, откры́тки.
Генна́дий Никола́евич: Спаси́бо, Анто́н Семёнович. Это письмо́ от м… бра́та из Петербу́рга, а телегра́мма — от м… сестры́ из Новосиби́рска.
Почтальо́н: Как идёт вре́мя! Ещё неда́вно стою́ у в… кварти́ры, говорю́ с в… ма́мой, а ря́дом с ней вы с в… сестро́й и в… бра́том — ма́ленькие, симпати́чные. А э́тот симпати́чный ма́льчик — кто? В… сын?
Генна́дий Никола́евич: Да, это м… сын Андре́йка. Смотри́те, это пода́рок от м… сы́на.
Почтальо́н: Как хорошо́ он рису́ет! А ско́лько в… сы́ну лет?
Генна́дий Никола́евич: М… сы́ну сто́лько ме́сяцев, ско́лько мне лет.
Почтальо́н: А ско́лько вам лет?
Генна́дий Никола́евич: Нам с м… сы́ном вме́сте 26 лет.
Почтальо́н: Ага́, понима́ю.

А вы зна́ете, ско́лько лет па́пе, ско́лько лет сы́ну?
(Смотри́те на страни́цу 243.)

2 Ме́сяцы

В ста́ром ри́мском календаре́ март — пе́рвый ме́сяц го́да.
Скажи́те, каки́е это ме́сяцы в ри́мском календаре́: II, III, V, VII, VIII, IX, X, XII.
Образе́ц: Второ́й ме́сяц — апре́ль.

3 Секре́т

а) *кото́рый, кото́рого, кото́рому, кото́рым, о кото́ром?*

— Ни́на, ты зна́ешь, како́й у меня́ секре́т?
— Не зна́ю. Говори́! Я слу́шаю.
— Есть оди́н интере́сный ма́льчик, с … я сего́дня иду́ в кино́.
— Да! Интере́сно! Я его зна́ю?
— Да, зна́ешь.
— С…ты обы́чно танцу́ешь на дискоте́ке?
— Нет.
— … ты помога́ешь де́лать уро́ки?
— Нет.
— К … хо́дит ча́сто твой брат?
— Нет.
— О … говоря́т де́вочки из 9 „А"?
— Нет.
— Ну, скажи́, кто это!
— Нет. Ты ему́ всегда́ всё расска́зываешь.
— Ага́. Я тепе́рь зна́ю, с кем мой брат сего́дня идёт в кино́.

б) *кото́рая, кото́рой, кото́рую?*

— Алёша, ты зна́ешь, како́й у меня́ секре́т?
— Не зна́ю. Говори́! Я слу́шаю.
— Я сего́дня иду́ на дискоте́ку с де́вочкой, … ты зна́ешь.
— С … мы игра́ем в волейбо́л?
— Нет.
— … хо́дит в наш класс?
— Нет.
— О … мы ча́сто говори́м?
— Нет.
— … ты пи́шешь запи́ски?
— Нет.
— У … есть две сестры́?
— Нет, у неё есть два бра́та.
— Ага́. Тепе́рь я зна́ю, кто с на́ми сего́дня ве́чером идёт на дискоте́ку.

Форточка 6

4 Оригинальный подарок

Среда, 5-ое марта.
Маша стоит перед магазином. В его окне она видит картины, симпатичные чашки, сувениры. 6-ого марта у её брата Жени
5   день рождения, а подарка ещё нет. „Эта большая чашка — подарок хороший, но не очень оригинальный," — думает она. Маша идёт дальше. Вот магазин „Радио". „Женя хочет новый кассетник, но
10 кассетники очень дорогие." Потом она идёт к магазину, в окне которого стоят книги. Маша читает: „А. С. Пушкин. Сказки". Она думает: „Очень красивая книга. Но Жене будет 18 лет, а не 3 года.
15 А вот оригинальная книга: „Русская кухня". Женя любит вкусно есть, а вот помогать маме на кухне не любит. Готовить он тоже не умеет. Да, это будет оригинальный подарок для него."

20 **Пятница, 7-ое марта.**
Женя дома один. На столе лежит записка:

> Мы с Машей к бабушке.
> Твой обед — в „Русской кухне".
> Приятного аппетита!   Мама

25
Женя голодный как волк. Он смотрит в новую книгу и читает: „Суп, рыбный. Солянка, рыбная. Котлеты из рыбы." Женя думает: „Всё это очень вкусно, но
30 готовить я не хочу. В холодильнике есть курица. Она тоже вкусная." Вечером он слушает радиопрограмму: „Наш музыкальный подарок на 8-ое марта". Он думает: „8-ое марта — Женский день!"

Хорошо, что подарки для мамы и Маши   35
у меня есть. А для Кати подарка нет. Какой ужас!" Он смотрит на новую книгу. „Да, это будет хороший подарок для неё."

Суббота, 8-ое марта.
Катя сидит на кухне и читает новую книгу,   40
подарок Жени. Звонок. У телефона Рита, кузина Кати. „Катя! У нас новая квартира. Приглашаем тебя на новоселье! Ул. Смирнова 24, кв. 38, сегодня в 18 часов." — „У вас новая квартира, Рита?   45
Поздравляю! До вечера." И Катя думает: „Что делать? Магазины сегодня не работают, а идти на новоселье без подарка — нехорошо." Она смотрит на подарок Жени. „Вот это оригинальный   50
подарок для новой кухни Риты."

Воскресенье, 9-ое марта. У Риты в новой квартире.
Семья сидит за столом и обедает.
„Слушай, Риточка, — говорит её брат   55
Виктор, — сейчас я иду к Маше. А подарка на 8-ое марта для неё у меня нет." Он смотрит на книгу „Русская кухня" и говорит: „Маша любит готовить, и читать она тоже любит." — „Ох, эти   60
мужчины!" — говорит Рита и даёт ему книгу.

Воскресенье, 9-ое марта. Вечером.
Маша приходит домой и показывает брату подарок Виктора. „Смотри! Теперь   65
у нас две книги „Русская кухня". У тебя и у меня." Она смотрит на полку, но её подарка там нет.
О чём думают брат и сестра?

5 Расскажите

1. 5-ого марта Маша ищет подарок для ….
2. 6-ого марта они празднуют ….
3. 7-ого марта Женя сидит дома и ….
4. 8-ого марта Катя получает подарок от ….
5. 9-ого марта семья Риты обедает в новой квартире. Виктор спрашивает Риту ….
6. 9-ого марта вечером Маша приходит домой и ….

6 Форточка

6 Спасибо за подарок

Составьте диалоги! Что они говорят?

1. Маша даёт брату подарок на день рождения.
2. Женя даёт Кате подарок на 8-ое марта.
3. Катя приходит на новоселье и даёт Рите подарок.
4. Маша спрашивает Женю: „Где твоя новая книга?"

‹7 Апрель, апрель — никому не верь!›

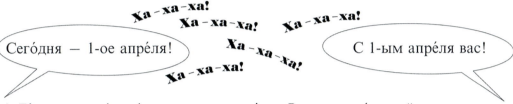

а) Девочка говорит учительнице на перемене: „Вас — к директору."
   Учительница идёт в кабинет директора, а директора сегодня нет в школе.

б) *Расскажите, что вы делаете 1-ого апреля.*

8 Сорокины празднуют Женский день

Расскажите. Начните так:
Сегодня 8-ое марта. 8 часов утра. Вера Максимовна и Вика ещё спят …

Форточка 7

1   В шесть лет

Спросите друг друга,
— что у вас есть, а чего нет,
— что у вас было, когда вам было шесть лет, а чего не было.

Образец:

У тебя есть велосипед?   — Да, есть.
                                                              — Нет, у меня нет велосипеда.

В шесть лет у тебя был велосипед?   — Да, был.
                                                              — Нет, у меня не было велосипеда.

собака, кот, кошка, попугай; телевизор, телефон, компьютер, пианино; большая комната, хороший друг, хорошая подруга, интересное хобби

2   Отец и три сына

У одного человека есть три сына: один из них красивый, другой — весёлый, а третий — сильный. Но все они не любят работать и не помогают папе. Отец много работает и в саду, и в огороде, и в доме. А мальчики только гуляют по лесу, плавают в озере и ловят рыбу. Отец говорит им:

5 — Я уже старый, мне трудно работать, а вы только едите фрукты из сада, а работать там не хотите.

Идут годы. Отец уже не может работать. Фрукты в саду уже не растут. В огороде нет капусты, нет картошки. Но юноши всё ещё не хотят работать. Отец говорит им:
— Дети! Это мой последний час. А я не знаю, что будет с вами без меня.

10 Юноши спрашивают его:
— Папа, как нам жить? Что нам делать без тебя?!
Он им отвечает:
— У меня есть золото. Оно лежит в саду.
— Где? Скажи, папа, где, — говорят юноши, но отец им не отвечает.

15 Юноши ищут в саду, потом в огороде, ищут день, неделю, месяц, копают и копают, а золота нет.
Идёт зима, идёт весна, они копают и копают, золота нет. Они не знают, что делать. А летом они видят, что в саду и в огороде растут прекрасные яблоки, груши, сливы, огурцы, помидоры.

20 Юноши собирают их и получают за них большие деньги. Теперь они знают: Хороший сад — это и есть золото. Они каждый год копают землю, работают в саду и в огороде, живут хорошо и без золота.

3   Вопросы

1. Почему отец так много работает?
2. Что любят делать мальчики?
3. Отец уже старый. Фрукты и овощи не растут в саду и в огороде. Почему?
4. Почему юноши получают большие деньги?
5. О каком золоте говорил отец?

4   Жил один человек …

Перескажите текст. Начните так:
Жил один человек. Было у него три сына. Один из них был ….

7 Форточка

5 Где мо́жно …?

Соста́вьте вопро́сы.
Образе́ц: — Где мо́жно отдыха́ть в Новгоро́де?
— На о́зере. Там о́чень краси́во и ти́хо.

Э́то отве́ты на вопро́сы:
1. В бассе́йне, недалеко́ от це́нтра.
2. На стадио́не, за па́рком.
3. В лесу́, коне́чно.
4. В спортза́ле. Трениро́вка начина́ется в 3 часа́.
5. В кинотеа́тре „Ро́дина".

6 Макс и Рекс

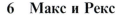

Како́й сего́дня хоро́ший день! Тепло́. Со́лнце све́тит. Хоро́шая сего́дня бу́дет рыба́лка!

Да, пого́да прекра́сная, но идти́ да́льше я не могу́.

Почему́ ты не мо́жешь идти́? До о́зера недалеко́. Дава́й пойдём туда́!

Ой-ой-ой! Уже́ час хо́дим. Грибы́ собира́ли, по ле́су гуля́ли. Мне так жа́рко! Рюкза́к не лёгкий! Есть хочу́! Пить хочу́! Идти́ не хочу́!

Ну, хорошо́. Поста́вь ве́щи на э́то ме́сто! Здесь ты мо́жешь сде́лать костёр и пригото́вить вку́сную соля́нку из ры́бы.

Хорошо́, а ты иди́ и принеси́ нам большу́ю ры́бу!

Я сейча́с! Раз, два — и ры́ба у меня́!

Како́й у́жас! Что с тобо́й? Не ры́ба у тебя́, а ты у ры́бы.

Ну что ты стои́шь и смо́тришь! Ты мо́жешь мне помо́чь? Ви́дишь, ры́ба меня́ съесть хо́чет.

а) Посмотри́те на карти́нки и скажи́те, кто э́то сказа́л, Рекс и́ли Макс.

б) Сыгра́йте ро́ли Ре́кса и Ма́кса.

в) Расскажи́те, что одна́жды бы́ло на о́зере. Начни́те так: В одно́ прекра́сное воскресе́нье они́ вста́ли уже́ в 5 часо́в утра́. В лесу́ они́ собира́ли …

Форточка 7

7   Бобик

Было лето, весёлое для Бобика. Иван Михайлович жил с ним на даче, ходил по лесу, плавал в реке. На улице было тепло. Светило солнце. Вечером они сидели у реки и слушали, как пели птицы. Однажды Бобик увидел в лесу маленькую собаку. Она была некрасивая и грязная. Иван Михайлович дал ей имя „Незнакомка".

5 — Ты кто: он или она? — спросил её Бобик.
— Что за вопрос! Конечно она, — ответила Незнакомка.
— Как живёшь? — весело спросил он.
— Плохо. Я очень голодная. Есть хочу.

Иван Михайлович шёл домой. Бобик бежал рядом с ним, а Незнакомка два, три метра
10 от них. Бобик бежал к ней, потом к Ивану Михайловичу, потом опять к ней. Он показывал на Ивана Михайловича и говорил Незнакомке:
— Он — хороший, добрый.
— Я не могу бежать, — сказала она ему, — я есть хочу.

Иван Михайлович, конечно, не знал, о чём они говорили, но он видел, что Незнакомка
15 была голодной. У него в рюкзаке были бутерброды. Он дал один из них новой подруге Бобика. Сначала она съела котлету, потом хлеб.
— Это всё? — подумала Незнакомка и посмотрела на Ивана Михайловича. Он дал ей ещё один бутерброд. Незнакомка поняла, что это хороший человек.
— Вот они какие собаки! — думал Иван Михайлович. — Один бутерброд, и ты уже
20 её хороший друг, ещё бутерброд, и ты её лучший друг.

До города Незнакомка бежала рядом с ним. А когда она увидела первый дом, она не захотела бежать дальше. Её глаза говорили:
— До свидания, мои новые друзья! Я не могу идти с вами в город.

Бобик и Иван Михайлович не знали, что Незнакомка раньше жила в деревне,
25 в маленьком старом доме. Семья, у которой она жила, получила новую квартиру в городе. Но жить Незнакомка там долго не могла. Для неё там не было места. Однажды семья была с ней в лесу, а домой семья ушла без неё. Вот она и живёт в лесу одна.

Бобик смотрел на подругу, потом на Ивана Михайловича. Он не хотел идти в город
30 без неё.
— Пойдём к нам! Иван Михайлович очень добрый, и люди в нашем доме тоже хорошие … .

8   Вопросы

1. Кто это — Бобик?   2. Почему лето было для Бобика весёлым?   3. Почему Иван Михайлович дал собаке имя „Незнакомка"?   4. Почему Незнакомка не могла бежать?   5. Почему Незнакомка не хотела идти в город вместе с Иваном Михайловичем и Бобиком?   6. Как вы думаете, что было потом с Незнакомкой? Она побежала в лес или в город?

8 Форточка

1 Скажите, кто кому и где это говорит

Опишите ситуации.
Образец: В ресторане Вера Максимовна говорит официантке:
„Принесите нам, пожалуйста, котлеты с картошкой."

1. „Принесите нам, пожалуйста, котлеты с картошкой."
2. „Покажите, что вы написали."
3. „Дайте мне, пожалуйста, эту кассету."
4. „Сначала думай, а потом начинай."
5. „Расскажи, что сегодня было в школе."
6. „Не волнуйся! Мы пошутили."
7. „Разбуди меня в 6 часов."
8. „Купи мне, пожалуйста, мороженое."
9. „Занимайтесь спортом каждый день."
10. „Открой дверь, пожалуйста."

2 „Скажите, пожалуйста, …!"

1. Киоск „Сувениры". Света видит красивую чашку в киоске. Она хочет купить её. Она говорит женщине в киоске: „…".
2. Центр города. Туристы хотят идти в музей. Они не знают, где он находится. Они говорят гиду: „…".
3. У телефона. Лара была вчера на дискотеке. Вика хочет знать, как там было, и говорит ей: „…".
4. Урок литературы. Ребята прочитали роман о Петре Первом. Учительница говорит им: „…".
5. В магазине. Костя хочет купить новый детектив. Девушка показывает ему американский и русский детективы и говорит: „…".
6. В машине. Сорокины едут в Санкт-Петербург. В машине очень жарко. Вера Максимовна говорит: „…".
7. Ресторан „Нева". Сорокины хотят обедать. Они говорят официантке: „…".

сто шестьдесят семь

Форточка

3 Чего без чего не бывает

Не бывает, не бывает
Дач без огородов, рек без берегов.
Не бывает, не бывает
Завтраков без хлеба, а газет без слов.

Знай, что не бывает отчеств без отцов,
А дворцов без окон, писем без концов.
Бабушек без сказок, комнат без углов,
Девушек без сумок, моря без ветров.

Не бывает, не бывает
Дач без огородов, рек без берегов.
Не бывает, не бывает
Завтраков без хлеба, а газет без слов.

Знай, что не бывает улиц без домов,
Школ без кабинетов, стран без городов.
Дач без огородов, рек без берегов,
Завтраков без хлеба, а газет без слов.

Знай, что не бывает дружбы без друзей,
Гидов без туристов, фабрик без людей.
Праздников без песен, шуток и гостей,
Учителей без классов, классов без детей.

Не бывает, не бывает ...

4 А теперь вы!

Скажите, что бывает, а чего не бывает.
Образец: театр — артист   Театров без артистов не бывает.
           парк — цветы   Парки без цветов бывают.

театр — артист, парк — цветы, порт — корабль, дискотека — песня, ресторан — место, лес — птица, телефон — номер, магазин — касса, огород — овощи, сад — фрукты, фестиваль — артист, таксист — машина, комната — окно, университет — профессор, катер — капитан, апрель — дождь, фигуристка — тренер, библиотека — книга, отец — дети, песня — слово, дедушка — кресло, кассетник — кассета, учительница — сумка, почтальон — письмо, ученица — подруга, книга — рисунок

5 Сколько ...?

а) *Сколько в вашем классе:*
1. учеников?
2. мальчиков и девочек?
3. уроков в неделю?
4. уроков сегодня?
5. окон?
6. столов?

Продолжайте.

б) *Сколько в вашей школе:*
1. кабинетов?
2. этажей?
3. спортзалов?
4. классов?
5. учителей и учительниц русского языка?

168 сто шестьдесят восемь

8 Форточка

6 По магазинам

В Петербурге Вика, Костя и Света ходят по магазинам на Невском и ищут подарки друзьям. В Гостином дворе Света видит часы.

Света: Смотрите, какие оригинальные часы!
Вика: Где?
Света: Там, рядом с будильниками. Я уже давно хочу купить новые часы.
Вика: У касс так много людей. Костя, ты иди к кассам.
Света: А мы куда?
Вика: Давай пойдём к витринам с сувенирами!

В витринах лежат красивые сувениры. Девочки выбирают подарки друзьям. Потом они идут к кассе, где стоит Костя, и говорят: „Костя, заплати за часы и за подарки!"
Ребята с чеками идут за часами и подарками. Когда наконец все эти вещи лежат в сумках, Костя говорит девочкам: „Я не хочу идти дальше. Я пить и есть хочу. Давайте пойдём в кафе."

7 Ребята покупают подарки

а) 1. Ребята ходят по … *(магазины, улицы, проспекты)*.
   2. Они покупают подарки … *(друзья, мамы, бабушки)*.
   3. Ребята идут к … *(кассы, витрины)*.

б) 1. Ребята идут за … *(подарки, часы)*.
   2. Часы лежат рядом с … *(будильники, книги)*.
   3. Костя стоит за … *(чеки)*.

в) 1. В Гостином дворе они говорят о … *(подарки, часы, чеки)*.
   2. Они ищут подарки в … *(витрины, магазины)*.
   3. Когда всё лежит в … *(сумки)*, они идут в кафе.

8 Продолжайте

Образец: Рыба живёт в морях, реках и озёрах.

1. Рыба живёт в морях, … .
2. В этом магазине люди стоят за овощами и … .
3. Люди работают на фабриках и … .
4. Лара ходит на тренировку по понедельникам, … .
5. Летом можно кататься на лодках и … .
6. Мы занимаемся гимнастикой по утрам и … .
7. Магазины не работают по … .
8. Пётр Первый говорил с … .
9. Физика у нас по …, а музыка по … .
10. Зимой можно кататься на … .
11. Люди живут в … .
12. Костя не любит ходить по … .
13. В хорошую погоду люди гуляют по … .

сто шестьдесят девять 169

Форточка 8

9 Составьте предложения

Костя Вика Света Вова	фотографирует любит рисует	девочки мальчики друзья соборы мосты́ подруги кошки собаки дворцы́

10 Туристы гуляют по городу

1. Гид показывает *(туристы)* город.
2. В *(книги)* есть много интересного о Петербурге.
3. Туристы идут к *(кассы)* и покупают *(билеты)* на концерт.
4. Света фотографировала *(друзья)* у *(соборы, памятники)*.
5. В *(театры)* Санкт-Петербурга идут интересные драмы.
6. Вера Максимовна много знает о *(города́, деревни)* страны́.
7. Ребята катаются на катере по *(каналы, ре́ки)* го́рода.
8. Туристы смею́тся над *(анекдоты, шутки)* гида.

11 Открытка бабушке

В Петергофе Света пишет бабушке открытку.
Она пишет,
- с кем она была́ в Санкт-Петербурге,
- что они делали в Санкт-Петербурге,
- где они бы́ли, и что они там видели.

Напишите открытку Светы.

9 Форточка

1 Чем или с чем/с кем они это делают?

Образец: Костя едет в центр шестым автобусом.
Света едет на тренировку с подругой.

1. Борис Петрович работает на даче
 (дядя Артём). с дядей Артёмом
2. Вова рисует портрет Вики
 (чёрный карандаш).
3. Иногда мы едим курицу *(руки).* руками
4. Света идёт в кино *(друзья).* с друзьями
5. Вика любит писать *(красная ручка).* красного ручкой
6. Сорокины едут в Петербург *(Света).*
7. В реках Кавказа можно ловить рыбу
 (руки). руками
8. На день рождения ребята идут *(подарки).* тоже с подарками
9. В Петербурге Света фотографировала
 (новый фотоаппарат). с новым фотоаппаратом

2 Что может идти?

а) *Скажите, что шло вчера, утром, на этой неделе, в июне, в субботу ... .*

Образец: Вчера на улице шёл дождь.

1. На улице идёт дождь.
2. Игра в настольный теннис идёт два часа.
3. Время идёт быстро. Время шло быстро
4. Автобус идёт только до вокзала.
5. В Санкт-Петербурге идёт фестиваль „Белые ночи".
6. Часы идут неправильно.
 шли

б) *Скажите, что идёт сейчас, часто, обычно, иногда ... .*

Образец: Дома обычно идёт серьёзный разговор о школе.

1. Дома шёл серьёзный разговор о школе. rozmowa Sendung
2. По радио шла интересная передача о цветах и характерах.
3. Шла вторая неделя месяца.
4. Письмо до Новгорода шло три дня.
5. Снег шёл и шёл.
6. Такси шло очень быстро.

3 Нравится или не нравится?

Спросите друг друга.

а) *Образец:* Этот фильм тебе нравится? — Да, нравится. Он очень весёлый.
  — Нет, не нравится. Он скучный.

город — класс — расписание уроков — учебники — место, где ты сидишь — твоё имя — кабинеты в школе ...

б) *Образец:* Тебе понравились подарки на день рождения? — Да, ...
  — Нет, ...

— фильмы, которые шли на этой неделе
— экскурсия в город ...
— погода, которая была в этом месяце
— обед, который ...

— подарки на день рождения
— книга, которую ...
— кафе, которое находится недалеко от школы ...

сто семьдесят один 171

Форточка 9

4 Числа

а) *Как сказать по-русски 10, 20, 30, 40 ... 100?*

10	пятьдесят
20	сорок
30	десять
40	девяносто
50	двадцать
60	сто
70	шестьдесят
80	тридцать
90	семьдесят
100	восемьдесят

б) *Читайте.*

4, 14, 40, 44; 5, 15, 50, 55; 6, 16, 60, 66 ...

в) *Как дальше? Дополните.*

13, 26, 39, ...

..., 22, ..., 44, ..., 66, ...

..., ..., 51, 68, 85, ...

г) *Плюс или минус?*

13 ? 33 ? 65 ? 71 ? 40 = 0

5 Который час на часах? сейчас

Образец: Первые часы показывают 12 часов 30 минут.

1 2 3 4 5 6 7   Эти часы не идут. Они стоят.

6 Читайте телепрограмму

Канал ТВ Россия

Канал „Россия"

6.00, 9.00, 12.00, 18.00, 21.00	Новости
6.20	Аэробика
6.30	Здравствуйте!
8.55	Посмотри, послушай ...
9.15	Немецкий язык для детей
9.45	Английский язык. 17-ый урок.
10.15	Французский язык. 2-ой курс.
10.43	Экспресс-реклама
10.50	Собака Баскервилей. Фильм.
12.20	Наш сад
13.00	Концерт. Хит-парад.
14.05	„SOS" 20-ого века
15.00	Мультфильмы
15.35	Друзья нашей кошки
16.00	Детектив-лэнд
16.45	„Битлз" и их дети
17.00	Спортивная карусель
17.55	Погода
18.30	Большой театр. Дни и вечера.
19.10	Не на своём месте. Фильм.
20.45	Спокойной ночи, малыши!
21.30	Футбол. Чемпионат Европы.
22.55	Лото-миллион
23.00	Спорт, спорт, спорт
1.15	Шлягер-марафон

Скажите,
1. когда показывают фильмы,
2. когда можно посмотреть передачи о природе, о погоде и о театре,
3. когда идут спортивные и музыкальные передачи,
4. какие передачи показывают для детей,
5. какие передачи вы любите смотреть.

9 Форточка

7 Два детектива

Форточка 10

1 Читайте

Скажите, какие слова вы уже знаете.

Образец: театральная касса — театр

театральная касса, вокзальная площадь, Дворцовый мост, центральный проспект, экскурсионное бюро, почтовый ящик, университетское здание, магазин „Детский мир", книжный магазин, туристский автобус, газетный киоск, автобусная остановка, городской парк, речной вокзал, кремлёвская башня, аптечный киоск, концертный зал, крепостная стена, памятные места, телефонная станция, картинная галерея, Летний сад, портовый город

2 На улице

а) *Скажите, куда идти.*

	до	автобусной остановки, (угол, универсальный магазин, высокая стена)!
	по	этому проспекту, (этот мост, главная улица)!
	к	газетному киоску, (современный кинотеатр, театральная касса)!
Идите	через	маленький мост, (главная улица, городской парк)!
	за	этот угол, (этот дом, это кафе, эта старая башня)!
	на	второй этаж, (высокая башня, большой мост)!
	в	экскурсионное бюро, (этот магазин, первый подъезд)!

б) *Скажите, где они находятся.*

	у	городского вокзала, (книжный магазин, кремлёвская стена).
	недалеко от	автобусной остановки, (исторический музей, театральная касса).
Он/ она/ оно находится	напротив	концертного зала, (картинная галерея, Большой театр).
	перед Inst.	памятником Пушкину, (гостиница „Россия", луна-парк).
	рядом с Inst.	Кремлёвским дворцом, (телебашня Останкино, Казанский вокзал).
	за Dat.	универсальным магазином, (городское кафе, центральный стадион).
	в	Измайловском парке, (Третьяковская галерея, речной порт).

‹3 Моя дорога в школу›

О СЕБЕ

Опишите вашу дорогу в школу.

Образец:

Я выхожу из дома и иду налево до угла. Потом я иду через улицу. Там находится остановка автобуса. Я еду на автобусе номер 142 три остановки до кинотеатра „Космос". От кинотеатра до школы недалеко. Я иду прямо по улице Мира до газетного киоска, потом направо. И я в школе.

10 Форточка

4 Читайте Г

а) на юго-западе Москвы (юг, запад);
шестнадцатиэтажные дома
(шестнадцать, этаж);
делать стенгазеты (стена, газета);
теория, проблема; классный

б) ходить на пикник;
продавать парижскую косметику;
рокеры, панки, металлисты;
монархисты, анархисты, либералы

5 Моя маленькая Москва

Привет, ребята!
Сегодня я хочу рассказать вам о моей маленькой Москве. Я — это ученик московской школы № 195. Моё имя — Игорь, фамилия — Семёнов. Мне 16 лет.
Я живу в микрорайоне на юго-западе Москвы. Здесь у нас нет больших фабрик и заводов. Центром микрорайона является станция метро „Юго-западная" или, как мы говорим, „Южка".
Дома в нашем районе большие, шестнадцатиэтажные. Посчитайте сами, сколько семей в каждом доме живёт: в каждом доме 4 корпуса, в каждом корпусе 3 подъезда, в каждом подъезде 64 квартиры. Ну что, посчитали?
„Южка" — очень симпатичное место. Недалеко от микрорайона речка, а за речкой — лес. Летом мы ходим туда на пикник, а зимой мы катаемся там на лыжах. Мы — это я и мальчики из моего класса. К сожалению, девочки из нашего класса с нами в лес не ходят. Наши девочки — не наши подруги. Хотите знать, почему? Вот моя теория: В нашем классе 35 человек: 17 мальчиков и 18 девочек (одна лишняя — но это шутка). В 15 лет девочки „растут" в три раза быстрее, чем мы (мальчики). Когда нам (мальчикам) 16, им (нашим девочкам) 19, а когда нам 18, им уже 27 …
До седьмого класса наши девочки были самыми главными в классе: они красиво писали, делали все уроки, получали только пятёрки и четвёрки, помогали слабым ученикам, делали каждый месяц классные стенгазеты …. Но потом они начали получать тройки и даже двойки, а стенгазета „О погоде в сентябре" висела два года. Их новыми друзьями стали мальчики из девятых и десятых классов. И сейчас на больших переменах они ходят только с ними, а нами они не интересуются. Конечно, они высокие и красивые, а мы для них маленькие и некрасивые. У девочек свои проблемы: где можно купить красивые платья, где продают парижскую косметику, с кем живёт американский артист … А у нас, мальчиков, свои разговоры: почему „Спартак" плохо играл со слабой командой, и что лучше: новая русская машина или старая западная.
Но не думайте, что в нашем классе есть только две группы: мальчики и девочки. Есть у нас ещё и рокеры, панки, металлисты, есть и монархисты, анархисты, зелёные и либералы …
Что это я? Хотел рассказать вам о нашем микрорайоне, а пишу о проблемах в классе. Но как у нас говорят: „У кого что болит, тот о том и говорит."

По В. Алексееву

Форточка 10

6 Вопросы

а) 1. Кто нам рассказывает о Москве? 2. Где он живёт? 3. Что он рассказывает о домах, заводах, фабриках в этом микрорайоне? 4. Что вы узнали о природе в микрорайоне? 5. С кем он встречается в свободное время? 6. О каких проблемах с девочками он пишет? 7. С кем ходят девочки на больших переменах?

О СЕБЕ

б) 1. Расскажите о районе, где вы живёте.
2. Расскажите о вашем классе: сколько у вас учеников, какие у вас проблемы.

О СЕБЕ

7 Я люблю́ …. А ты?

Спроси́те друг дру́га.

1. Я люблю ходить в … джинсах. А ты?
2. Мне нравится ходить по … магазинам. А тебе?
3. В нашем кинотеатре нет … мест, когда идёт интересный фильм. А в вашем?
4. Летом мы встретились с … ребятами. А вы?
5. У меня … волосы. А у тебя?
6. Мы часто ходим в гости к … друзьям. А вы?
7. Я люблю читать о … людях. А ты?
8. У меня много … друзей. А у тебя?
9. Я хорошо знаю … композиторов. А ты?

старые
универсальные
свободные
весёлые
светлые/тёмные
симпатичные
великие
хорошие
знаменитые

8 Разговор с туристами

Образец: Туристы спрашивают гида о музеях.
— О каких?
— О **которых** они читали книги.

1. Гид ходит по галерее с туристами.
   — С …?
   — С … она вчера была в музее Пушкина.
2. Гид говорит с туристами об известных людях.
   — О …?
   — О … они вчера читали в газетах.
3. Гид показывает туристам на плане города памятники.
   — …?
   — … они хотят сегодня посмотреть.
4. Гид гуляет с туристами по паркам.
   — По …?
   — По … раньше гуляли только цари.
5. Перед гостиницей стоят туристы.
   — …?
   — … хотят кататься на катерах по Москве-реке.
6. Фотограф считает туристов.
   — …?
   — … он хочет фотографировать.
7. Гид даёт билеты туристам.
   — …?
   — … нравится русский балет.

‹9 Разговоры на улице›

Послушайте диалоги и скажите,

1. где идёт разговор?
2. кто разговаривает?
3. куда они едут? Почему?
4. что вы ещё узнали?

11 Форточка

1 Нельзя

Скажите, что кому нельзя. Образец:

Вам нельзя смотреть этот фильм.

1. смотреть этот фильм

2. ехать без билета

3. идти через улицу

4. пить водку

5. стоять

6. ехать налево

2 Можно или нельзя?

Спросите. Образец:

— Можно мне открыть окно?
— Конечно, можно. В комнате очень жарко.

1. — …

— Конечно, можно. В комнате очень жарко.

2. — …

— Конечно, можно. Ешьте на здоровье!

3. — …

— Сейчас к директору нельзя.

4. — …

— Нет, нельзя. Ты уже два часа играешь на компьютере, а потом ты плохо спишь.

5. — …

— Нет, нельзя. Этот фильм не для детей.

6. — …

— Что за вопрос! Идите, идите!

Форточка 11

3 Надо — не надо?

Что они говорят?

Образец: Учитель говорит ленивым ученикам: „Вам надо больше заниматься."

1. Учитель говорит ленивым ученикам: „..." (больше заниматься)
2. Тренер говорит спортсменам: „..." (заниматься спортом каждый день)
3. Вера Максимовна говорит Вике: „..." (больше спать)
4. Бабушка говорит Косте: „У нас всё есть. ..." (идти за продуктами)
5. Профессор говорит студентам на экзамене: „..." (волноваться)
6. Москвич говорит туристам в автобусе: „..." (сейчас выходить)
7. Молодой человек говорит девушке в ресторане: „..." (платить)

4 У человека

У человека есть одна голова,
один ...,
одно ...,
два ...,
две ...,
тридцать два ... .

> Одна голова хорошо,
> а две лучше.

5 Чем человек ...? Б

Образец: Человек ходит ногами.

Человек
- пишет ...
- видит ...
- слышит ...
- говорит ...
- берёт ...
- ест ...
- играет на пианино ...
- думает ...
- показывает ...

6 Так говорят русские

Образец: Она всё рассказывает другим, у неё длинный язык.

1. Она всё рассказывает другим, ...
2. Этот подарок недорогой, но он ...
3. Моя школа совсем недалеко, она ...
4. Таксист знает свой город ...
5. В автобусе было много людей, я ...
6. Это секрет. Я могу тебе это ...
7. Он плохо учится, у него только ...
8. Когда я увидела, сколько мне надо платить, я ...

а) как свои пять пальцев.
б) у неё длинный язык.
в) от всего сердца.
г) сделала большие глаза.
д) под носом.
е) стоял на одной ноге.
ё) сказать на ухо.
ж) ветер в голове.

7 Объявления

1. Где ты с *(большие голубые глаза и длинные чёрные волосы)*? Я видел тебя в субботу в пять часов у *(газетный киоск)* у метро „Пушкинская". Позвони! Тел. 143-17-08.
2. Кто хочет и может помочь *(старые больные люди)*? Приходите в центральное бюро поликлиники. Спросите у *(наши работники)* на *(первый этаж)*.
3. Вчера я забыла в спортзале *(моя сумка)* с *(чёрные джинсы и белая майка)*. В *(чёрные джинсы)* были письма и адреса *(мои друзья)*. Кто видел *(моя сумка)*? Позвоните, пожалуйста. Тел. 49-60-93.

11 Форточка

8 Это последний экземпляр

Костя был дома один. Он лежал на диване и читал книгу. Это была очень интересная книга: „Понедельник начинается в субботу". Он любил читать фантастику о том, какая жизнь на планете „ИКС", какие они, инопланетяне.
Костя читал книгу утром, днём и вечером. Вдруг в доме и на улице стало темно и
5 очень тихо. „Что это? Кто ходит по коридору? Я же дома один! И как холодно стало. Сейчас же лето, а в комнате холодно, как зимой." Костя посмотрел на дверь, и вдруг он увидел маленького человечка. „Человек, но не такой, как я. Он синий, нет, фиолетовый. А руки зелёные. Сколько их? Одна, две, три … четыре руки!! И голова у него, как будильник! А где у него нос? Носа нет. Уши, как антенны." У окна ещё
10 один человек, но у него только три руки, и лицо не фиолетовое, а красное. „Какие у них длинные пальцы, а ноги короткие?!" Вдруг Костя услышал, как „фиолетовый" сказал „красному":
— Что там лежит в углу? Может быть, это человек? Смотри, какой он некрасивый. Что это у него на лице? Глаза такие маленькие. Он, наверно, нас плохо видит. А как
15 он говорит и слушает? И что у него на голове растёт? Смотри, какие у него длинные ноги! Как он на них ходит? Тьфу, какой он ужасный! Здесь он один?
— Да, один. Это, наверно, последний экземпляр. Мы три дня искали, другого экземпляра на этой планете нет. На ней только вода, лёд и этот дом. Интересно, как этот человек может плавать. Ведь у него такие маленькие пальцы.
20 Третий человечек, у которого в руках были ящик и молоток, сказал:
— Как положить его в этот маленький ящик?
Костя хотел крикнуть, что он не хочет в ящик, что он не последний экземпляр …
Но он не мог.
„Что это было? Сон?" — подумал Костя.

9 Что Костя видел во сне?

Смотрите на рисунок и скажите, что на нём правильно, а что неправильно.

Форточка 12

1 Что им нужно будет?

Образец: Турист хочет ехать на автобусе.
             Ему нужен будет билет.

1. Ребята хотят пойти в поход.
2. Девочки идут купаться на озеро.
3. Света хочет писать письмо Алине.
4. Лара идёт на дискотеку.
5. Борис Петрович хочет узнать, какая погода будет завтра.
6. Вика и Костя хотят пойти к Вове на день рождения.
7. Дьяковы едут в лес на пикник.

2 Если у тебя нет …

Образец: Если у тебя нет друга/подруги, тебе не надо его/её целовать.

1. Если у тебя нет комнаты,
2. Если у тебя нет собаки,
3. Если у тебя нет попугая,
4. Если у тебя нет велосипеда,
5. Если у тебя нет учебников,
6. Если у тебя нет дачи,
7. Если у тебя нет золота,

а) тебе не надо на нём кататься.
б) тебе не надо делать уроки.
в) тебе не надо её убирать.
г) тебе не надо с ней гулять.
д) тебе не надо там работать.
е) тебе не надо волноваться.
ё) тебе не надо с ним говорить.

3 „Говорить" или „сказать"?

| 1. говорите – скажите |

Не … так быстро!   … это слово ещё раз! Я вас не понял.

| 2. говорю – скажу |

Сейчас я тебе … об этом.   Я тебе не первый раз … об этом.

| 3. говорит – скажет |

Когда я приду домой, мама,   Мама часто мне …: „Делай уроки!"
наверно, …: „Как дела в школе?"

| 4. говорят – скажут |

В восемь часов по радио …,   …, что завтра будет хорошая погода.
какая завтра будет погода.

| 5. говорили – сказали |

На уроках мы … о рассказе „Нос".   Вова и Денис …, что им рассказ совсем
                                     не понравился.

12 Форточка

4 Завтра начнётся новая жизнь

В понедельник Вова сидит в своей комнате и учит немецкие слова: „Летние каникулы — зоммерфериен, скоро — бальд .... Да, через две недели летние каникулы! А завтра последняя контрольная работа! Будет катастрофа! Мне ещё надо выучить сто слов и грамматику тоже. Я отдыхаю — ихь эрхоле — нет, это неправильно — ихь эрхоле
5 михь — почему михь? Я отдыхал — ихь хабе михь эрхольт. Я отдохну — ихь верде михь эрхолен. Какой немецкий язык трудный! В русском языке два слова, а в немецком — четыре! Вот теперь лёгкое слово: рюкзак — значит рюкзак, два рюкзака — цвай рюкзакс, нет — рюкзакен, нет — рюкзеке! Палатка — цельт, он или она? — дер?, нет — ди или дас? Откуда мне всё это знать? Боже мой, что за язык!
10 Какой беспорядок! Завтра, наверно, получу двойку! Почему я не учил слова всю неделю? Последний раз так пишу контрольную работу! Завтра начнётся новая жизнь! Буду каждый день учить слова! Буду каждый день заниматься! Сидеть у компьютера буду только один час. Отдыхать на озере буду только раз в месяц, а на дискотеку совсем ходить не буду."
15 В пятницу учительница немецкого языка говорит Вове: „Ты в этот раз не очень хорошо написал работу. У тебя тройка." Вова, конечно, очень рад, что он получил тройку, но учительнице он говорит: „Мария Георгиевна, работа была такой трудной!"
На перемене Лара говорит: „Ребята, сегодня в нашем микрорайоне открывается новая дискотека. Пойдём?" — „Что за вопрос!", — говорит Вова. — „Конечно, пойдём!"

5 Вопросы

1. Как вы думаете, почему Вова плохо знает немецкие слова?
2. Что он говорит о немецком языке?
3. Почему он думает, что завтра начнётся новая жизнь?
4. Что он не будет делать, а что он хочет делать?
5. Какие слова в русском языке для вас самые трудные?
6. Как вы думаете, русская грамматика лёгкая или трудная?

6 В гостях у русских

Спросите друг друга. Один из вас спрашивает „Где? С кем? О ком? ..." Другой отвечает.
Образец: — С кем ты хочешь познакомиться?
— Я хочу познакомиться с молодыми москвичами.

| Я хочу | познакомиться (с)
осмотреть
встретиться (с)
увидеть
жить (в)
узнать больше (о)
ходить в гости (к) | современные гостиницы
наши новгородские друзья
большие реки и озёра
молодые москвичи
красивые дворцы
русские города и деревни
русские праздники
популярные рок-группы |

Викторина

Это правильно? Если это неправильно, скажите, как надо правильно это сказать.

География

1. Новгород находится на берегу реки Ильмень.
2. Сочи лежит на берегу Белого моря.
3. Мурманск находится на севере страны.
4. Волга — самая длинная река Европы.
5. Когда в Москве люди идут на работу, во Владивостоке люди ещё спят.
6. Европа и Азия встречаются на Урале.

Известные люди страны

1. Николай Васильевич Гоголь написал роман „Евгений Онегин".
2. Самый известный русский поэт — Александр Сергеевич Пушкин.
3. Ломоносов основал петербургский университет.
4. Пётр Чайковский и Александр Пушкин часто встречались в Петербурге.
5. Чайковский написал музыкальную сказку „Петя и Волк".
6. Валентина Терешкова была первой женщиной в космосе.

Наши новгородские друзья

1. Маму Вики и Кости зовут Вера Максимовна, а папу Пётр Борисович.
2. У Вики и Кости живёт попугай Карудо.
3. Света раньше жила в Норильске.
4. У неё есть собака Шарик.
5. Лара — спортсменка. Она три раза в неделю ходит на тренировки. Она катается на коньках.
6. Семья Вовы построила новую дачу. Она находится недалеко от озера.

История

1. Первой столицей страны был Санкт-Петербург.
2. Юрий Долгорукий основал Москву.
3. Пётр I был первым русским царём.
4. Когда умер Борис Годунов, царём стал Фёдор, сын Ивана Грозного.
5. Александр Меншиков был первым бургомистром столицы.
6. Петропавловская крепость — самая большая крепость в мире.

Интересные факты о стране

1. Русские празднуют Рождество в декабре.
2. На Рождество они едят куличи.
3. Восьмого марта дети не ходят в школу, и их родители не ходят на работу.
4. В русских магазинах сначала идут в кассу за чеком, а потом получают вещи по чеку.
5. Раньше девочки ходили в школу в синем платье, а мальчики в коричневом костюме.
6. Русские ученики не счастливы, если они получают пятёрки и четвёрки.

Так говорят русские

1. В тесноте, да не в обиде.
2. Без труда не вытащишь и моржа из пруда.
3. Хорошо то, что хорошо начинается.
4. Всему своё время.
5. Сначала думай, потом начинай!
6. Одна нога хорошо, а две лучше.

Grammatikübersichten

Deklination der Substantive

	Maskulin		Neutrum		Feminin	
	Hart	Weich	Hart	Weich	Hart	Weich
Sg. Nom.	завод	писател|ь	отчеств|о	мор|е	групп|а	недел|я
Gen.	завод-а	писател-я	отчеств-а	мор-я	групп-ы	недел-и
Dat.	завод-у	писател-ю	отчеств-у	мор-ю	групп-е	недел-е
Akk.	*	*	отчеств-о	мор-е	групп-у	недел-ю
Instr.	завод-ом	писател-ем	отчеств-ом	мор-ем	групп-ой	недел-ей
Präp.	завод-е	писател-е	отчеств-е	мор-е	групп-е	недел-е
Pl. Nom.	завод-ы	писател-и	отчеств-а	мор-я	групп-ы	недел-и
Gen.	завод-ов	писател-ей	отчеств	мор-ей	групп	недел|ь
Dat.	завод-ам	писател-ям	отчеств-ам	мор-ям	групп-ам	недел-ям
Akk.	*	*	отчеств-а	мор-я	*	*
Instr.	завод-ами	писател-ями	отчеств-ами	мор-ями	групп-ами	недел-ями
Präp.	завод-ах	писател-ях	отчеств-ах	мор-ях	групп-ах	недел-ях

Deklination der Adjektive

Hart		
Sg. m.	Sg. n.	Sg. f.
нов|ый	нов|ое	нов|ая
нов-ого		нов-ой
нов-ому		нов-ой
*	нов-ое	нов-ую
нов-ым		нов-ой
нов-ом		нов-ой
Pl. m., n., f.		
нов-ые		
нов-ых		
нов-ым		
*		
нов-ыми		
нов-ых		

Weich		
Sg. m.	Sg. n.	Sg. f.
син|ий	син|ее	син|яя
син-его		син-ей
син-ему		син-ей
*	син-ее	син-юю
син-им		син-ей
син-ем		син-ей
Pl. m., n., f.		
син-ие		
син-их		
син-им		
*		
син-ими		
син-их		

Beachte: 1. Nach г, к, х und den Zischlauten ж, ш, щ, ч steht -и- anstelle von -ы- (хоро́ший, хоро́шие; ма́ленький, ма́ленькие; кни́ги).
2. Endbetonte Adjektive im Maskulin haben im Nom. Sg. immer die Endung -ой (большо́й, глухо́й).
3. Bei stammbetonten Adjektiven, die auf Zischlaut enden, steht im Neutrum Sg. -ее anstelle von -ое (Beispiel: хоро́шее).
4. Nach Zischlaut wird unbetontes -о zu -е (с Ма́шей).

* = belebt: Akk. = Gen. / unbelebt: Akk. = Nom.

Personalpronomen

Nom.	я	ты	он	оно	она	мы	вы	они
Gen.	меня	тебя	его	его	её	нас	вас	их
Dat.	мне	тебе	ему	ему	ей	нам	вам	им
Akk.	меня	тебя	его	его	её	нас	вас	их
Instr.	мной	тобой	им	им	ей	нами	вами	ими
Präp.	(обо) мне	(о) тебе	(о) нём	(о) нём	(о) ней	(о) нас	(о) вас	(о) них

Beachte: Nach Präpositionen steht н- vor den Pronomen der 3. Pers. (у него, к ней)

Possessivpronomen

	Sg. m.	Sg. n.	Sg. f.	Pl.
Nom.	мой = твой	моё = твоё	моя = твоя	мои = твои
Gen.	моего	моего	моей	моих
Dat.	моему	моему	моей	моим
Akk.	*	моё	мою	*
Instr.	моим	моим	моей	моими
Präp.	(о)моём	(о)моём	(о)моей	(о)моих

	Sg. m.	Sg. n.	Sg. f.	Pl.
Nom.	наш = ваш	наше = ваше	наша = ваша	наши = ваши
Gen.	нашего	нашего	нашей	наших
Dat.	нашему	нашему	нашей	нашим
Akk.	*	наше	нашу	*
Instr.	нашим	нашим	нашей	нашими
Präp.	(о)нашем	(о)нашем	(о)нашей	(о)наших

Fragepronomen

Nom.	кто	что
Gen.	кого	чего
Dat.	кому	чему
Akk.	кого	что
Instr.	кем	чем
Präp.	(о) ком	(о) чём

* = belebt: Akk. = Gen. / unbelebt: Akk. = Nom.

Konjugation ausgewählter vollendeter Verben

Infinitiv und Futurkonjugation	Imperativ	Präteritum	uv. Aspekt	dt. Bedeutung
взять, возьму́, возьмёшь, возьму́т	возьми́	взял, -á, -о	брать	nehmen
встать, вста́ну, вста́нешь, вста́нут	встань	встал	встава́ть	aufstehen
встре́титься, встре́чусь, встре́тишься, встре́тятся	*ungebr.*	встре́тился	встреча́ться	sich treffen
дать, дам, дашь, даст, дади́м, дади́те, даду́т	дай	дал, -á, -о	дава́ть	geben
забы́ть, забу́ду, забу́дешь, забу́дут	забу́дь	забы́л	забыва́ть	vergessen
загоре́ть, загорю́, загори́шь, загоря́т	загори́	загоре́л	загора́ть	sich bräunen
закры́ть, закро́ю, закро́ешь, закро́ют	закро́й	закры́л	закрыва́ть	verschließen, zumachen
купи́ть, куплю́, ку́пишь, ку́пят	купи́	купи́л	покупа́ть	kaufen
назва́ться, назову́сь, назовёшься	*ungebr.*	назва́лся, -ла́сь, -а́лось	называ́ться	heißen
нача́ться, начну́сь, начнёшься, начну́тся	*ungebr.*	начался́, -а́сь	начина́ться	anfangen
обману́ть, обману́, обма́нешь, обма́нут	обмани́	обману́л	обма́нывать	betrügen
осмотре́ть, осмотрю́, осмо́тришь, осмо́трят	осмотри́	осмотре́л	осма́тривать	besichtigen
отве́тить, отве́чу, отве́тишь, отве́тят	отве́ть	отве́тил	отвеча́ть	antworten
отдохну́ть, отдохну́, отдохнёшь, отдохну́т	отдохни́	отдохну́л	отдыха́ть	sich erholen
откры́ть, откро́ю, откро́ешь, откро́ют	откро́й	откры́л	открыва́ть	öffnen
переда́ть, переда́м, переда́шь, переда́ст, передади́м, передади́те, передаду́т	переда́й	пе́редал, -дала́, -пе́редало	передава́ть	übergeben
показа́ть, покажу́, пока́жешь, пока́жут	покажи́	показа́л	пока́зывать	zeigen
получи́ть, получу́, полу́чишь, полу́чат	получи́	получи́л	получа́ть	bekommen
помо́чь, помогу́, помо́жешь, помо́гут	помоги́	помо́г, помогла́	помога́ть	helfen
пригласи́ть, приглашу́, пригласи́шь, приглася́т	пригласи́	пригласи́л	приглаша́ть	einladen
провести́, проведу́, проведёшь, проведу́т	проведи́	провёл, -á	проводи́ть	verbringen
прода́ть, прода́м, прода́шь, прода́ст, продади́м, продади́те, продаду́т	прода́й	про́дал, -á, про́дало	продава́ть	verkaufen
разру́шить, разру́шу, разру́шишь, разру́шат	*ungebr.*	разру́шил	разруша́ть	zerstören
рассказа́ть, расскажу́, расска́жешь, расска́жут	расскажи́	рассказа́л	расска́зывать	erzählen
реши́ть, решу́, реши́шь, реша́т	реши́	реши́л	реша́ть	entscheiden
сказа́ть, скажу́, ска́жешь, ска́жут	скажи́	сказа́л	говори́ть	sagen, sprechen
случи́ться, случи́тся, случа́тся (1. u. 2. Pers. *ungebr.*)	*ungebr.*	случи́лся	случа́ться	sich ereignen, passieren
собра́ть, соберу́, соберёшь, соберу́т	собери́	собра́л, -ла́, -а́ло	собира́ть	sammeln
спроси́ть, спрошу́, спро́сишь, спро́сят	спроси́	спроси́л	спра́шивать	fragen
уби́ть, убью́, убьёшь, убью́т	убе́й	уби́л	убива́ть	töten
убра́ть, уберу́, уберёшь, уберу́т	убери́	убра́л, -ла́, -а́ло	убира́ть	weg-, zusammenräumen
удиви́ться, удивлю́сь, удиви́шься, удивя́тся	*ungebr.*	удиви́лся	удивля́ться	sich wundern
узна́ть, узна́ю, узна́ешь, узна́ют	узна́й	узна́л	узнава́ть	erkennen, erfahren
умере́ть, умру́, умрёшь, умру́т	умри́	у́мер, -ла́, у́мерло	умира́ть	sterben
упа́сть, упаду́, упадёшь, упаду́т	упади́	упа́л	па́дать	fallen, hinfallen

Wörter und Wendungen in Arbeitsanweisungen des Buches

абзац	Absatz
Говорите.	Sprecht/Sprechen Sie!
Дополните.	Ergänzt/Ergänzen Sie!
заглавие	Überschrift
Инсценируйте драму …	Inszeniert/Inszenieren Sie das Drama …
Ищите заглавие для каждого абзаца.	Sucht/Suchen Sie eine Überschrift für jeden Absatz!
Как сказать по-русски …?	Wie sagt man auf russisch …?
Напишите …	Schreibt/Schreiben Sie …
Напишите короткий текст о …	Schreibt/Schreiben Sie einen kurzen Text über …
Напишите маленькую сказку.	Schreibt/Schreiben Sie ein kleines Märchen!
Напишите резюме текста.	Schreibt/Schreiben Sie eine Zusammenfassung des Textes!
Начните так: …	Beginnt/Beginnen Sie so: …
Начните, например, так: …	Beginnt/Beginnen Sie z. B. so: …
неправильно	falsch
образец	Muster, Beispiel
О себе	Über sich/dich selbst
Опишите …	Beschreibt/Beschreiben Sie …
Ответьте.	Antwortet/Antworten Sie!
Ответьте на вопросы.	Antwortet/Antworten Sie auf die Fragen!
Переведите …	Übersetzt/Übersetzen Sie …
Перескажите …	Erzählt/Erzählen Sie nach …
Перескажите сказку.	Erzählt/Erzählen Sie das Märchen nach!
Перескажите текст.	Erzählt/Erzählen Sie den Text nach!
По рассказу … (кого)	Nach der Erzählung von …
по-русски	auf russisch
Послушайте диалог.	Hört/Hören Sie den Dialog an!
Посмотрите на текст и скажите …	Schaut/Schauen Sie sich den Text an und sagt/sagen Sie …
правильно	richtig
Правильно или неправильно?	Richtig oder falsch?
Придумайте ситуации …	Denkt/Denken Sie sich Situationen aus …
Продолжайте.	Fahrt/Fahren Sie fort!
Прослушайте текст.	Hört/Hören Sie den Text an!
Если это неправильно, скажите, как надо правильно это сказать.	Wenn es nicht richtig ist, sagt/sagen Sie, wie es richtig heißen muss!
Разделите текст на короткие абзацы.	Unterteilt/Unterteilen Sie den Text in kurze Absätze!
Расскажите о …	Erzählt/Erzählen Sie von/über …
Расскажите о них в классе.	Erzählt/Erzählen Sie über sie in der Klasse!
Решите, это правильно или нет.	Entscheidet/Entscheiden Sie, ob es richtig oder falsch ist!
Скажите, почему …	Sagt/Sagen Sie, warum …
Слушайте.	Hört/Hören Sie (zu)!
Слушайте и говорите.	Hört/Hören Sie (zu) und sprecht/sprechen Sie nach!
Смотрите на страницу …	Seht/Sehen Sie nach auf Seite …
Составьте диалоги.	Stellt/Stellen Sie Dialoge zusammen!
Спросите друг друга.	Fragt euch/Fragen Sie sich gegenseitig!
Сравните.	Vergleicht/Vergleichen Sie!
Считайте так …	Rechnet/Rechnen Sie so …
Сыграйте роли …	Spielt/Spielen Sie die Rollen …
Так говорят: … Так пишут: …	So spricht man: … So schreibt man: …
Читайте.	Lest/Lesen Sie!

Vokabular

— Wörter, die in den Kästchen „Das versteht ihr schon/Это вы уже понимаете" aufgeführt sind, werden in späteren Lektionen als bekannt vorausgesetzt.
° Die mit ° gekennzeichneten Wörter gehören zum rezeptiven Wortschatz.
⟨⟩ Die Vokabeln von Stücken, deren Überschriften, und von Übungen, deren Ziffern in Winkelklammern stehen, sind fakultativ. Sie sind im Vokabular mager gedruckt.

Pers.	= Person		*f.*	= feminin
Sg.	= Singular		*m.*	= maskulin
Pl.	= Plural		*n.*	= neutral
Inf.	= Infinitiv		*indekl.*	= indeklinabel, d. h. diese Wörter bleiben in allen Fällen unverändert
vo.	= vollendeter, perfektiver, Aspekt			
uv.	= unvollendeter, imperfektiver, Aspekt		*umg.*	= umgangssprachlich
			ungebr.	= ungebräuchlich
best.	= bestimmt		*refl.*	= reflexiv
ubest.	= unbestimmt		*Pers. Pron.*	= Personalpronomen
Nom.	= Nominativ		*Poss. Pron.*	= Possessivpronomen
Gen.	= Genitiv		*Rel. Pron.*	= Relativpronomen
Dat.	= Dativ		*Dimin.*	= Diminutiv, Verkleinerungsform
Akk.	= Akkusativ			
Instr.	= Instrumental		*lit.*	= literarisch
Präp.	= Präpositiv		*Abk.*	= Abkürzung

Вводный курс

1 ШАГ

1	Привѐт!	Hallo! Grüß' dich! / Grüß' euch!	
	Я Вѝка.	Ich bin Wika.	
	я	ich	
	а	aber, und (*gegenüberstellend*)	Э́то Вѝка, а э́то Свѐта.
	Э́то Ко́стя.	Das ist Kostja.	
	э́то	das (ist; sind)	
	и	und	
2	Кто э́то?	Wer ist das?	
	кто	wer	

Das versteht ihr schon		
3	па́па	Papa, Vati

Вводный курс

ШАГ 2

1 Как тебя зовут?	Wie heißt du?	
как	wie	
а) дядя	Onkel	
Как фамилия?	Wie ist der Familienname?	
фамилия	Familienname	Фамилия — Сорокина.
Меня зовут ...	Ich heiße ...	Меня зовут Костя.
б) Там Лара.	Da ist Lara.	
там	dort, da	
Как дела?	Wie geht es?	
нормально	normal, O.K., ganz gut	
ну	nun, na	
Пока!	Bis bald!	

Das versteht ihr schon

4 диалог — Dialog

ШАГ 3

1 вокзал	Bahnhof	
кремль	Kreml, Festung	
озеро	(der) See	
почта	Post	
река	Fluss	
собор	Dom, Kathedrale	
школа	Schule	
гид	Fremden-, Reiseführer(-in)	Папа — гид.
Что это?	Was ist das?	
что	was	
да	ja	
нет	nein	
Это не театр, а музей.	Das ist kein Theater, sondern ein Museum.	
не	nicht, kein(-e)	
а	sondern	
2 город	Stadt	

Das versteht ihr schon

1 библиотека	Bibliothek	парк	Park
институт	Institut, Hochschule	стадион	Stadion
кинотеатр	Kino (*Gebäude*)	театр	Theater
клуб	Klub, Klubhaus	центр	Zentrum
музей	Museum	турист	Tourist

Вводный курс

	Städte			
1	Нóвгород	Nowgorod (*Stadt südlich von St. Petersburg*)	Ростóв	Rostow (*Stadt am unteren Don*)
3	Москвá	Moskau (*Hauptstadt Russlands*)	Владúмир	Wladimir (*Stadt östlich von Moskau*)
	Санкт-Петербýрг	St. Petersburg (*Großstadt an der Ostsee*)	Сýздаль	Susdal (*alte Fürstenstadt östlich von Moskau*)
	Омск	Omsk (*Stadt in Sibirien*)	Кúев	Kiew (*Hauptstadt der Ukraine*)
	Новосибúрск	Nowosibirsk (*größte Stadt Sibiriens*)	Минск	Minsk (*Hauptstadt Weißrusslands*)
	Иркýтск	Irkutsk (*Stadt im südlichen Sibirien*)		

	Flüsse			
3	Вóлга	Wolga (*größter Strom im europäischen Teil Russlands*)	Лéна	Lena (*Strom in Sibirien*)
	Дон	Don (*Strom im europäischen Teil Russlands*)	Амýр	Amur (*Fluss im Fernen Osten Russlands*)
	Обь (*f.*)	Ob (*Strom in Westsibirien*)	Днепр	Dnepr (*Strom, der durch Russland und die Ukraine fließt*)
	Енисéй	Jenissej (*Strom in Sibirien*)		

 ШАГ

1	Вот онú.	Da sind sie.	
	вот	hier, da	
	онú	sie (*3. Pers. Pl.*)	
	он	er	
	идёт	geht (*3. Pers. Sg.*)	
	в (*mit Akk.*)	in, nach, zu	Он идёт в теáтр.
	онá	sie (*3. Pers. Sg.*)	
	кудá	wohin	Кудá онá идёт?
	идýт	gehen (*3. Pers. Pl.*)	Онú идýт в шкóлу.
3	автóбус в центр	der Autobus ins Zentrum	
	автóбус	Autobus	
	éдет	fährt (*3. Pers. Sg.*)	Автóбус éдет в гóрод.
	на (*mit Akk.*)	auf, in, nach, an, zu	на пóчту; на стадиóн; на вокзáл; на óзеро
	éдут	fahren (*3. Pers. Pl.*)	Онú éдут в Москвý.
5	úли	oder	

сто вóсемьдесят дéвять

	Das versteht ihr schon		
3	спортсме́н	Sportler *(Sg.)*	
4	ма́ма	Mutti, Mama	
6	кино́ *(indekl.)*	Kino	

7	ребя́та	Kinder, junge Leute *(auch als Anrede)*	Ребя́та иду́т в кино́.
а)	ты	du	
	идёшь	gehst *(2. Pers. Sg.)*	Ты идёшь в музе́й?
	иду́	gehe *(1. Pers. Sg.)*	Я иду́ в библиоте́ку.
	вы	ihr; Sie *(Höflichkeitsform)*	
	идёте	geht *(2. Pers. Pl.)*; gehen *(Höflichkeitsform)*	Куда́ вы идёте?
	мы	wir	
	идём	gehen *(1. Pers. Pl.)*	Мы идём в шко́лу.
	домо́й	nach Hause	Они́ иду́т домо́й.
б)	спаси́бо	danke	
	хорошо́	gut	
	е́дете	fahrt *(2. Pers. Pl.)*; fahren *(Höflichkeitsform)*	Куда́ вы е́дете?
	е́дем	fahren *(1. Pers. Pl.)*	Мы е́дем в Омск.
	е́дешь	fährst *(2. Pers. Sg.)*	Куда́ ты е́дешь?
	то́же	auch, ebenfalls	
	е́ду	fahre *(1. Pers. Sg.)*	Я е́ду в Москву́.
	здо́рово *(umg.)*	toll, ausgezeichnet, prima	
	Пое́дем!	Lasst uns fahren! Fahren wir!	
	вме́сте	zusammen, gemeinsam	Пое́дем вме́сте!
8	идти́	gehen	
	я иду́		
	ты идёшь		
	они́ иду́т		
	Пойдём!	Lasst uns gehen! Gehen wir!	
9	е́хать	fahren	
	я е́ду		
	ты е́дешь		
	они́ е́дут		
	но	aber	

	Zungenbrecher	
12	Шла Са́ша по шоссе́ и соса́ла су́шку.	Sascha ging die Chaussee entlang und lutschte an einem trockenen Kringel.

5 ШАГ

1	Где они́?	Wo sind sie?	
	где	wo	
	Во́ва в клу́бе.	Wowa ist im Klub.	
	в *(mit Präp.)*	in, an	в шко́ле; в институ́те
	на *(mit Präp.)*	auf, in, an	на по́чте; на стадио́не
	игра́ть	spielen	
	я игра́ю		
	ты игра́ешь		
	они́ игра́ют		
	рабо́тать	arbeiten	
	я рабо́таю		
	ты рабо́таешь		
	они́ рабо́тают		
	Она́ гид.	Sie ist Fremden-, Reiseführerin.	
	чита́ть	lesen	
	я чита́ю		
	ты чита́ешь		
	они́ чита́ют		
	де́лать	tun, machen, handeln	
	я де́лаю		
	ты де́лаешь		
	они́ де́лают		
	отдыха́ть	sich erholen, sich ausruhen	
	я отдыха́ю		
	ты отдыха́ешь		
	они́ отдыха́ют		
	слу́шать	(zu-, an-)hören	
	я слу́шаю		
	ты слу́шаешь		
	они́ слу́шают		
	до́ма	zu Hause	Они́ до́ма.
	де́лать уро́ки	Hausaufgaben machen	
4	Что за вопро́с!	Was für eine Frage!	
	вопро́с	Frage	
	Ха-ха-ха!	Hahaha!	
	Вы не зна́ете, где Ко́стя?	Wisst ihr, wo Kostja ist?/ Wissen Sie, wo Kostja ist?	
	знать	wissen, kennen	
	я зна́ю		
	ты зна́ешь		
	они́ зна́ют		
	Эй!	He!	
	Стари́к! *(hier umg.)*	Alter!	
	Дава́й …! Дава́йте …! *(mit Inf.)*	Lass uns …!/Lasst uns …! Lassen Sie uns …! Wollen wir …! Na los …!	Дава́йте рабо́тать!
	игра́ть в бадминто́н	Federball spielen	
	игра́ть в волейбо́л	Volleyball spielen	
5	Робинзо́н Кру́зо	Robinson Crusoe *(Abenteuerroman von D. Defoe)*	
6	оно́	es; *Pers. Pron. 3. Pers. Sg.*	Где о́зеро? — Вот оно́.

Вводный курс

	Das versteht ihr schon			
1	му́зыка	Musik	бадминто́н	Federball, Badminton
4	рок-конце́рт	Rockkonzert	волейбо́л	Volleyball *(Spiel)*

Zungenbrecher	
Ка́рл укра́л у Кла́ры кора́ллы,	Karl stahl Klara die Korallen,
Кла́ра укра́ла у Ка́рла кларне́т.	Klara stahl Karl die Klarinette.

6 ШАГ

1	оте́ц	Vater	
	мать *(f.)*	Mutter	
	сын	Sohn	
	дочь *(f.)*	Tochter	
	ещё	noch	Ко́стя ещё не рабо́тает.
	учени́ца	Schülerin	
	учени́к	Schüler	
	жить	leben, wohnen	Ви́ка живёт в Но́вгороде.
	я живу́		
	ты живёшь		
	они́ живу́т		
	в одно́м подъе́зде	im gleichen Aufgang *(eines Gebäudes)*	
	подъе́зд	Eingang, Aufgang *(eines Gebäudes)*	
2	Кто они́?	Wer sind sie?	
3	и́мя *(n.)*	Name, Vorname	
	о́тчество	Vatersname	
4	расска́зывать	erzählen, berichten	
	я расска́зываю		
	ты расска́зываешь		
	они́ расска́зывают		
6	игра́ть в ка́рты	Karten spielen	
8	ру́сский алфави́т	das russische Alphabet	

	Das versteht ihr schon		
1	журнали́ст	Journalist	
5	ра́дио *(indekl.)*	Radio, Funk, Rundfunk	слу́шать ра́дио
			Журнали́ст рабо́тает на ра́дио.
	фото́граф	Fotograf(-in)	
	инжене́р	Ingenieur(-in)	
	фа́брика	Fabrik	идти́ на фа́брику; рабо́тать на фа́брике
	архите́ктор	Architekt(-in)	
	бюро́ *(indekl.)*	Büro	
	фи́зик	Physiker(-in)	
	профе́ссор	Professor(-in)	
	университе́т	Universität	в университе́те
6	тигр	Tiger	
	ка́рта	(Spiel-), (Land-)Karte	
8	алфави́т	Alphabet	

Zungenbrecher

6 Тише, мыши,
кот на крыше,
а котята ещё выше.

Leise, Mäuse,
der Kater ist auf dem Dach,
und die Kätzchen sind noch höher.

Урок 1

 Играет рок-группа „Авиа"

Авиа	Awia *(russische Rockgruppe)*	
1a) **утром**	am Morgen, morgens	
стоять	stehen	Вика и Света стоят в подъезде.
я стою		
ты стоишь		
они стоят		
говорить	sprechen, reden	
я говорю		
ты говоришь		
они говорят		
о *(mit Präp.)*	von, über	Они говорят о Москве.
друг	Freund	
подруга	Freundin	
только	nur, bloß, erst	В Новгороде я знаю только кремль.
плохо	schlecht	Он плохо знает Новгород.
б) **когда**	wann, als, wenn	Когда они играют?
смотреть	schauen, sehen	Они смотрят телевизор.
я смотрю		
ты смотришь		
они смотрят		
афиша	Aushang, Anschlagzettel	Они смотрят на афишу.
любить	lieben, mögen	Я люблю маму. Она любит рок-музыку.
я люблю		
ты любишь		
они любят		
конечно [-шн-]	natürlich, gewiss	
песня	Lied	
До свидания!	Auf Wiedersehen.	
сегодня [-во-]	heute	
вечером	am Abend, abends	
в) **все**	alle	
°**До новых встреч!**	Auf ein baldiges Wiedersehen!	

Урок 1

	Это вы уже понимаете (Das versteht ihr schon)			
	рок-группа	Rockgruppe	б) коридор	Korridor, Flur
1	концерт	Konzert	группа	Gruppe
а)	интересно	interessant	рок-музыка	Rockmusik
	провинция	Provinz	4 телевизор	Fernsehgerät

4 Алло? Hallo? *(am Telefon)*
очень sehr

◆ Б В классе

1	неделя	Woche	
а)	понедельник	Montag	
	в *(mit Akk.)*	am	
	вторник	Dienstag	в понедельник
	среда	Mittwoch	во вторник
	четверг	Donnerstag	в среду
	пятница	Freitag	в четверг
	суббота	Sonnabend	в пятницу
	воскресенье	Sonntag	в субботу
3	расписание	Stundenplan; Verzeichnis	в воскресенье
	русский язык	russische Sprache, Russisch	
	немецкий язык	deutsche Sprache, Deutsch	
	физкультура	Sport, Körperkultur	

	Это вы уже понимаете (Das versteht ihr schon)			
	класс	Klasse, Schulklasse	биология	Biologie
3	физика	Physik	химия	Chemie
	математика	Mathematik	география	Geographie
	литература	Literatur	4 стул	Stuhl
	история	Geschichte		

4	доска *(Akk.* доску*)*	(Schul-)Tafel; Brett	
	кассетник	Kassettenrekorder	
	стол *(Präp.* на столе*)*	Tisch	Что лежит на столе?
	учебник	Lehrbuch	
	ручка	Federhalter, Füller	
	карандаш	Bleistift	
	тетрадь *(f.)*	Schreibheft	
	сумка	Tasche, Schulmappe	
	дневник	Tagebuch; Aufgabenheft	
	слева	links	
	справа	rechts	
а)	лежать	liegen	Учебники лежат на столе.
	я лежу		
	ты лежишь		
	они лежат		
	висеть *(1. und 2. Pers. ungebr.)*	hängen	Афиша висит в коридоре.
	он, она, оно висит		
	они висят		

Урок 3

у́лица Соле́цкая	Solezkajastraße	
Посмотри́(те)!	Sieh! Schau!/Seht! Schaut!/Sehen Sie! Schauen Sie!	Посмотри́те на до́ску!
ма́ленький	klein	ма́ленький го́род; ма́ленькая де́вочка; ма́ленькое о́зеро
за (*mit Instr.*)	hinter	за собо́ром; за библиоте́кой
Дети́нец	Detinez (*Bezeichnung des Nowgoroder Kremls*)	
новгоро́дский	Nowgoroder	
интере́сный	interessant	
ме́сто (*Pl.* места́)	Platz, Ort; Sitzplatz	Это о́чень интере́сное ме́сто.
стена́ (*Akk.* сте́ну; *Pl.* сте́ны)	Wand, Mauer	На стене́ виси́т ка́рта.
Софи́йский собо́р	Sophienkathedrale	
большо́й	groß	больша́я семья́
зда́ние	Gebäude	большо́е зда́ние
истори́ческий	historisch, geschichtlich; Geschichts-	
карти́на	Gemälde, Bild	
неинтере́сно	uninteressant	Это неинтере́сно.
краси́вый	schön, hübsch	краси́вая шко́ла; краси́вое ме́сто
Скажи́(те)!	Sag!/Sagt!/Sagen Sie!	
магази́н	Geschäft, (Kauf-)Laden	Он в магази́не.
но́вый	neu	но́вые рестора́ны; но́вая су́мка; но́вое зда́ние

Это вы уже́ понима́ете

1 ико́на — Ikone, Heiligenbild

---

2 дом	Haus	
ру́сский	russisch	ру́сская пе́сня
4 молодо́й	jung	молода́я учи́тельница
а) гуля́ть	spazieren gehen	Мы ча́сто гуля́ем в па́рке.
симпати́чный	sympathisch; hübsch	Она́ симпати́чная.
наве́рно(е)	wahrscheinlich, wohl	Это, наве́рно(е), твоя́ сестра́?
Ой!	Oi! Ach! O weh! Au! (*drückt Verwunderung, Schrecken oder Schmerz aus*)	
де́ти (*Pl.*)	Kinder	ма́ленькие де́ти
б) всё	alles	Это всё.
5 одна́, одно́ (*f. und n. zu* оди́н)	ein(-e)	одна́ де́вочка; одно́ ме́сто
две (*f. zu* два)	zwei	две подру́ги
и ..., и ...	sowohl ... als auch ...	Недалеко́ от шко́лы есть и рестора́н, и кафе́.

Это вы уже́ понима́ете

4а) студе́нт	Student		5 **бассе́йн**	Bassin, Schwimmbad

Урок 3

6	дере́вня	Dorf	Она́ живёт в дере́вне.
7	соба́ка	Hund	две соба́ки
	попуга́й	Papagei	
	кот (-а́, -у́, …)	Kater	два кота́; коту́ три го́да

Б Кварти́ра

	кварти́ра	Wohnung; Quartier	
1	Заходи́(те)!	Komm/Kommt/Kommen Sie herein!	
	пожа́луйста	bitte; Bitte (sehr)!	Скажи́те, пожа́луйста, где здесь кабине́т дире́ктора.
	гости́ная	Wohnzimmer, Gästezimmer	
	под (*mit Instr.*)	unter	под столо́м; под кни́гой
	ко́мната	Zimmer	
	спа́льня	Schlafzimmer	
	окно́ (*Pl.* о́кна)	Fenster	
	пря́мо	geradeaus; direkt	Пойдём пря́мо!
	ва́нная	Badezimmer	
	ря́дом с (*mit Instr.*)	neben, nebenan	Он стои́т ря́дом со мной.
	ку́хня	Küche	Они́ рабо́тают на ку́хне.
	пе́ред (*mit Instr.*)	vor	пе́ред до́мом; пе́ред шко́лой
	кре́сло	Sessel	Каки́е краси́вые кре́сла!
3	шкаф (в, на *mit Präp.* -у́)	Schrank	Су́мка лежи́т в шкафу́.
	дива́н	Couch, Sofa	
	К чему́ ей всё э́то?	Wozu braucht sie das alles?	
	кни́га	Buch	
	по́лка	Bücherbrett, Regal, Schrankfach	
	над (*mit Instr.*)	über	над дива́ном; над по́лкой
	мечта́	Wunschtraum	
6	беспоря́док	Unordnung	
	пол (в, на *mit Präp.* -у́)	Fußboden	*Куда́?* на́ пол На полу́ лежи́т кни́га.
	нехорошо́	nicht gut, unschön	
	Положи́(те)!	Lege/Legt/Legen Sie!	Положи́ всё на ме́сто!
	Поста́вь(те)!	Stelle/Stellt/Stellen Sie!	Поста́вьте телеви́зор на́ пол!
	у́гол (в, на *mit Präp.* углу́)	Ecke	Кре́сло стои́т в углу́.

Э́то вы уже́ понима́ете

1	балко́н	Balkon	5	ла́мпа	Lampe
	туале́т	Toilette			

В О нас, о вас, о них

1a)	о себе́ (*refl.*)	über sich/über mich/ über dich/über uns/ über euch
	у́лица Свобо́ды	Straße der Freiheit

Урок 3/4

б)	сейча́с	jetzt, nun, im Augenblick	
	Э́то ничего́.	Das macht nichts.	
3	образе́ц	Beispiel, Muster	
	Расскажи́(те)!	Erzähle!/Erzählt!/Erzählen Sie!	Расскажи́(те) о себе́!
4	°Осторо́жно!	Vorsichtig! Vorsicht!	

Э́то вы уже́ понима́ете		
4	эта́ж (-á, -ý, ...)	Etage, Stockwerk

6	Здра́вствуй(те)! [-а́ст-]	Guten Tag!	
7	дверь (f.)	Tür	дверь ко́мнаты
⟨10⟩	по (mit Akk.)	jeweils, je	
	роди́тель	Vater (veraltet), Erzeuger	
	Догада́лись?	Habt ihr es erraten?	

Г Меня́ю кварти́ру

	меня́ть (на mit Akk.)	tauschen, umtauschen, eintauschen (für)	Я меня́ю ру́чку на каранда́ш.
1	объявле́ние	Anzeige, Aushang	
	понима́ть	verstehen, begreifen	Он всё понима́ет. Ты э́то понима́ешь?
	челове́к	Mensch	
	молодо́й челове́к	junger Mann	
	мно́го	viel	Учи́тель мно́го чита́ет.
	газе́та	Zeitung	
	тепе́рь	jetzt, nun	
	°В тесноте́, да не в оби́де.	In Enge, aber nicht in Zwietracht.	

Э́то вы уже́ понима́ете		
1	да́ча	Landhaus, Sommerhaus, Datscha	Ле́том они́ живу́т на да́че.
	ко́ккер-спание́ль [-иэ́-]	Cockerspaniel	
	маши́на	Maschine; Auto	Они́ е́дут на маши́не.

Уро́к 4

 У́тром, ве́чером и днём

	днём	am Tage, tagsüber	
1	**Кото́рый час?**	Wieviel Uhr/Wie späт ist es?	
а)	час (-á, -óв)	Uhr(-zeit); Stunde	Сейча́с час. Сейча́с два (три, четы́ре) часа́. Сейча́с пять (шесть ...) часо́в.

Урок 4

⟨2⟩ | Вече́рний звон | Abendgeläut
| ду́ма *(veraltet)* | *hier:* Erinnerung
| наводи́ть | bringen
| о ю́ных днях | an die Jugendzeit
| в краю́ родно́м | in der Heimat
| люби́л | liebte
| о́тчий дом *(veraltet)* | Vaterhaus
| с ним наве́к прости́сь | als ich mich von ihm für immer verabschiedete
| слу́шал | hörte
| в после́дний раз | zum letzten Mal

А Оди́н день в семье́

день	Tag	оди́н день
1 **так**	so	Это так интере́сно!
тру́дно	schwer, schwierig	Это всегда́ о́чень тру́дно.
у́тро	Morgen	Шесть часо́в утра́.
спать	schlafen	Ви́ка ещё спит.
я сплю		Мы мно́го спим.
ты спишь		
они́ спят		
встава́ть	aufstehen	Во́ва ещё не встаёт.
я встаю́		Когда́ вы встаёте?
ты встаёшь		
они́ встаю́т		
гото́вить	zubereiten, kochen	
я гото́влю		
ты гото́вишь		
они́ гото́вят		
за́втрак	Frühstück	Па́па гото́вит за́втрак.
пото́м	dann, danach, später	
буди́ть	wecken	Ма́ма бу́дит сы́на.
я бужу́		Я бужу́ тебя́.
ты бу́дишь		
они́ бу́дят		
в *(mit Akk.)*	um *(Uhrzeit)*	В шесть часо́в мы встаём.
за́втракать	frühstücken	Мы за́втракаем вме́сте.
по *(mit Dat.)*	durch, in ... umher	Он гуля́ет по па́рку.
обе́дать	(zu) Mittag essen	В двена́дцать часо́в они́ обе́дают.
по́сле *(mit Gen.)*	nach	по́сле за́втрака; по́сле шко́лы
обе́д	Mittagessen	По́сле обе́да у них экску́рсия по го́роду.
ве́чер	Abend	В семь часо́в ве́чера она́ идёт в теа́тр.
приходи́ть	kommen	В во́семь часо́в мы прихо́дим в шко́лу.
я прихожу́		
ты прихо́дишь		
они́ прихо́дят		

Урок 1

5	мой, моя́, моё; мой	mein(-e)	мой оте́ц; моя́ мать; моё бюро́; мои́ подру́ги
	твой, твоя́, твоё; твой	dein(-e)	твой кассе́тник; твоя́ ру́чка; твоё расписа́ние; твои́ учебники
	учи́тельница	Lehrerin	
	учи́тель	Lehrer	

◆ Б Мой класс

6	запи́ска	Notizzettel, (kurzer) Brief	
	уро́к	Unterrichtsstunde; Lektion	на уро́ке му́зыки
	Серге́й Проко́фьев	Sergej Prokofjew (russ. Komponist; 1891 bis 1953)	
	„Пе́тя и Волк"	„Peter und der Wolf" (Kinderoper von S. Prokofjew)	
	волк	Wolf	
	пи́шет	schreibt (3. Pers. Sg.)	Он пи́шет на доске́.
	я пишу́		
	ты пи́шешь		
	они́ пи́шут		
	пока́зывать	zeigen	Она́ пока́зывает подру́ге учебник.
	я пока́зываю		
	ты пока́зываешь		
	они́ пока́зывают		
8	к (mit Dat.)	zu, an	Она́ идёт к доске́.
11	уже́	schon, bereits	
	с (mit Instr.)	mit (zusammen, gemeinsam mit)	Во́ва говори́т с Ви́кой и Дени́сом.
	и	auch, ebenfalls	На конце́рте и Во́ва.
13	переме́на	Pause (in der Schule)	на переме́не
15	игра́ть в футбо́л	Fußball spielen	На переме́не ребя́та игра́ют в футбо́л.

Э́то вы уже́ понима́ете (Das versteht ihr schon)

8	телефо́н	Telefon	15	футбо́л	Fußball (Spiel)
	дире́ктор	Direktor			

◆ Г На уро́ке литерату́ры

1	„Нос"	„Die Nase" (Erzählung von N. Gogol)	
	нос	Nase	
	звоно́к	Klingelzeichen, Klingel	звоно́к на переме́ну
	кабине́т	Fachraum, Arbeitszimmer	кабине́т фи́зики; кабине́т дире́ктора
	Никола́й Васи́льевич Го́голь	Nikolaj Wasiljewitsch Gogol (russ. Schriftsteller; 1809 bis 1852)	

Урок 1/2

расска́з	Erzählung	
Ох!	Ach! O weh!	
опя́ть	wieder, wiederum	
берёт	nimmt *(3. Pers. Sg.)*	Он берёт каранда́ш.
я беру́		
ты берёшь		
они́ беру́т		
рису́ет	zeichnet *(3. Pers. Sg.)*	Во́ва рису́ет нос Ви́ки.
я рису́ю		
ты рису́ешь		
они́ рису́ют		
Ага́!	Aha!	
непло́хо	ganz gut, nicht schlecht	

> **Э́то вы уже́ понима́ете** (Das versteht ihr schon)
> 1 **те́ма** — Thema
> **портре́т** — Портре́т, Bild

2 **пра́вильно** — richtig
   непра́вильно — falsch, unrichtig
6 **ску́чно** [-шн-] — langweilig

Урок 2

Дава́йте счита́ть

счита́ть [щ-]	zählen, zusammenzählen, rechnen	
ско́лько	wie viel	
бу́дет	ist (gleich) *(math.)*	Ско́лько бу́дет 2 + 3?
да́льше	weiter	Как да́льше?

> **Э́то вы уже́ понима́ете**
> **плюс** — plus
> **ми́нус** — minus

A О Све́те и Ви́ке

1 **друзья́** *(Nom. Pl. zu* друг*)* Freunde
   из *(mit Gen.)* — aus — из Но́вгорода; из Москвы́
   давно́ — längst, schon lange, seit langem — Она́ давно́ живёт в Но́вгороде.

Урок 2

фигури́ст	Eiskunstläufer	
как и я	wie ich auch	
год/го́да/лет	Jahr/e	Ему́ то́лько год. Ей 2 (3, 4) го́да. Ему́ 5 лет.
Ему́ 13 лет.	Er ist 13 Jahre alt.	
де́вочка	(kleines) Mädchen	
здесь	hier	
Её зову́т Али́на.	Sie heißt Alina.	
фигури́стка	Eiskunstläuferin	
сестра́ (*Pl.* сёстры)	Schwester	
ча́сто	oft(mals), des Öfteren	Он мне ча́сто пи́шет.

2 Ско́лько ... лет? — Wie alt ist ...? — Ско́лько ему́ лет?
   (*mit Pers.-pron. im Dat.*) — Ско́лько ей лет?
   Ско́лько тебе́ лет?
   Как ... зову́т? — Wie heißt ...? — Как её зову́т?
   (*mit Pers.-pron. im Akk.*) — Как его́ зову́т?
   Как тебя́ зову́т?

4 Михаи́л Горбачёв — Michail Gorbatschow (*russischer Politiker*)
   А́лла Пугачёва — Alla Pugatschowa (*russische Rocksängerin*)
   Валенти́на Терешко́ва — Walentina Tereschkowa (*russische Kosmonautin, 1963 erste Frau im Weltall*)
   Дми́трий Менделе́ев — Dmitri Mendelejew (*russ. Chemiker, Mitbegründer d. Periodensystems d. Elemente*)

5 в одно́м кла́ссе — in einer Klasse
   брат — Bruder — Ко́стя — брат Ви́ки.
   дава́ть — geben — Ла́ра даёт Ви́ке уче́бник.
   я даю́
   ты даёшь
   они́ даю́т
   помога́ть — helfen, Hilfe leisten — Ви́ка ча́сто помога́ет Ла́ре.

6а) У меня́ есть ... — Ich habe ... — У меня́ есть сестра́.
   (*mit Nom.*)
   У меня́ нет ... — Ich habe kein(-e, -en) ... — У меня́ нет бра́та.
   (*mit Gen.*)

7 Что у тебя́ есть? — Was hast (besitzt) du?

Э́то вы уже́ понима́ете

1	фо́то (*indekl.*)	Foto, Fotografie	5 кассе́та	Kassette
	тре́нер	Trainer	биле́т	(Eintritts-)Karte, (Fahr-)Schein

Б   Росси́я

Росси́я	Russland	
се́вер	Norden	на се́вере
восто́к	Osten	на восто́ке
за́пад	Westen	на за́паде
юг	Süden	на ю́ге

Уро́к 2

1	страна́	Land	
	хо́лодно	kalt	
	зимо́й	im Winter	В Нори́льске зимо́й о́чень хо́лодно.
	со́лнце све́тит	die Sonne scheint	
	со́лнце [-о́н-]	Sonne	Сего́дня со́лнце не све́тит.
	столи́ца	Hauptstadt	
	недалеко́	nicht weit, nahe	
	от *(mit Gen.)*	von	Мы живём недалеко́ от Москвы́.
	мо́ре	Meer, die See	Она́ е́дет на мо́ре. Он отдыха́ет на мо́ре. Мы живём недалеко́ от мо́ря.
	порт	Hafen	
	течёт	fließt *(3. Pers. Sg.)*	Река́ течёт на юг.
	ба́бушка	Großmutter, Oma	
3	тётя	Tante	
	де́душка	Großvater, Opa	
4	семья́	Familie	Я зна́ю семью́ Ви́ки.

Э́то вы уже́ понима́ете

1	температу́ра	Temperatur	4	капита́н	Kapitän
	кана́л	Kanal		био́лог	Biologe
	куро́рт	Kurort, Bad	6	журна́л	Zeitschrift
	бу́хта	Bucht		гита́ра	Gitarre
3	но́мер	Nummer		фигу́ра	Figur
	кузи́на	Cousine			

Геогра́фия

1	Нори́льск	Norilsk *(Stadt im Norden Westsibiriens)*	Кавка́з	Kaukasus *(Gebirge zwischen dem Schwarzen, dem Asowschen und dem Kaspischen Meer)*
	Москва́-река́	Moskwa *(Fluss, der durch Moskau fließt)*	Со́чи	Sotschi *(Kurort am Schwarzen Meer)*
	Нева́	Newa *(Fluss, der bei St. Petersburg in die Ostsee mündet)*	бу́хта Ба́бушка	Babuschka-Bucht *(kleine Bucht des Baikalsees)*
	Во́лхов	Wolchow *(Fluss, der durch Nowgorod fließt)*	Байка́л	Baikal(see) *(großer See im Süden Ostsibiriens; tiefster Binnensee der Erde)*
	И́льмень	Ilmensee *(See bei Nowgorod)*		
	Владивосто́к	Wladiwostok *(Stadt im Fernen Osten am Japanischen Meer)*	2 Му́рманск	Murmansk *(Hafenstadt an der Barentssee)*
	Волгогра́д	Wolgograd *(Stadt an der Wolga)*	Оренбу́рг	Orenburg *(Stadt am Fluss Ural im südwestlichen Uralvorland)*

Урок 2

Магада́н	Magadan *(Hafenstadt im Fernen Osten)*	Ура́л	Ural *(Fluss vom Süduralgebirge zum Kaspischen Meer)*
Екатеринбу́рг	Jekaterinenburg *(Stadt im Mittleren Ural)*	Ура́л	Ural *(nord-südlich verlaufendes Gebirge im Osten des europäischen Teils Russlands; Grenze zwischen Europa und Asien)*
Ту́ла	Tula *(alte russ. Stadt südlich von Moskau)*		

B | В шко́ле дискоте́ка

1	У кого́ [-во́-] ... (есть)?	Wer hat ... (besitzt)?	
	у *(mit Gen.)* (есть)	hat (besitzt)	У Ла́ры есть гита́ра.
	у него́ [-во́-] есть ...	er hat (besitzt) ...	У него́ есть фотоаппара́т.
	у неё есть ...	sie hat (besitzt) ...	У неё есть видеофи́льм.
	у Во́вы нет ... *(mit Gen.)*	Wowa hat kein(e, en) ...	У Во́вы нет гита́ры.
2	Кого́ [-во́-] нет?	Wer ist nicht da?	
	нет *(mit Gen.)*	ist nicht da, ist abwesend, ist nicht vorhanden	Све́ты нет. Кассе́тника нет.
	её/его́ нет	sie/er ist nicht da	
3	всегда́	immer	
4	ду́мать	denken, nachdenken	О ком ты ду́маешь?
8	спра́шивать	fragen, sich erkundigen	О ком Ни́на спра́шивает Ива́на?
⟨11б⟩	пого́да	Wetter	

Э́то вы уже́ понима́ете

	дискоте́ка	Diskothek	8	хи́мик	Chemiker(-in)
1	фотоаппара́т	Fotoapparat	⟨11⟩	радиопрогра́мма	Radioprogramm
	видеофи́льм	Videofilm	⟨а⟩	результа́т	Resultat, Ergebnis
2	грипп	Grippe		гандбо́л	Handball *(Spiel)*
	экза́мен	Examen		спортлото́	Sportlotto

Геогра́фия

| 10 | Ла́дога | Ladogasee *(See nordöstlich von St. Petersburg)* | Крым | Krim *(Halbinsel zwischen dem Asowschen und dem Schwarzen Meer)* |
| | Калу́га | Kaluga *(Stadt südl. von Moskau)* | Ри́га | Riga *(Hauptstadt von Lettland)* |

Скорогово́рка (Zungenbrecher)

| 10 | Эй, вы, львы, не вы ли вы́ли у Невы́? | He, ihr Löwen, habt ihr nicht an der Newa geheult? |

Урок 2/3

 Надя пишет письмо

	письмо́	Brief	
1	Ви́ке интере́сно ...	Es interessiert Wika ...; Wika will wissen ...	
	спаси́бо за (*mit Akk.*)	danke für	Спаси́бо за письмо́.
	ле́том	im Sommer	
	потому́ что	weil, da	Его́ сего́дня нет, потому́ что у него́ грипп.
	прогно́з пого́ды	Wettervorhersage	
	пого́да	Wetter	
	ве́тер	Wind	
	У́жас!	Schrecklich! Furchtbar!	
	почему́	warum	Почему́ её нет?
	рабо́та	Arbeit	Она́ на рабо́те.
	ма́льчик	Junge	

	Это вы уже́ понима́ете		
1	ту́ндра	Tundra (*baumlose Kältesteppe*)	
	тайга́	Taiga (*sibirischer Urwald*)	

4	отвеча́ть	antworten	Ви́ка отвеча́ет На́де на письмо́. Ты отвеча́ешь учи́тельнице на вопро́с.
6	далеко́	weit (weg), weit entfernt	Это далеко́ от шко́лы.

⟨7⟩ **Lied: Du mein Lieber ...**

Sie: Du mein Lieber,
nimm mich mit dir!
Dort im fernen Land
werde ich dir eine Ehefrau sein.
Er: Meine Liebe,
ich würde dich ja nehmen,
doch dort im fernen Land
habe ich eine Ehefrau.
Sie: ...
werde ich dir eine Schwester sein.

Er: ...
habe ich eine Schwester.
Sie: ...
werde ich dir eine Fremde sein.
Er: ...
brauche ich keine Fremde.
Sie: Du mein Lieber,
na dann zum Teufel mit dir,
dort im fernen Land
habe ich einen anderen.

Урок 3

 Но́вгород — ста́рый го́род

	ста́рый	alt	ста́рый го́род; ста́рая ру́чка; ста́рое фо́то; ста́рые кни́ги
	како́й	was für eine(r), welche(r, s)	Кака́я сего́дня пого́да? Како́е э́то о́зеро?
	у́лица	Straße	Кака́я э́то у́лица?

Уро́к 4

	у́жин	Abendessen	Она́ гото́вит у́жин.
	сиде́ть	sitzen	Где они́ сидя́т?
	я сижу́		
	ты сиди́шь		
	они́ сидя́т		
	за столо́м	bei Tisch	Все сидя́т за столо́м.
	у́жинать	(zu) Abend essen, Abendbrot essen	Сего́дня ве́чером мы у́жинаем в рестора́не.
	убира́ть	aufräumen, in Ordnung bringen	По́сле у́жина па́па убира́ет ку́хню.
3	наконе́ц	endlich, schließlich	По́сле у́жина мы наконе́ц отдыха́ем.
5	писа́ть	schreiben	Ты пи́шешь письмо́?
	я пишу́		Вы пи́шете запи́ску?
	ты пи́шешь		
	они́ пи́шут		

Э́то вы уже́ понима́ете

1	экску́рсия	Exkursion, Ausflug	6	фильм	Film
	рестора́н	Restaurant, Gaststätte			

Б Прия́тного аппети́та!

	Прия́тного [-во] аппети́та!	Guten Appetit!	
1	столо́вая	Gaststätte, Mensa, Kantine; Esszimmer	
	котле́та	Bulette, Frikadelle	
	компо́т	Kompott *(Saft mit Früchten)*	
	почти́	beinahe, fast	почти́ все ученики́
	есть	essen	Что ребя́та едя́т на обе́д?
	я ем		Мы еди́м котле́ты.
	ты ешь		
	он, она́, оно́ ест		
	мы еди́м		
	вы еди́те		
	они́ едя́т		
	бутербро́д [-тэр-]	belegte Schnitte	
	соси́ска	Würstchen	
	пить	trinken	Мы пьём компо́т.
	я пью		Что вы пьёте?
	ты пьёшь		
	они́ пьют		
	молоко́	Milch	Де́ти пьют молоко́.
	чай	Tee	
	заво́д	Werk (Betrieb)	Он рабо́тает на заво́де.
	рис	Reis	Ма́ма гото́вит рис.
	моро́женое	(Speise-)Eis	Де́ти лю́бят моро́женое.
	ры́ба	Fisch	
	карто́шка *(ohne Pl.)*	Kartoffel(-n)	Я люблю́ карто́шку.

Урок 4

	ку́рица	Huhn	
	вода́ (Akk. во́ду)	Wasser	Они́ пьют во́ду.
	вку́сно	schmackhaft, (gut-) schmecken	Всё о́чень вку́сно.
	вку́сный	schmackhaft, wohlschmeckend	вку́сный суп; вку́сные соси́ски
2	что	dass (Konj.)	Как хорошо́, что ты здесь.

Это вы уже́ понима́ете

1	аппети́т	Appetit	пюре́ [-рэ́] (indekl.)	Püree
	интервью́ [-эр-] (n.; indekl.)	Interview	сала́т	Salat
			ко́фе (m.; indekl.)	Kaffee
	суп	Suppe	лимона́д	Limonade

Б За столо́м

1	голо́дный	hungrig	По́сле волейбо́ла Ла́ра всегда́ голо́дная.
	хоте́ть	wollen, möchten	Что вы хоти́те есть и пить?
	я хочу́		
	ты хо́чешь		
	он, она́, оно́ хо́чет		
	мы хоти́м		
	вы хоти́те		
	они́ хотя́т		
	кусо́к (чего́)	Stück (Teil eines Ganzen)	
	хлеб	Brot	кусо́к хле́ба
	таре́лка	Teller	таре́лка су́па
	стака́н	Glas	стака́н ча́ю
	буты́лка	Flasche	буты́лка молока́
	ча́шка	Tasse	Па́па пьёт ча́шку ко́фе.
3	хоро́ший	gut	хоро́шее молоко́
7	ску́чный [-шн-]	langweilig	ску́чная кни́га
	плохо́й	schlecht, schlimm	плоха́я пого́да
	краси́во	schön	Здесь о́чень краси́во.

Это вы уже́ понима́ете

4	килогра́мм	Kilogramm, Kilo	7	програ́мма	Programm
	литр	Liter			

Г Рыба́лка на льду́

	°рыба́лка (umg.)	Angeln	Ребя́та иду́т на рыба́лку.
	лёд (Präp. на льду́)	Eis	
1	мы с Ви́кой	Wika und ich	
	лови́ть	fangen	Па́па ло́вит ры́бу.
	я ловлю́		
	ты ло́вишь		
	они́ ло́вят		

ходи́ть на лы́жах	Ski laufen	Мы с Ви́кой хо́дим на лы́жах.
я хожу́		
ты хо́дишь		
они́ хо́дят		
я́щик	Kasten, Kiste	
°ча́сик (*Dimin. zu* час)	Stündchen	
у нас бу́дет ...	wir werden ... haben	У нас бу́дет больша́я ры́ба.
холоди́льник	Kühlschrank	
°ры́бная соля́нка	Fischsuppe	
°рыболо́в	Fischer, Angler	

Это вы уже́ понима́ете
1 те́рмос [тэ-]   Thermosflasche

Уро́к 5

Свобо́дное вре́мя

свобо́дное вре́мя	Freizeit	в свобо́дное вре́мя
свобо́дный	frei	свобо́дная страна́
вре́мя (*n.*)	Zeit	
°анке́та	Fragebogen, Umfrage	
обы́чно	gewöhnlich	Обы́чно он встаёт в 6 часо́в.
ходи́ть	gehen; besuchen	В суббо́ту она́ обы́чно хо́дит на дискоте́ку.
я хожу́		
ты хо́дишь		
они́ хо́дят		
трениро́вка	Training (*im Sinne einer Trainingsstunde*)	на трениро́вке; Мы хо́дим на трениро́вки.
всё вре́мя	die ganze Zeit	
страни́ца	Seite (*in Druckerzeugnissen*)	на страни́це 26

Это вы уже́ понима́ете

компью́тер	Computer	результа́т	Ergebnis, Resultat
кафе́	Café		

Результа́ты анке́ты на страни́це 64

Punkte:

1. а) 0 б) 2 в) 4 г) 6 — 0–3   Du führst ein ziemlich gemütliches Leben. Etwas mehr Aktivität könnte nicht schaden.
2. а) 2 б) 4 в) 0 г) 6 — 4–8   Dein leibliches Wohl geht dir über alles. Vorsicht aber, allzu viel ist ungesund!
3. а) 6 б) 0 в) 4 г) 2 — 9–16 Du bist aktiv, doch neigst du dazu, dich zurückzuziehen. Vielleicht solltest du deine Freizeit öfter in geselliger Runde verbringen.
4. а) 2 б) 6 в) 0 г) 4 — 17–24 Du verbringst deine Freizeit aktiv und vielseitig. Bist du nicht sogar etwas zu viel unterwegs?

Урок 5

A Спорт, спорт, спорт

1	готóвиться (к чемý) я готóвлюсь ты готóвишься они готóвятся	sich vorbereiten (auf)	Он мнóго готóвится к экзáмену.
	игрá *(Pl.* и́гры)	Spiel	
	комáнда	Mannschaft	
	встречáться (с кем)	sich treffen (mit)	Комáнда из Нóвгорода встречáется с комáндой из Москвы́.
	начинáться *(1. und 2. Pers. ungebr.)*	anfangen, beginnen	Тренирóвка начинáется в 16 часóв.
	кончáться *(1. und 2. Pers. ungebr.)*	zu Ende gehen, enden, zu Ende sein	Игрá кончáется в 18 часóв.
	находи́ться я нахожýсь ты нахóдишься они нахóдятся	sich befinden, liegen	Магази́н нахóдится в цéнтре гóрода. Мы сейчáс нахóдимся в кремлé.
	ýлица Комарóва	Komarowstraße *(russ. Kosmonaut)*	
	тудá	dorthin	Тудá идёт автóбус.

Это вы ужé понимáете

	спорт	Sport	
1	спортзáл	Sporthalle, Turnhalle	

4	°Хорошó то, что хорошó кончáется.	Ende gut, alles gut.	
5	мочь я могý ты мóжешь он, онá, онó мóжет мы мóжем вы мóжете они мóгут	können, imstande sein	Мы мóжем вмéсте дéлать урóки.
	фотографи́ровать я фотографи́рую ты фотографи́руешь они фотографи́руют	fotografieren	Свéта фотографи́рует Вóву.
	до *(mit Gen.)*	bis, bis zu *(zeitlich und räumlich)*	до обéда; от Москвы́ до Владивостóка
	танцевáть я танцýю ты танцýешь они танцýют	tanzen	Мы танцýем на дискотéке.
	рисовáть я рисýю ты рисýешь они рисýют	zeichnen	Онá хорошó рисýет.
6	умéть	können, verstehen *(Fähigkeit)*	Он хорошó умéет танцевáть.

Урок 5

Б Чем мы занимаемся

	заниматься (чем) я занимаюсь ты занимаешься они занимаются	sich beschäftigen (mit); Sport treiben; sich befassen (mit)	Они занимаются спортом.
2	интересоваться (чем) я интересуюсь ты интересуешься они интересуются	sich interessieren (für), Interesse haben (für)	Вика интересуется литературой. Мы интересуемся спортом.
	Гёте	Goethe *(deutscher Dichter; 1749 bis 1832)*	
	Шиллер	Schiller *(deutscher Dichter; 1759 bis 1805)*	
	Гейне	Heine *(deutscher Dichter; 1797 bis 1856)*	
3	например	zum Beispiel	

Это вы уже понимаете

1	хоккей	Hockey	2	дискета	Diskette
	гимнастика	Gymnastik	3	хобби *(n.; indekl.)*	Hobby
	баскетбол	Basketball *(Spiel)*	9	турнир	Turnier
	аэробика	Aerobik		монета	Münze
	дзюдо *(indekl.)*	Judo		марка	(Brief-)Marke; Mark *(Zahlungsmittel)*
	теннис	Tennis			
	гандбол	Handball *(Spiel)*			

4	переписываться (с кем)	einander schreiben, im Briefwechsel stehen	Кто хочет со мной переписываться?
	плавать	schwimmen	Мы плаваем в озере.
	лежать на солнце	in der Sonne liegen, sonnenbaden	
	кататься на велосипеде	Rad fahren	Он любит кататься на велосипеде.
	велосипед	Fahrrad	
	один, одна, одно; одни	allein	Она делает уроки одна. Ребята живут на даче одни.
	девушка	(junges) Mädchen	
	лёгкая [-хк-] атлетика	Leichtathletik	
	лёгкий [-хк-]	leicht	лёгкий завтрак; лёгкая работа
	настольный теннис	Tischtennis	Борис любит играть в настольный теннис.
	настольный современный	Tisch- zeitgenössisch, modern, Gegenwarts-	современная литература
	кататься на коньках	Schlittschuh laufen	Зимой Алёша катается на коньках.
	шахматы *(Pl.)*	Schach, Schachspiel	Таня любит играть в шахматы.
	искать я ищу ты ищешь они ищут	suchen	Я ищу ручку.

двести девять

Урок 5

°пиани́стка	Pianistin	
пиани́но *(indekl.)*	Klavier	Ви́ка игра́ет на пиани́но.
рука́ *(Akk.* ру́ку; *Pl.* ру́ки)	Hand; Arm	
собира́ть	sammeln; einsammeln	Учи́тель собира́ет дневники́. Я собира́ю ма́рки.
откры́тка	(Post-, Ansichts-)Karte	Вы собира́ете откры́тки?

В В кинотеа́тре

1а) америка́нский	amerikanisch	америка́нские спортсме́ны
Пётр Пе́рвый	Peter I. *(der Große, russ. Zar; 1672 bis 1725)*	
ро́дина	Heimat	на ро́дине
б) °вестибю́ль	Vorhalle, Vestibül	
ка́ждый	jede(-r, -s); alle	Они́ встреча́ются ка́ждую суббо́ту.
ряд *(Präp.* в ряду́)	Reihe, Linie	Мы сиди́м в пе́рвом ряду́.
3 неме́цкий	deutsch	Это неме́цкое и́мя.
6 класси́ческий	klassisch	класси́ческая му́зыка
8а) тру́дный	schwierig, mühsam	тру́дный уро́к
игра́ть на пиани́но	Klavier spielen	
музыка́льный	musikalisch, Musik-	музыка́льная шко́ла
°Без труда́ не вы́тащишь и ры́бку из пруда́.	Ohne Fleiß kein Preis. *(wörtl.:* Ohne Anstrengung ziehst du auch nicht ein Fischlein aus dem Teich.)	
совсе́м; совсе́м не	ganz, völlig; gar nicht, überhaupt nicht	Он совсе́м не лю́бит класси́ческую му́зыку.
б) к сожале́нию	leider	Я, к сожале́нию, не уме́ю танцева́ть.
в) шко́льный	Schul-, schulisch	шко́льная кома́нда
°морж (-а́, -у́, ...)	Walross; *auch: Bezeichnung für Eisbader*	

Это вы уже́ понима́ете

1а) а́втор	Autor, Verfasser	7 ка́сса	Kasse, Kassenschalter
ко́смос	Kosmos	8б) видеосало́н	Videosalon, Videoraum
1б) кинозал	Kinosaal, Zuschauerraum *(im Kino)*		

Д Моё хо́бби

1 °золоты́е ру́ки	geschickte Hände	
золото́й	golden, Gold-	
шить	nähen	Она́ хорошо́ шьёт.
я шью		
ты шьёшь		
они́ шьют		
ю́бка	Rock	Ма́ма шьёт мне ю́бку.
°Это не по мне.	Das ist nichts für mich.	

210 *две́сти де́сять*

болéть *(1. und 2. Pers. ungebr.)*	weh tun, schmerzen	У меня ужáсно боля́т рýки.
он, онá, онó боли́т		
они́ боля́т		
компью́терный	Computer-	компью́терные и́гры
игрáть на компью́тере	ein Computerspiel machen	
ви́деть	sehen	Он плóхо ви́дит.
я ви́жу		
ты ви́дишь		
они́ ви́дят		
детекти́в	Kriminalroman, Krimi; Detektiv	
неинтерéсный	uninteressant	неинтерéсная кни́га
°же	denn, doch *(zur Verstärkung des voranstehenden Wortes)*	Почемý же ты не лю́бишь егó?
день рождéния	Geburtstag	У негó сегóдня день рождéния.
подáрок (-рка; -рки)	Geschenk	
3 шути́ть	scherzen, spaßen	Онá лю́бит шути́ть.
я шучý		
ты шýтишь		
они́ шýтят		

Это вы ужé понимáете

1 балéт	Ballett		фигýра	Figur
ци́фра	Ziffer	4	календáрь (-я́, -ю́, …)	Kalender

Урок 6

Прáздники

прáздник [-зн-]	Feiertag, Feier, Fest	Мы готóвимся к прáзднику.
Нóвый год	Neujahr	
С Нóвым гóдом!	Frohes neues Jahr!	
Рождествó	Weihnachten	
С Рождествóм!	Frohe Weihnachten!	
Пáсха	Osterfest, Ostern	
С Пáсхой!	Frohe Ostern!	
новосéлье	Einzug in eine neue Wohnung; Feier zum Neueinzug	
С новосéльем!	Alles Gute zum Einzug in die neue Wohnung!	
март	März	
С днём Восьмóго мáрта!	Glückwünsche zum 8. März! *(Internationaler Frauentag)*	
С днём рождéния!	Alles Gute zum Geburtstag!	

Урок 6

А Готовимся к празднику

1	наш, наша, наше; наши	unser(-e)	наш учитель; наша учительница; наше место; наши друзья
	для *(mit Gen.)*	für	подарок для мамы
	может	vielleicht	Может, подарок в сумке?
	ваш, ваша, ваше; ваши	euer(-e); Ihr(-e) *(Höflichkeitsform)*	ваш друг; ваша подруга; ваше фото; ваши друзья
	вещи *(Pl.)*	Sachen; Gepäck	Наши вещи стоят на вокзале.
	Ах!	Ach! *(drückt Verwunderung, Schrecken aus)*	
	дорогой	lieb; teuer	Дорогой друг!; У неё очень дорогой велосипед.
3	весело	fröhlich, lustig	У нас всегда очень весело.
	цветок *(Pl.* цветы*)*	Blume	
4	гость	Gast	У нас сегодня гости.
	его *(Poss. pron.; indekl.)*	sein(-e)	Это его тётя. Это его сын. Это его дети.
	её *(Poss. pron.; indekl.)*	ihr(-e) *(f.)*	Это её отец. Это её мать. Это её гости.
	их *(Poss. Pron.; indekl.)*	ihr(-e) *(Pl.)*	Это их дочь. Это их сын. Это их дети.
6	°чей, чья, чьё; чьи	wessen	Чей это карандаш? Чья это ручка? Чьё это место? Чьи это вещи?
a)	конфета	Bonbon, Praline, ein Stück Konfekt	
⟨7⟩	чиж	Zeisig	
	чижик *(Dimin. zu* чиж*)*	kleiner Zeisig	
	ничьй	niemandes, niemandem gehörend	

Это вы уже понимаете

6 a) шоколад — Schokolade

Б Каждый год

1	открывать	öffnen			Она открывает окно.

Месяцы

1	январь (-я, …)	Januar	июль		Juli
	февраль (-я, …)	Februar	август		August
	март	März	сентябрь (-я, …)		September
	апрель	April	октябрь (-я, …)		Oktober
	май	Mai	ноябрь (-я, …)		November
	июнь	Juni	декабрь (-я, …)		Dezember

а) ме́сяц	Monat	Янва́рь пе́рвый ме́сяц го́да.
б) зима́ (*Akk.* зи́му)	Winter	Я не люблю́ зи́му.
весна́	Frühling	Весну́ я о́чень люблю́.
ле́то	Sommer	Я люблю́ ле́то.
о́сень (*f.*)	Herbst	О́сень начина́ется в сентябре́.
2 Како́е сего́дня число́?	Was für ein Datum ist heute?	
⟨3 б⟩ мно́го сне́гу	viel Schnee	
на дворе́	draußen; auf dem Hof	
ча́стый	häufig	
до́ждик (*Dimin. zu* дождь)	Regen	
Самуи́л Марша́к	Samuel Marschak (*russ. Schriftsteller;* 1887 bis 1964)	
4 а) како́го числа́	am Wievielten, wann (*Frage nach einem Datum*)	Како́го числа́ у Во́вы день рожде́ния?
5 ру́сский	Russe	Ру́сские лю́бят игра́ть в ша́хматы.
пра́здновать [-зн-] я пра́здную ты пра́зднуешь они́ пра́зднуют	feiern, (festlich) begehen	Они́ пра́зднуют его́ день рожде́ния в семье́.
ёлка	Tanne, Fichte; Weihnachtsbaum	Под ёлкой лежа́т пода́рки.
Дед-Моро́з	Väterchen Frost	
Снегу́рочка	Snegurotschka (*Märchenfigur; Begleiterin von Väterchen Frost*)	
поздравля́ть (кого́ с чем)	gratulieren, beglückwünschen	Я поздравля́ю тебя́ с днём рожде́ния.
жела́ть (кому́ чего́)	wünschen	Я жела́ю тебе́ прия́тного аппети́та.
здоро́вье	Gesundheit	Как ва́ше здоро́вье?
сча́стье [ща́-]	Glück	К сча́стью, он до́ма.
всего́ [-ево́] хоро́шего [-ево]	alles Gute	Мы жела́ем вам всего́ хоро́шего.
получа́ть	erhalten, bekommen	На Но́вый год они́ получа́ют пода́рки.
лю́ди (*Pl. zu* челове́к)	Menschen, Leute	
не́которые (*Pl.*)	einige, manche	не́которые лю́ди
це́рковь (*f.*)	Kirche	В дере́вне есть ста́рая це́рковь.
же́нский	Frauen-, Damen-	Же́нский день; же́нский туале́т; же́нская рабо́та
же́нщина	Frau	
мужчи́на	Mann	молодо́й мужчи́на
весно́й	im Frühling	Весно́й лю́ди ча́сто гуля́ют по па́рку.
яйцо́ (*Pl.* я́йца)	Ei	
°кули́ч (-а́, ...)	hoher, zylinderförmiger Osterkuchen	

Урок 6

В ▸ День рождéния Вóвы

1	**свой, своя́, своё;** **свой** *(refl. Poss.-pron.)*	sein(-e); ihr(-e)	Вóва прáзднует свой день рождéния. Вика игрáет на своéй гитáре.
⟨4⟩	**дéло** *(Pl.* делá*)*	Sache	Как делá?
	вороча́ть	bewegen; verfügen	
	всяк *(veraltet)*	jeder	
	кузнéц	Schmied	
	земля́	Erde, Boden, Land	
5	**э́тот, э́та, э́то; э́ти**	diese(-r, -s)	э́тот класс; э́та кáрта; э́то окнó; э́ти друзья́
	весёлый	fröhlich, lustig, heiter	весёлый учи́тель; весёлая пéсня
7	**скáзка**	Märchen	
	Бáба-Ягá	Baba-Jaga *(Hexe in russ. Märchen)*	
8	**пригласи́ть**	einladen	Я хочу́ пригласи́ть егó в теáтр.
	пригласи́ть в гóсти	zu Gast laden, einladen *(zu sich nach Hause)*	Я хочу́ пригласи́ть вас в гóсти.
	с удовóльствием	mit Vergnügen, gern	
9	**котóрый**	der, die das; die *(Rel. Pron.)*	мáльчик, котóрый там стои́т; кни́га, котóрая лежи́т на столé
⟨11⟩	**Марк Шагáл**	Mark Chagall *(russ.-frz. Maler; 1887 bis 1985)*	
	целовáть	küssen	Он целу́ет подру́гу.
	ковёр	Teppich	

Это вы ужé понимáете

⟨4⟩	**самовáр**	Samowar
⟨11⟩	**торт**	Torte

Г ▸ Новосéлье

1	**приглашáть**	einladen	Я приглашáю тебя́ на концéрт.
	середи́на	Mitte	в середи́не кóмнаты
	°**винегрéт**	*Salat aus klein geschnittenem Gemüse, Fleisch oder Fisch und Eiern mit scharfer Soße*	
	°**огурéц** *(Pl.* огурцы́*)*	Gurke	
	дóбрый	gut; gutmütig	Дóброе у́тро! Дóбрый день! Дóбрый вéчер! дóбрый человéк
	женá	(Ehe-)Frau	
	муж	(Ehe-)Mann	
	тут	hier, da	Тут лежи́т вáша су́мка.
	другóй	andere(-r, -s)	другáя кни́га; други́е подáрки
	Вы́пьем за ... **(когó/что)!**	Trinken wir auf ...! Lasst uns auf ... trinken!	Вы́пьем за дру́га!
	На здорóвье!	Zum Wohl! Prost!	

Урок 6

да́же	sogar
ко́шка	Katze
Большо́е вам спаси́бо.	Vielen Dank! Ich danke Ihnen vielmals.
°молото́к	Hammer
°гвоздь	Nagel
°Бах! Бух! Бац!	Bum! Krach! Bauz!
темнота́	Dunkelheit, Finsternis
темно́	dunkel У него́ в кварти́ре темно́.
Мя́у!	Miau!
°за́навес	Vorhang

Это вы уже́ понима́ете

1 дра́ма — Drama
   сце́на — Szene

 ⟨Всего́ хоро́шего!⟩

---

1 Das Liedchen des Krokodils Gena

Lass doch die Fußgänger
ungeschickt durch die Pfützen eilen,
und das Wasser wie ein Fluss über den
   Asphalt fließen.
Und den Passanten ist nicht klar,
weshalb ich an einem solchen Schlecht-
wettertag so fröhlich bin.

„Ich spiele auf der Harmonika
vor den Augen der Passanten …
Leider gibt es Geburtstag
nur einmal im Jahr."

Plötzlich kommt ein Zauberer angeflogen
in einem blauen Hubschrauber
und zeigt kostenlos einen Film.
Er gratuliert zum Geburtstag
und lässt mir wahrscheinlich
als Geschenk fünfhundert „Eskimo" zurück.

„Ich spiele auf der Harmonika …

---

2 Gute Nacht!

Gute Nacht wünsch ich euch,
angenehmen Schlaf.
Ich wünsche euch, ihr träumt von
einem Ziegenbock und einem Esel.

Vom Ziegenbock bis Mitternacht,
vom Esel bis Mittag.
Gute Nacht wünsch ich euch,
angenehmen Schlaf!

---

3 Was ist das?

Zum Himmel ein Loch.
Zum Boden ein Loch.

In der Mitte ein Feuer.
Ringsherum Wasser.
   (Samowar)

Урок 7

Урок 7

 Как они жи́ли

1	**быть**	sein	Я был(а́) в Москве́. Она́ была́ хоро́шей учи́тельницей. Он был хоро́шим ма́льчиком.
	был, была́, бы́ло; бы́ли		
	лу́чше	besser	Она́ мо́жет рабо́тать лу́чше.
	ра́ньше	früher	Ра́ньше всё бы́ло лу́чше.
	у нас не́ бы́ло ... (*mit Gen.*)	wir hatten (besaßen) nicht, kein(-e, -en) ...	У нас не́ бы́ло компью́тера.
	внук	Enkel	Ба́бушка игра́ла с вну́ком.
2 б)	**У них был** (была́, бы́ло, бы́ли) ...	sie hatten (besaßen)...	

	Это вы уже́ понима́ете		
2 б)	**самова́р**	Samowar	

4	**мог, могла́, могло́; могли́** (*Prät. zu* мочь)	*Prät. zu* können	Он не мог спать.
	лес (в *mit Präp.* -у́)	Wald	
	°**гриб**	Pilz	Они́ собира́ли в лесу́ грибы́.
	ката́ться на ло́дке	Boot fahren	Мы ча́сто ката́лись на ло́дке.
	ло́дка	Boot	
	без (*mit Gen.*)	ohne	У неё кварти́ра без балко́на.
	ел, е́ла, е́ло; е́ли (*Prät. zu* есть)	*Prät. zu* essen	Ка́ждый день мы е́ли ры́бу.
	целова́ть	küssen	Он целу́ет ей ру́ку.
	я целу́ю		
	ты целу́ешь		
	они́ целу́ют		
6	**вчера́**	gestern	Вчера́ была́ хоро́шая пого́да.
	снег	Schnee	Зимо́й у нас ча́сто лежи́т снег.

Б Пого́да и приро́да

	приро́да	Natur	Он о́чень лю́бит приро́ду.
1	**на у́лице**	draußen	Де́ти игра́ют на у́лице.
	снег идёт (шёл)	es schneit(-e)	
	шёл, шла, шло; шли (*Prät. zu* идти́)	*Prät. zu* gehen	
	моро́з	Frost	В моро́з де́душка сиди́т до́ма.
	тепло́	warm	В ко́мнате бы́ло тепло́.
	дождь идёт (шёл)	es regnet(-e)	
	дождь	Regen	
	си́льный	stark, kräftig	У неё си́льные ру́ки.
	сла́бый	schwach	сла́бый ве́тер; сла́бый челове́к
	тёплый	warm	тёплый день; тёплая ко́мната

две́сти шестна́дцать

Урок 7

прекра́сный	(wunder)schön; herrlich; ausgezeichnet, vortrefflich	У неё прекра́сная карти́на. Он прекра́сный фигури́ст.
пти́ца	Vogel	
петь	singen	В лесу́ пою́т пти́цы. Мы поём ру́сскую пе́сню.
я пою́		
ты поёшь		
они́ пою́т		

3 жа́рко — heiß — Ле́том бы́ло жа́рко.
  мо́жно — man kann, man darf — Мо́жно здесь ката́ться на конька́х?
  о́сенью — im Herbst — О́сенью мо́жно собира́ть грибы́.
  вре́мя го́да — Jahreszeit — Како́е вре́мя го́да ты лю́бишь?

4 я́блоко (Pl. я́блоки) — Apfel — Я́блоки о́чень вку́сные.
  °гру́ша — Birne; Birnbaum — У нас в саду́ есть гру́ша.
  °сли́ва — Pflaume; Pflaumenbaum — Ви́ка о́чень лю́бит сли́вы.
  °я́года — Beere — Здесь мо́жно собира́ть я́годы.
  °помидо́р — Tomate — Я люблю́ помидо́ры.
  °лук (ohne Pl.) — Zwiebel(n) — Я гото́вила грибы́ с лу́ком.
  °капу́ста — Kohl, Kraut — Мы ча́сто еди́м капу́сту.
  °дуб — Eiche —
  °во́рон — Rabe —
  у (mit. Gen.) — an, neben, bei — Да́ча нахо́дится у ле́са.
  ти́хо — leise — Мы ти́хо поём.
  до́мик (Dimin. zu дом) — Häuschen, kleines Haus —
  сад (в mit Präp. -у́) — (Obst-)Garten — У нас в саду́ есть краси́вые цветы́.
  огоро́д — Gemüsegarten — Вчера́ ребя́та рабо́тали в огоро́де.
  расти́ — wachsen, groß werden — Огурцы́ здесь расту́т пло́хо.
  я расту́
  ты растёшь
  они́ расту́т
  рос, -ла́, -ло́; -ли́
  фру́кты (Pl.) — Obst — У нас все лю́бят фру́кты.
  о́вощи (Pl.) — Gemüse — Каки́е о́вощи расту́т в ва́шем огоро́де?

⟨6⟩ кали́нка — Schneeballstrauch
  (Dimin. zu кали́на)
  мали́нка — Himbeere; Himbeerstrauch
  (Dimin. zu мали́на)
  сосна́ — Kiefer
  зелёный — grün — зелёная сосна́
  ай лю́ли — etwa: la, la, la

B Они́ постро́или дом

стро́ить	bauen	Всё ле́то Соро́кины стро́или да́чу. Наконе́ц они́ постро́или её.
я стро́ю		
ты стро́ишь		
они́ стро́ят/		
постро́ить		

Урок 7

1	иногда́	manchmal, ab und zu	Учи́тель иногда́ помога́ет ему́.
	тот	jener, der	Кто хорошо́ рабо́тает, тот и хорошо́ ест.
	костёр (-ра́, -ру́, …)	Lagerfeuer	
	де́лать/сде́лать	tun, machen, handeln	В а́вгусте они́ сде́лали фунда́мент до́мика.
	приходи́ть/прийти́ пришёл, пришла́, -шло́; -шли́	kommen	На новосе́лье к ним пришли́ го́сти. Пришла́ весна́.
	гото́вить/ пригото́вить	zubereiten, kochen	На пра́здник де́душка пригото́вил вку́сный сала́т.
	пра́здничный [-зн-]	Fest-, Feiertags-	пра́здничный ве́чер
	помога́ть/помо́чь помо́г, -огла́, -огло́; -огли́	helfen, Hilfe leisten	Спаси́бо вам, что вы помогли́.
	собира́ть/собра́ть -а́л, -ала́, -а́ло; -а́ли	sammeln, einsammeln	Они́ собра́ли свои́ ве́щи.
	говори́ть/сказа́ть	sprechen, reden	Что ты сказа́ла?
	до́лго	lange	Ребя́та до́лго ката́лись на ло́дке.

Это вы уже́ понима́ете

1	фунда́мент	Fundament; Basis	

3	писа́ть/написа́ть	schreiben	Наконе́ц Во́ва написа́л свое́й кузи́не письмо́.
	чита́ть/прочита́ть	(durch-)lesen	Ты уже́ прочита́ла расска́з?
	получа́ть/получи́ть	erhalten, bekommen	От кого́ ты получи́ла письмо́?
	дава́ть/дать дал, дала́, да́ло; да́ли	geben	Вы мне уже́ да́ли запи́ску?
	смотре́ть/посмотре́ть	schauen, sehen	Вчера́ мы посмотре́ли но́вый видеофи́льм.
	встава́ть/встать	aufstehen	Вчера́ он встал то́лько в час.
	фотографи́ровать/ сфотографи́ровать	fotografieren	Мо́жно вас сфотографи́ровать?
	рисова́ть/нарисова́ть	zeichnen	Ты наконе́ц нарисова́л сад?
4	°свинья́ (Pl. сви́ньи)	Schwein	
	вдруг	plötzlich	Вдруг он пришёл домо́й.
	ви́деть/уви́деть	sehen	Вдруг мы уви́дели пря́мо у да́чи большу́ю свинью́.
	°жёлудь	Eichel	
	есть/съесть	essen	Кто не съел свою́ котле́ту?
	спра́шивать/спроси́ть	fragen	Го́сти спроси́ли, где нахо́дится на́ша кварти́ра.
	бу́дущий	(zu-)künftig	У нас уже́ есть расписа́ние на бу́дущий год.
	Ну и что?	Na und?	
	отвеча́ть/отве́тить	antworten	Он не мог отве́тить на её вопро́с.
	Эх!	Ach! Oh! (drückt Mitleid, Bedauern, Vorwurf, Bedrücktheit aus)	

Урок 7

7	открывать/**открыть**	öffnen	Вика открыла дяде дверь.
8	двор (-а́, -у́, …)	Hof	Машина стоит во дворе́.
8	во дворе́	im Hof; draußen	
⟨9⟩	домово́й	Hausgeist, Gespenst	

Г Жи́ли-бы́ли

	жил-был, жила́-была́; жи́ли-бы́ли	es war einmal (Einleitung zu einem Märchen)	Жила́-была́ бабушка, а у неё красивая кошка.
1	°подсне́жник	Schneeglöckchen	Подсне́жники расту́т в марте.
	°па́дчерица	Stieftochter	
	°да (oft lit.)	und	Она́ е́ла, пи́ла да спала́.
	одна́жды	einmal, eines Tages	Одна́жды вечером он пришёл к нам.
	Иди́(те)!	Geh!/Geht!/Gehen Sie!	
	Принеси́(те)!	Bringe!/Bringt!/Bringen Sie!	
	уходи́ть	fortgehen	Мать уходи́т, когда мы ещё спим.
	я ухожу́		Когда ушли́ гости?
	ты ухо́дишь		
	они ухо́дят/		
	уйти́		
	ушёл, ушла́, -шло́; -шли́		
	°Их бы́ло двена́дцать.	Es waren zwölf.	
	°мо́жно мне …?	darf ich …/kann ich …?	
	буке́т	(Blumen-)Strauß	
	рассказывать/ **рассказа́ть**	erzählen	Папа рассказа́л девочке сказку.
	ма́ло	wenig	Таня дома ма́ло читает.
	до́чка (Dimin. zu дочь)	Töchterchen	маленькая до́чка
	Что много говорить!	Wozu viel reden!	
	ста́ло	es wurde	Ста́ло темно́.
	°Она́ замёрзла.	Sie ist erfroren./Sie erfror.	
2	Перескажи́(те)!	Erzähle/Erzählt/Erzählen Sie nach!	
⟨3⟩	звать	(herbei-)rufen; nennen	
	звал, -ла́,-а́ло; -а́ли		
	Кра́сная Ша́почка	Rotkäppchen	
	глаз (Pl. глаза́)	Auge	Какие у тебя большие глаза́!
	рот (рта, рту, …)	Mund	Какой у тебя большой рот!
⟨4⟩	посло́вица	Sprichwort	
	ла́сточка	Schwalbe	
	па́дать	fallen	
	вы́клевать vo.	aushacken	
	вся́кий	jeder	
	ли́бо … ли́бо	entweder … oder	

Урок 8

Санкт-Петербург

1 па́мятник (кому́)	Denkmal	Вот па́мятник Петру́ Пе́рвому.
нача́ло	Anfang, Beginn *(zeitlich und räumlich)*	в нача́ле ме́сяца; в нача́ле у́лицы
век *(Pl.* века́*)*	Jahrhundert; Zeit(-alter)	в нача́ле двадца́того ве́ка; в девятна́дцатом ве́ке
осно́вывать/ основа́ть	gründen, errichten	Пётр Пе́рвый основа́л Санкт-Петербу́рг.
кре́пость *(f.)*	Festung	ста́рая кре́пость
о́стров *(Pl.* острова́*)*	Insel	ма́ленькие острова́
дворе́ц (-рца́, -рцу́, …)	Palast, Schloss	В э́том дворце́ сейча́с музе́й.
цари́ца	Zarin	
изве́стный [-сн-]	bekannt, berühmt	изве́стная пиани́стка
кора́бль (-я́, -ю́, …)	Schiff	Мы пла́вали на корабле́.
проспе́кт	breite und lange Straße	
гла́вный	hauptsächlich, wesentlich, Haupt-	гла́вный вокза́л; гла́вная у́лица; гла́вное зда́ние
Влади́мир Ильи́ч Ле́нин	Wladimir Iljitsch Lenin *(sowjet. Politiker; 1870 bis 1924)*	
Ленингра́д	Leningrad *(von 1924 bis 1991 Name für Sankt Petersburg)*	
называ́ться/назва́ться *(1. und 2. Pers. ungebr.)* назва́лся, -ала́сь, -ало́сь, -а́ли́сь	genannt werden, heißen, sich nennen	Ра́ньше э́тот проспе́кт называ́лся проспе́кт Ле́нина.
неизве́стный [-сн-]	unbekannt, nicht berühmt	Э́то совсе́м неизве́стная рок-гру́ппа.
мост *(Präp.* на мосту́; *Pl.* -ы́*)*	Brücke	Они́ встре́тились на мосту́.

Это вы уже понима́ете

1 царь (-я́, -ю́, …)	Zar	си́мвол	Symbol
Евро́па	Europa	фестива́ль	Festival, Festspiele

Изве́стные места́ в Санкт-Петербу́рге

1 па́мятник Петру́ Пе́рвому	Denkmal Peters I.	Эрмита́ж	Ermitage
		Адмиралте́йство	Admiralität, Marineamt
Петропа́вловская кре́пость	Peter-Pauls-Festung	Не́вский проспе́кт	Newski-Prospekt
		Смо́льный институ́т	Smolny-Institut
Зи́мний дворе́ц	Winterpalast	Петерго́ф	Peterhof

Урок 8

Все в Петербург!

1 а)	°командиро́вка	Dienstreise	Журнали́ст е́дет в командиро́вку в Москву́.
	пока́зывать/**показа́ть**	zeigen	Гид показа́л нам все музе́и го́рода.
	обяза́тельно	unbedingt, bestimmt	Обяза́тельно напиши́ мне!
	гуля́ть/**погуля́ть**	(einige Zeit) spazieren gehen	Тури́сты погуля́ли по па́рку.
	ла́дно	O.K.; einverstanden	— Я хочу́ смотре́ть телеви́зор. — Ла́дно, смотри́.
	покупа́ть/**купи́ть**	(ein-)kaufen	В э́том магази́не я покупа́ю о́вощи и фру́кты.
б)	буди́льник	Wecker	Поста́вь буди́льник на семь!
	буди́ть/**разбуди́ть**	wecken	Вчера́ ма́ма меня́ разбуди́ла в шесть часо́в утра́.
	волнова́ться я волну́юсь ты волну́ешься они́ волну́ются/ **взволнова́ться**	sich aufregen, sich beunruhigen	Не волну́йтесь! Всё бу́дет хорошо́.
	целова́ть/**поцелова́ть**	küssen	На вокза́ле он поцелова́л её.
3	счита́ть/ **посчита́ть** [-щи-]	zählen	Посчита́йте дни, ме́сяцы и неде́ли!
4	слу́шать/**послу́шать**	(zu-), (an-)hören	В магази́не Ко́стя послу́шал но́вую кассе́ту.
	начина́ть/**нача́ть** на́чал начала́ на́чало на́чали	anfangen, beginnen	Почему́ ты ещё не на́чал рабо́тать?
	ката́ться/**поката́ться**	fahren, sich fortbewegen	Ребя́та хоте́ли поката́ться на ло́дке.

Это вы уже́ понима́ете		
1 а)	иде́я	Idee, Einfall
5	скейт-бо́рд	Skateboard

Б Экску́рсия по го́роду

1	реша́ть/**реши́ть**	(sich) entscheiden, (sich) entschließen, beschließen; lösen	Ребя́та реши́ли погуля́ть по Не́вскому проспе́кту.
	ка́тер *(Pl.* -á)	Kutter; Ausflugsschiff	Он ка́ждый день ката́лся на ка́тере.
	бе́рег (на *mit Präp.* -ý; *Pl.* -á)	Ufer, Küste	Мы живём на берегу́ о́зера Байка́л.
	скаме́йка	(Sitz-)Bank	Там свобо́дная скаме́йка.
	се́верный	nördlich	се́верная Вене́ция
	знамени́тый	berühmt, bekannt	знамени́тый архите́ктор
	вели́кий	groß, bedeutungsvoll	вели́кая цари́ца

Урок 8

напро́тив *(mit Gen.)*	gegenüber	Кинотеатр нахо́дится напро́тив библиоте́ки.
высо́кий	hoch, hoch gewachsen, groß	высо́кий челове́к; высо́кое зда́ние
стреля́ть/стрельну́ть (в кого́/во что)	schießen (auf); erschießen	Кто стреля́ет?
°пу́шка	Kanone	
°крепостно́й	Festungs-	
ни́зкий	niedrig	ни́зкий до́мик; ни́зкая стена́
ду́мать/поду́мать	denken, nachdenken, überlegen	Я поду́мала и реши́ла не де́лать э́того.
брать я беру́ ты берёшь они́ беру́т брал, -ла́, бра́ло; бра́ли/ взять взял, взяла́, взя́ло; взя́ли Возьми́(те)!	nehmen	Во́ва берёт каранда́ш и рису́ет портре́т. Бери́те я́блоки, де́вочки! Све́та взяла́ свой фотоаппара́т. Возьми́ э́ту кассе́ту!

4 | забыва́ть/забы́ть | vergessen | Я забы́ла взять тёплые ве́щи. |
де́вушка	*hier:* Verkäuferin	
ЭСТ (Электросу́дорожная терапи́я)	EST *(Elektroschocktherapie; Name einer Rockgruppe)*	
плати́ть я плачу́ ты пла́тишь они́ пла́тят/ заплати́ть	bezahlen	— Мо́жно заплати́ть у вас? — Нет, заплати́те в ка́ссу.

Это вы уже понимаете

4 | матрёшка | Matrjoschka *(Holzpuppe mit ineinander gesetzten kleineren Puppen)* | сувени́р | Souvenir, Andenken |
| | | план | Plan, Grundriss |

5 | выбира́ть/вы́брать | (aus-)wählen, aussuchen | Вы уже́ вы́брали? |
официа́нтка	Kellnerin	
петербу́ргский	Petersburger, von Petersburg	петербу́ргские мосты́
°блин (-а́, -у́, ...)	(flacher) Pfannkuchen	Блины́ о́чень вку́сные.

B Погуля́йте по Петербу́ргу

2 | Извини́(те)! | Entschuldige!/Entschuldigt!/ Entschuldigen Sie! | Извини́те, пожа́луйста, где здесь магази́н „Ры́ба"? |
| Алекса́ндр Серге́евич Пу́шкин | Alexander Sergejewitsch Puschkin *(russ. Dichter; 1799 bis 1837)* | |

3 | сам, -а́, -о́; са́ми | selbst | Она́ сама́ пришла́. Вы са́ми э́то сде́лали? |
| рису́нок (-нка, -нку, ...) | Zeichnung | |
| тёмный | dunkel | тёмная ко́мната |

Урок 8

 Рассказы о Петре́

1	иностра́нец (-нца, -нцу, …)	Ausländer	Иностра́нцы помога́ли стро́ить Петербу́рг.
	ка́менный	steinern, Stein-	ка́менная стена́
	англи́йский	englisch	англи́йский язы́к
	голла́ндский	holländisch	голла́ндские помидо́ры
	италья́нский	italienisch	италья́нское кафе́
	°строи́тель	Bauarbeiter; Baumeister	Кто строи́тель э́того дворца́?
	Алекса́ндр Ме́ншиков	Alexander Menschikow (engster Berater Peters I.; 1672 bis 1729)	
	смея́ться я смею́сь ты смеёшься они́ смею́тся/ засмея́ться	lachen, loslachen	Почему́ ты смеёшься?
	бы́стро	schnell	Рабо́та идёт бы́стро.
	Арха́нгельск	Archangelsk (Hafenstadt am Weißen Meer)	
	удивля́ться/удиви́ться (кому́/чему́)	sich wundern (über etwas)	Я удивля́юсь твоему́ вопро́су.
	°по́вар (Pl. -á)	Koch	Он знамени́тый по́вар.
	слы́шать я слы́шу ты слы́шишь они́ слы́шат/ услы́шать	hören	Я не услы́шала, что он отве́тил.
	жизнь (f.)	Leben	На́ша жизнь интере́сная.
2	Что вы узна́ли но́вого?	Was habt ihr/haben Sie Neues erfahren?	
	узнава́ть я узнаю́ ты узнаёшь они́ узнаю́т/ узна́ть	erkennen, erfahren	Что ты узна́л обо мне?

Э́то вы уже́ понима́ете

1	специали́ст	Spezialist, Fachmann		во́дка	Wodka
	бургоми́стр	Bürgermeister(-in)	2	факт	Fakt, Tatsache
	матро́с	Matrose			

3	иностра́нный	ausländisch, Fremd-	иностра́нный язы́к
4	°виктори́на	Quiz, Frage- und Antwortspiel	

Урок 9

Урок 9

О В чём мы ходим в школу?

1	школьная форма	Schuluniform	Ученики ходили в школьной форме.
	коричневый	braun	коричневая юбка
	платье	Kleid	Она ходит в коричневом платье.
	чёрный	schwarz	чёрный кот; Чёрное море
	°фартук	Schürze	Девочки ходили в школу в чёрном фартуке.
	белый	weiß	белый снег; Белое море
	синий	(dunkel-)blau	синяя юбка; синее платье
	костюм	Anzug, Kostüm	
	красный	rot	красные цветы; Красная Шапочка
	зелёный	grün; unreif	зелёный лес; зелёное яблоко
	брюки *(Pl.; Präp.* в брюках)	Hose(n)	Она любит ходить в брюках.
	серый	grau	серые здания; серый волк
	свитер	Pullover	Сегодня он в зелёном свитере.
	голубой	blau, himmelblau	голубые джинсы;
	рубашка	Hemd	Он не любит красную рубашку.
	жёлтый	gelb	жёлтый карандаш; Жёлтое море
	майка	(ärmelloses) Sporthemd, T-Shirt	Она получила в подарок чёрную майку.
2	французский	französisch	французский язык

Это вы уже понимаете

1	блузка	Bluse	джинсы *(Pl.; Präp.* в джинсах)	Jeans

А Какой цвет вы любите?

	цвет *(Pl.* цвета)	Farbe	Она любит платье красного цвета.
2	Красная Шапочка	Rotkäppchen	
3	Это ей/ему идёт.	Das steht ihr/ihm.	
	одежда	Kleidung, Kleider	Она купила тёплую одежду.
5	нравиться (кому) я нравлюсь ты нравишься они нравятся/ понравиться	gefallen	Эта картина ей нравится. Там мне понравилось.

Урок 9

Б Какой у них характер?

1	счастли́вый [щасли́-]	glücklich	счастли́вая жизнь
	вы́глядеть *(uv.)*	aussehen	Она́ прекра́сно вы́глядит.
	я вы́гляжу		
	ты вы́глядишь		
	они́ вы́глядят		
	спорти́вный	sportlich, Sport-	спорти́вная оде́жда
	глаз *(Pl.* глаза́*)*	Auge	У него́ голубы́е глаза́.
	во́лос	Haar	У неё чёрные во́лосы.
	све́тлый	hell	све́тлая руба́шка
	у́мный	klug	у́мный челове́к; у́мные глаза́
	так сказа́ть	sozusagen	
	голова́ *(Akk.* го́лову; *Pl.* го́ловы*)*	Kopf	У меня́ боли́т голова́.
	скро́мный	bescheiden	скро́мные лю́ди
3	стро́йный	schlank	стро́йная фигу́ра
	коро́ткий	kurz	коро́ткие во́лосы; коро́ткое пла́тье
	ры́жий	rot(haarig), fuchsrot	У него́ ры́жие во́лосы.
	немно́го	etwas, ein wenig, ein bisschen	
	лени́вый	faul, träge	Кака́я ты лени́вая!
	по-мо́ему	meiner Meinung nach, meines Erachtens	Са́ша, по-мо́ему, у́мный, но немно́го лени́вый.
	мечта́ть *(uv.)* (о ком/о чём)	(tag-)träumen, schwärmen	Ла́ра мечта́ет о ко́мнате с балко́ном.
	тако́й	solch ein(-e, -s), solch(-e, -s), so ein(-e, -s)	Али́на давно́ мечта́ет о тако́м ма́льчике.
	сре́дний	Mittel-, mittlere(-r, -s)	сре́дняя шко́ла; сре́днее окно́
	рост	Größe	Влади́мир сре́днего ро́ста.
	°по́лный	voll, mollig, korpulent	И́горь немно́го по́лный.
	ка́рий	(kastanien-)braun *(von Augen, Pferden)*	У Ви́ки ка́рие глаза́.
	дли́нный	lang	У Све́ты дли́нные во́лосы.
	серьёзный	ernst, ernsthaft	серьёзная же́нщина; серьёзное де́ло
	разгова́ривать *(uv.)*	sich unterhalten, sprechen	Мы сиде́ли в кафе́ и разгова́ривали.
	°ве́жливый	höflich	ве́жливый мужчи́на; ве́жливые де́ти
5в)	разгово́р	Gespräch, Unterhaltung	разгово́р по телефо́ну

Это вы уже́ понима́ете	
хара́ктер	Charakter

В Брю́ки мне велики́

	вели́к, -а́, -о́; -и́ (кому́, для кого́)	zu groß	Это пла́тье де́вочке велико́.
1а)	осо́бенно	besonders	Этот парк осо́бенно краси́в.

Урок 9

2	надева́ть/наде́ть	anziehen; aufsetzen	Она наде́ла тёплый костю́м.
	пиджа́к	Jacke, Jackett	Он наде́л си́ний пиджа́к.
	°как раз	genau passend	Сви́тер тебе́ как раз.
	°мал, -а́, -о́; -ы́	zu klein	Ма́йка ему́ мала́.
	пальто́ *(indekl.)*	Mantel	Па́па сего́дня в тёплом пальто́.
4	шить/сшить	nähen	Ма́ма сши́ла до́чке ю́бку.
5	анекдо́т	Witz, Anekdote	Он лю́бит расска́зывать анекдо́ты.
	похо́жий (на кого́/что)	ähnlich	Моя́ сестра́ о́чень похо́жа на ма́му.
	°старе́ть *(uv.)*	altern, alt werden	ста́рый: старе́ть
	па́почка	Papi, Vati	
7a)	согла́сен, -сна, -сно; -сны	einverstanden sein	Я согла́сна с тобо́й.
	прав, -а́, -о; -ы	recht haben	Вы совсе́м пра́вы.

Г Друзья́

1	бо́льше	mehr	Бо́льше я не могу́.
	дружи́ть *(uv.)*	befreundet sein	С кем ты дру́жишь?
	я дружу́		
	ты дру́жишь		
	они́ дру́жат		
	сме́лый	mutig, tapfer	сме́лая де́вушка; сме́лые лю́ди
	одни́м сло́вом	mit einem Wort, kurzum	
	сло́во *(Pl. -а́)*	Wort	
	гру́стный [-сн-]	traurig	Ей бы́ло о́чень гру́стно.
	крик	Schrei, Ruf	Вдруг мы услы́шали крик.
	понима́ть/поня́ть	verstehen, begreifen	Это да́же де́ти по́няли.
	по́нял, поняла́, по́няло; по́няли		
	шу́тка	Scherz, Spaß	Для меня́ это не шу́тка.
	°льди́на	Eisscholle	Ребя́та ката́лись на льди́не.
	всё да́льше	immer weiter	
	крича́ть	schreien, rufen	Не кричи́те!
	я кричу́		
	ты кричи́шь		
	они́ крича́т/ кри́кнуть		
	опа́сный	gefährlich	Осторо́жно! Это о́чень опа́сно.
	бежа́ть	laufen, rennen	Когда́ ма́льчик услы́шал крик, он побежа́л к ма́ме.
	я бегу́		
	ты бежи́шь		
	они́ бегу́т/ побежа́ть		
	°замёрз	(er) ist erfroren	
	па́лец (-льца, -льцу, ...)	Finger; Zehe	сре́дний па́лец; большо́й па́лец; ма́ленький па́лец
	класть	legen	Она́ положи́ла свои́ ве́щи в су́мку.
	я кладу́		
	ты кладёшь		
	они́ кладу́т		
	клал/ положи́ть		

Урок 9/10

конéц (-нцá, -нцý, ...)	Ende	от начáла до концá
прáвый	rechte(-r, -s)	прáвая рукá; прáвое окнó
плáкать	(los-)weinen	Почемý ты плáчешь?
я плáчу		
ты плáчешь		
они плáчут/		
заплáкать		
всё равнó	sowieso; egal	Я тебя всё равнó не понимáю.
бýду	(ich) werde	
Бетхóвен	Ludwig van Beethoven *(deutscher Komponist; 1770 bis 1827)*	
глухóй	taub	Бетхóвен был глухи́м.
потомý	deshalb, deswegen	Почемý? — Потомý.
4 осторóжный	vorsichtig, behutsam	Она очень осторóжный человек.

Это вы уже понимáете

1 **композитор** Komponist **бинт** (-á, -ý, ...) Binde
каратэ́ *(n., indekl.)* Karate 2 **текст** Text

Д ⟨Цвет и харáктер⟩

любóвь *(f.)*	Liebe	Эта девушка его пéрвая любóвь.
свобóда	Freiheit	
теплотá	Wärme	
орáнжевый	orange(farben)	
рóзовый	rosa	
оптимист	Optimist	
фиолéтовый	violett	
нéбо *(Pl.* небесá*)*	Himmel	голубóе нéбо

Урок 10

О Москвá — вчерá ...

Ю́рий Долгорýкий	Jurij Dolgorukij *(russ. Fürst, gründete 1147 Moskau)*	
разрушáть/ разрýшить	zerstören, zunichte machen	В 13-ом вéке татáры разрýшили Москвý.
Ивáн Грóзный	Iwan der Schreckliche *(russ. Zar; 1530 bis 1584)*	
при *(mit Präp.)*	zur Zeit, unter	при Петрé Пéрвом

двéсти двáдцать семь

Урок 10

станови́ться (кем/чем) я становлю́сь ты стано́вишься они́ стано́вятся/ стать	werden	В 15-ом ве́ке Москва́ ста́ла столи́цей страны́.
се́рдце [-рц-]	Herz	У меня́ боли́т се́рдце.
Наполео́н	Napoleon (Kaiser der Franzosen; 1769 bis 1821)	
октя́брьский	Oktober-	Октя́брьская револю́ция

Это вы уже понима́ете

тата́ры (Pl.)	Tataren	револю́ция	Revolution
а́рмия	Armee		

A ... и сего́дня

1 **са́мый** — *bei Adjektiven zur Bildung des Superlativs* — Москва́ — са́мый большо́й го́род страны́.

- ба́шня — Turm — са́мая высо́кая ба́шня
- пло́щадь (f.) — Platz — Кра́сная пло́щадь
- центра́льный — zentral, Zentral- — центра́льная у́лица
- храм — Tempel, Kirche — знамени́тый храм
- госуда́рственный — staatlich, Staats- — госуда́рственная библиоте́ка
- универса́льный — Universal-, vielseitig — универса́льный магази́н
- гости́ница — Hotel, Gasthof — совреме́нная гости́ница
- москви́ч (-á, -ý, ...) — Moskauer (Einwohner von Moskau)
- лу́на-па́рк — Vergnügungspark
- популя́рный — populär — популя́рные спортсме́ны
- мир — Erde, Welt; Frieden
- ста́нция — Station — ста́нция метро́

3 телеба́шня — Fernsehturm — моско́вская телеба́шня

Это вы уже понима́ете

1 галере́я	Galerie	3 э́хо	Echo
метро́	Metro, Untergrundbahn	радиоста́нция	Rundfunksender

---

5 морско́й — Meer(es)-, See- — морска́я ры́ба
   явля́ться/яви́ться (кем/чем) — sein, darstellen — Москва́ явля́ется столи́цей страны́.
   основа́тель — (Be-)Gründer — Кто основа́тель э́того музе́я?

Интере́сные места́ в Москве́

1	Кра́сная пло́щадь	Roter Platz	3	Каза́нский вокза́л	Kasaner Bahnhof
	храм Васи́лия Блаже́нного	Basilius-Kathedrale		Моско́вский госуда́рственный университе́т (МГУ)	Staatliche Moskauer Universität
	ГУМ (Госуда́рственный универса́льный магази́н)	GUM (Abk. für Staatliches Kaufhaus in Moskau)		Большо́й теа́тр	Bolschoj Theater
	Изма́йловский парк	Ismajlow-Park		телеба́шня „Оста́нкино"	Fernsehturm „Ostankino"
	Третьяко́вская галере́я	Tretjakow-Gemäldegalerie		Тверска́я у́лица	Twerskaja Straße
			5	Спа́сская ба́шня	Spaskij Turm

⟨6⟩ **Abende in der Umgebung Moskaus**

1. Im Garten ist nicht einmal mehr
   leises Rascheln zu hören,
   alles ist hier bis zum Morgen verstummt;
   wenn ihr wüsstet, wie teuer mir
   die Abende in der Umgebung von
   Moskau sind!

2. Das Flüsschen bewegt sich und bewegt
   sich auch wieder nicht,
   alles ist vom Mond versilbert ...
   Ein Lied ist zu hören und auch wieder
   nicht zu hören
   an diesen stillen Abenden.

3. Was schaust du, Liebste, so von der
   Seite her,
   und warum senkst du den Kopf so tief?
   Es ist schwer zu sagen und auch wieder
   nicht zu sagen,
   was ich alles auf dem Herzen habe.

4. Und mehr und mehr ist schon das
   Morgenrot zu sehen.
   Also bitte ich dich, sei so lieb!
   Vergiss auch du nicht diese sommerlichen
   Abende in der Umgebung Moskaus.

Б Лю́ди и у́лицы в Москве́

1 a) рожда́ться/роди́ться роди́лся роди́лась	geboren werden	Она́ родила́сь в Но́вгороде.
рыба́к (-á, -ý, ...)	Fischer	Он стал рыбако́м.
учи́ться (чему́) я учу́сь ты у́чишься они́ у́чатся/ научи́ться	lernen, studieren	Он учи́лся в университе́те. В шко́ле А́ня у́чится му́зыке.
перее́хать	umziehen, übersiedeln	Они́ перее́хали в Но́вгород.
в 20 лет	mit 20 Jahren	
поэ́тому	deshalb, darum, deswegen	
за́падный	West-, westlich	за́падная Евро́па
и́мени (Abk. им.; Gen. zu и́мя)	namens, mit dem Namen (in Namen oft unübersetzt)	музе́й и́мени А. С. Пу́шкина
умира́ть/умере́ть у́мер, умерла́, у́мерло; у́мерли	sterben	Ломоно́сов у́мер в Санкт-Петербу́рге.

Урок 10

б)
ня́ня	Kinderfrau	
стихи́ (Pl.)	Gedicht, Verse	стихи́ о приро́де
про́тив (mit Gen.)	gegen	стихи́ про́тив царя́
ссыла́ть/сосла́ть	verbannen, deportieren	Пу́шкина сосла́ли на юг страны́.
конце́ртный	Konzert-	конце́ртная му́зыка

2
Как добра́ться до …? (mit Gen.) (umg.)	Wie kommt/gelangt man zu …?	Как добра́ться до университе́та?
остано́вка	Haltestelle	остано́вка авто́буса
сле́дующий	nächste (-r, -s), folgende (-r, -s)	сле́дующая остано́вка
че́рез одну́ (остано́вку)	übernächste (Haltestelle)	
че́рез (mit Akk.)	über (etwas hinweg); durch	че́рез у́лицу; че́рез ре́ку
Поверни́(те)!	Biege/Biegt/Biegen Sie ab!	
нале́во	nach links, zur linken Seite	Пото́м поверни́те нале́во!
закрыва́ться/ закры́ться	sich schließen, zugehen, geschlossen werden	Две́ри закрыва́ются.
выходи́ть я выхожу́ ты выхо́дишь они́ выхо́дят/ вы́йти	hinausgehen; aussteigen	Вы сейча́с выхо́дите?
напра́во	nach rechts, zur rechten Seite	Поверни́те напра́во!

Знамени́тые лю́ди и что они́ сде́лали

1 Михаи́л Васи́льевич Ломоно́сов	Michail Wasiljewitsch Lomonosow (russ. Gelehrter; 1711 bis 1765)	„Пи́ковая да́ма"	„Pique Dame" (Erzählung von Puschkin; vertont von Tschaikowskij)
Пётр Ильи́ч Чайко́вский	Pjotr Iljitsch Tschaikowskij (russ. Komponist; 1840 bis 1893)	„Бори́с Годуно́в"	„Boris Godunow" (Tragödie von Puschkin, vertont von Mussorgskij)
		„Евге́ний Оне́гин"	„Eugen Onegin" (Versroman von Puschkin, vertont von Tschaikowskij)
Ца́рское Село́	Zarskoje Selo (Ort unweit von St. Petersburg)	„Лебеди́ное о́зеро"	„Schwanensee" (Ballett von Tschaikowskij)

Места́ в Москве́

3 стадио́н „Дина́мо"	Dynamo-Stadion	4 Но́вый Арба́т	Neuer Arbat (Straße in Moskau)
Пу́шкинская у́лица	Puschkinstraße		

⟨5⟩
пра́вило	Regel	Он зна́ет пра́вила игры́.
броса́ть/бро́сить	werfen, schleudern	
ку́бик	Würfel	Она́ бро́сила ку́бик.
вперёд	vorwärts, nach vorn	Иди́те вперёд!
е́сли	wenn, falls	

Урок 10

ошибка	Fehler	Она сделала две ошибки.
мочь/смочь	können, imstande sein	
пропускать/ пропустить	auslassen, durchlassen	
ход (*Präp.* на ходу)	Fahrt; Gang; Zug *(beim Spiel)*	Пропустите один ход!
пешком	zu Fuß	Пойдём пешком!
назад	zurück, (nach) rückwärts	Три пункта назад!
небо (*Pl.* небеса)	Himmel	на седьмом небе
футбольный матч	Fußballspiel	

Это вы уже понимаете

1 а) астроном — Astronom; фортепиано [-тэ-] (*indekl.*) — Fortepiano, Klavier
 филолог — Philologe
 поэт — Poet, Dichter; опера — Oper
 грамматика — Grammatik; зал — Halle, Saal
1 б) дуэль (*f.*) — Duell; 4 киоск — Kiosk
 роман — Roman; ⟨5⟩ пункт — Punkt; Stelle

B Москва и москвичи

1 москвичка — Moskauerin
 Евгений Кисин — Ewgenij Kissin *(russ. Pianist; geb. 1972)*
 весь, вся, всё; все — ganz, alle — вся школа; все люди
 тот, та, то; те — jene (-r, -s) — тот дом; те москвичи
 продавать — verkaufen — Где у вас продают мороженое?
  я продаю
  ты продаёшь
  они продают/
  продать
  продал, продала,
  продало; продали
 отдыхать/отдохнуть — sich ausruhen, sich erholen — После школы она хотела отдохнуть.
 убирать/**убрать** — aufräumen, in Ordnung bringen — Она убрала книги со стола.
  убрал, убрала,
  убрало; убрали
 ужасный — furchtbar, schrecklich — Это было ужасно.
 Арбат — Arbat *(Fußgängerzone in Moskau)*
 с (*mit Gen.*) — von, aus — туристы со всего мира
 ужинать/**поужинать** — zu Abend/Abendbrot essen
 лишний — übrig, überzählig, überflüssig — лишний билет; лишняя чашка; лишнее слово
 дорога — Weg, Straße — Я знаю дорогу в центр.
2 желать/**пожелать** (кому чего) — wünschen — В день рождения они пожелали ей всего хорошего.

Урок 10

6а) | Лев Николаевич Толстой | Lew Nikolajewitsch Tolstoj (russ. Schriftsteller; 1828 bis 1910) | |
|---|---|---|
| писатель | Schriftsteller | Какого писателя ты знаешь? |
| Владимир Владимирович Маяковский | Wladimir Majakowskij (sowjetruss. Dichter; 1893 bis 1930) | |
| Юрий Алексеевич Гагарин | Jurij Alexejewitsch Gagarin (sowj. Kosmonaut; 1934 bis 1968) | |

Это вы уже понимаете			
3 информация	Information	адрес (Pl. -á)	Adresse

Г Русские цари

1	царевич	Zarensohn, Zarewitsch	
	слабоумный	geistesschwach	слабоумный сын
	за (mit Akk.)	für, anstelle von	
	царствовать (uv.) я царствую ты царствуешь они царствуют	Zar sein, herrschen	За него царствовал Борис Годунов.
	Борис Годунов	Boris Godunow (russ. Zar; ca. 1551 bis 1605)	
	Углич	Uglitsch (Hafenstadt an der Wolga)	
	убивать/убить	töten, umbringen, ermorden	Убили царевича.
	случаться/ случиться (1. und 2. Pers. ungebr.)	geschehen, vor sich gehen, sich ereignen, vorfallen	Что случилось?
	мёртвый	tot	мёртвый язык
	нож (-á, -ý, ...)	Messer	золотой нож
	царский	Zaren-, zaristisch	царская Россия
	ответ	Antwort	вопрос и ответ
	себя	sich (refl.)	
	°голод	Hunger, Hungersnot	голодный: голод
	Польша	Polen	в Польше
	скоро	bald, schnell	Скоро будет лучше.
	крест (-á, -ý, ...)	Kreuz	золотой крест
	поляк	Pole	
	многие (Pl.)	viele	многие дети; многие люди

Это вы уже понимаете			
1 комиссия	Kommission	мода	Mode
манеры	Manieren, Benehmen		

Урок 11

◆ Бу́дьте здоро́вы!

Будь(те) здоро́в/-а(ы)!	Bleib/Bleibt/Bleiben Sie gesund! Gesundheit! *(beim Niesen)* Lebe/Lebt/Leben Sie wohl! *(beim Abschied)*	
здоро́вый	gesund	здоро́вая же́нщина

 Све́та больна́

больно́й; бо́лен, -льна́	krank	Он бо́лен. У него́ грипп.
1 на́до	müssen, notwendig sein	Ему́ на́до бо́льше занима́ться.
раз	mal, Mal	два ра́за в день
всё (ещё)	immer (noch), dauernd	Све́та всё ещё спит.
чу́вствовать [-уств-] себя́	sich fühlen	Она́ чу́вствует себя́ хорошо́.
я чу́вствую		
ты чу́вствуешь		
они́ чу́вствуют		
°Что за фо́кусы?	Was sind das für Mätzchen? Was soll das?	
го́рло	Hals; Kehle; Gurgel; Rachen	У меня́ боли́т го́рло.
Ого́!	Oho! *(drückt Verwunderung aus)*	
звони́ть (кому́)	*(tel.)* anrufen; klingeln	Почему́ ты не позвони́л вчера́?
я звоню́		
ты звони́шь		
они́ звоня́т/		
позвони́ть		
врач (-а́, -у́, …)	Arzt, Ärztin	На́до позвони́ть врачу́.
рот (рта, рту, …)	Mund	Откро́йте рот! во рту
я́сно	klar, deutlich	Всё я́сно.
ша́пка	Mütze	Наде́нь ша́пку!
нельзя́ *(mit Inf. des uv. Verbs)*	(man) darf nicht	Тебе́ нельзя́ смотре́ть телеви́зор.
°горчи́чник [-ишн-]	Senfpflaster	
ста́вить	stellen; *(hier)* auflegen	На́до поста́вить горчи́чники.
я ста́влю		
ты ста́вишь		
они́ ста́вят/		
поста́вить		
5 Хорошо́ тебе́!	Du hast's gut!	
7 больни́ца	Krankenhaus	Его́ положи́ли в больни́цу.
контро́льный	Kontroll-	контро́льная рабо́та

Это вы уже́ понима́ете

1 ангина	Angina		ко́ла	Cola
реце́пт	Rezept	3	компре́сс	Kompresse, Umschlag
табле́тка	Tablette	7	эпиде́мия	Epidemie

Урок 11

Б Как ваше здоровье?

1 тело	Körper	здоровое тело
лицо *(Pl.* лица*)*	Gesicht	женщина с грустным лицом
ухо *(Pl.* уши*)*	Ohr	У него большие уши.
живот (-á, -ý, ...)	Bauch; Magen	У меня болит живот.
нога *(Akk.* ногу*; Pl.* ноги*)*	Bein; Fuß	длинные ноги
зуб *(Pl.* зубы*)*	Zahn	белые зубы
колено *(Pl.* колени*)*	Knie	Положите руки на колени!
3 a) вперёд	vorwärts, nach vorn	Посмотрите вперёд!
вверх	nach oben, hinauf	Идите вверх!
левый	linke (-r, -s)	левое ухо
закрывать/закрыть	schließen, zumachen	Закройте глаза!
назад	zurück, (nach) rückwärts	Идите назад!
вниз	abwärts, hinunter, nach unten	Посмотрите вниз!
большой палец	Daumen; große Zehe	
5 насморк	Schnupfen	У меня сильный насморк.
кашель (-шля, -шлю, ...)	Husten	У неё ужасный кашель.
страшно	schrecklich, unheimlich	Это было страшно.
медсестра	Krankenschwester	Она хочет стать медсестрой.

Это вы уже понимаете

5 пациент [-энт]	Patient
доктор *(Pl.* -á*)*	Doktor/in, Arzt, Ärztin
анализ	Analyse

В Куда они идут?

1 кроме того	außerdem	
°поход	Wanderung, Ausflug	Мы часто ходим в походы.
ездить *(unbest.)* я езжу [-жжу] ты ездишь они ездят	fahren	Вы ездите в школу на автобусе?
спешить я спешу ты спешишь они спешат/ поспешить	sich beeilen, es eilig haben	
пешком	zu Fuß	Домой мы шли пешком.
ремонт	Reparatur; Renovierung	Магазин на ремонте.
°Кошмар!	Grässlich! Schrecklich!	
⟨4⟩ старушка *(Dimin. zu* старуха*)*	altes Weiblein	две старушки
поезд *(Pl.* -á*)*	Zug	Этот поезд идёт в Москву.
разный	verschieden	Они совсем разные люди.
сторона *(Akk.* сторону*; Pl.* стороны*)*	Seite	Идите на другую сторону!

Урок 11

⟨4⟩ ваго́н	Waggon, Eisenbahnwagen	10 ро́за	Rose
те́хника	Technik		

Это вы уже понима́ете

7 Скороговорка

А жуки́ живу́т жужжа́. Käfer leben und summen.
Не жужжа́ть жука́м нельзя́. Käfer müssen summen.
Без жужжа́ния жуки́ Ohne Summen werden Käfer
Заболе́ют от тоски́. krank vor Wehmut.

 Лёля и Минька

1 °спустя́	später, nach (Ablauf von)	год спустя́
роди́тели (Pl.)	Eltern	мои́ роди́тели
боле́ть	krank sein (werden)	Он заболе́л гри́ппом. Он ча́сто боле́ет анги́ной.
я боле́ю		
ты боле́ешь		
они́ боле́ют/		
заболе́ть		
°зави́довать (кому́/чему́)	beneiden, neidisch sein (auf)	Сестра́ зави́дует своему́ бра́ту. Чему́ ты зави́дуешь?
я зави́дую		
ты зави́дуешь		
они́ зави́дуют/		
позави́довать		
°о́хать/о́хнуть	ächzen, seufzen	Почему́ ты о́хаешь?
°прогла́тывать/	verschlucken, hinunter-	Что ты проглоти́ла?
проглоти́ть	schlucken	
ша́рик	(kleine) Kugel	билья́рдный ша́рик
тяжёлый	schwer	тяжёлая атле́тика
металли́ческий	metallisch, Metall-	металли́ческий ша́рик
взрыв	Explosion, Detonation	
ложи́ться	sich hinlegen, niederlegen;	Когда́ ты обы́чно ложи́шься спать? Она́ легла́ на дива́н.
я ложу́сь	schlafen legen	
ты ложи́шься		
они́ ложа́тся/		
лечь		
лёг, легла́, -ло́; ли́		
раздева́ть/разде́ть	ausziehen, entkleiden	Ма́ма разде́ла до́чку.
па́дать/упа́сть	fallen	Ша́рик упа́л на́ пол.
упа́л		
обма́нывать/обману́ть	betrügen, täuschen	Почему́ она́ обману́ла нас?
шути́ть/пошути́ть	scherzen	
°С на́ми шу́тки пло́хи.	etwa: Mit uns ist nicht zu spaßen.	
Симферо́поль	Simferopol (Stadt auf der Krim)	
по́мнить (uv.) (кого́/что)	(sich) erinnern	Я хорошо́ по́мню э́тот день.
я по́мню		
ты по́мнишь		
они́ по́мнят		
°красне́ть/покрасне́ть	erröten, rot werden	Я ча́сто красне́ю.

Урок 11/12

тогда́	dann; damals, zu jener Zeit	Тогда́ они́ жи́ли вме́сте.
Михаи́л Миха́йлович Зо́щенко	Michail Soschtschenko *(sowj. Schriftsteller; 1895 – 1958)*	
5 смешно́й	komisch, lustig	смешно́й расска́з

> **Э́то вы уже́ понима́ете**
>
> 1 билья́рд — Billard
> ка́као *(indekl.)* — Kakao
> апельси́н — Apfelsine, Orange
> 3 резюме́ [-мэ́] *(indekl.)* — Resümee, Zusammenfassung

Уро́к 12

 Приезжа́йте в го́сти!

приезжа́ть [-жж-]/ прие́хать	kommen, ankommen	Ка́ждый год он приезжа́ет к нам в го́сти.

 Ско́ро кани́кулы

кани́кулы *(Pl.)*	(Schul-)Ferien	шко́льные кани́кулы
1 ле́тний	Sommer-, sommerlich	ле́тнее вре́мя
путёвка	Ferienplatz; Reisegutschein	
Я́лта	Jalta *(Hafenstadt, Kurort auf der Krim)*	Они́ купи́ли путёвку в Я́лту.
пляж	Strand, Badestrand	морско́й пляж
купа́ться	baden	Мы идём купа́ться.
загора́ть/ загоре́ть я загорю́ ты загори́шь они́ загоря́т	sich sonnen, braun werden, sonnengebräunt sein	Он бы́стро загора́ет. Они́ си́льно загоре́ли.
„Ла́сточкино гнездо́"	„Schwalbennest" *(bekannte Sehenswürdigkeit bei Jalta)*	
Бахчисара́й	Bachtschissaray *(alte tatarische Stadt auf der Krim)*	
Че́хов, Анто́н Па́влович	Anton Pawlowitsch Tschechow *(russ. Erzähler und Dramatiker; 1860 bis 1904)*	
встреча́ться/ встре́титься я встре́чусь ты встре́тишься они́ встре́тятся	sich treffen, sich begegnen	Мы встре́тимся в 6 часо́в у па́мятника Пу́шкину.
е́хать/пое́хать я пое́ду ты пое́дешь они́ пое́дут; Поезжа́й(те)!	(los-)fahren	Ле́том мы пое́дем в Крым.
3 за́втра	morgen	За́втра бу́дет хоро́шая пого́да.
(с) собо́й *(refl.)*	(mit) mir, dir, sich, uns, euch	Она́ возьмёт с собо́й бики́ни.

4	идти/**пойти** я пойду ты пойдёшь они пойдут; пошёл, -шла, -шло; -шли	(los-)gehen	

> **Это вы уже понимаете**
>
> 1 **бикини** *(n.; indekl.)* Bikini 4 **сандалеты** *(Pl.)* Sandaletten
>   **цирк**   Zirkus

Б Где можно отдыхать?

1	**проводить** я провожу ты проводишь они проводят/ **провести** я проведу ты проведёшь они проведут провёл, -ла, -ло; -ли	verbringen	Мы каждый год проводили каникулы на море. Где вы проведёте каникулы?
	°**полярный**	Polar-	полярный день
	отпуск	Urlaub	Он сейчас в отпуске.
	осматривать/ **осмотреть** я осмотрю ты осмотришь они осмотрят	besichtigen	В Ялте Света осмотрит дом-музей Чехова.
	ни ... ни	weder ... noch	На пляже нет места ни стоять, ни лежать.
	гора *(Akk.* гору; *Pl.* горы)	Berg	Мы пойдём в поход в горы.
	нужен, нужна, нужно; нужны	brauchen	Нам нужны билеты.
	обувь *(f.) (ohne Pl.)*	Schuhe	летняя обувь
	палатка	Zelt	Они жили в палатке.
	°**круиз**	Kreuzfahrt	круиз по Волге
	зарабатывать/ **заработать**	verdienen	Сколько вы зарабатываете?
	деньги *(Pl.)*	Geld	Я сама заработала деньги на эту путёвку.
	поездка	Fahrt, Reise	короткая поездка
	°**молодец** (-дца, -дцу, ...)	Prachtkerl	Какие вы молодцы!
3	**путешествие**	Reise	путешествие по стране
	°**теплоход**	Motorschiff	Все туристы на теплоходе.
	знакомиться (с кем/с чем) я знакомлюсь ты знакомишься они знакомятся/ **познакомиться**	kennen lernen, sich bekannt machen	В этом ресторане вы познакомитесь с русской кухней.

Урок 12

национа́льный	national, National-	национа́льный теа́тр
°тата́рский	tatarisch, Tataren-	тата́рская ку́хня
°мемориа́льный ко́мплекс	Gedenkstätte	
°чу́до (Pl. чудеса́)	Wunder	
конча́ться/ ко́нчиться (1. und 2. Pers. ungebr.)	zu Ende gehen, zu Ende sein	Наш о́тпуск ско́ро ко́нчится.
он, она́, оно́ ко́нчится		
они́ ко́нчатся		

Это вы уже понима́ете

1	ла́герь (Pl. -я́)	Lager	3 пикни́к	Picknick
	рюкза́к (-а́, -у́, …)	Rucksack	4 рекла́мный проспе́кт	Werbeprospekt
	капитали́ст	Kapitalist		

Места́ на Волге

3	ГЭС (Abk. für гидроэлектроста́нция)	Wasserkraftwerk	Сама́ра	Samara (Stadt an der Wolga)
	Ни́жний Но́вгород	Nishnij Nowgorod (Stadt an der Wolga)	Жигули́	Shiguli (Höhenzug an der Wolga)
	Каза́нь	Kasan (Hauptstadt der Tatarischen Autonomen Republik)	Мама́ев курга́н	Mamajhügel (Gedenkstätte für die Opfer des 2. Weltkrieges)
			Каспи́йское мо́ре	Kaspisches Meer

◆ B Ле́тний о́тпуск

3	е́сли	wenn, falls	Е́сли бу́дет дождь, мы пойдём в кино́.
5	отку́да	woher	Отку́да ты пришёл?
	у́тренний	morgendlich, Morgen-	у́тренняя гимна́стика
	°те́лик (umg.)	Fernseher (Apparat), Röhre	По те́лику идёт фильм.
	вече́рний	abendlich, Abend-	вече́рнее пла́тье

Это вы уже понима́ете

2	ке́мпинг	Camping

238 две́сти три́дцать во́семь

Урок 12

 Мои планы на лето

1	°о́стров чуде́с	Insel der Wunder	
	фе́рма	Bauernhof, Farm	
	Яросла́вль	Jaroslawl *(Stadt an der Wolga)*	
	коро́ва	Kuh	
	°тепли́ца	Gewächshaus	
	после́дний	letzte (-r, -s)	после́дняя страни́ца
	Приба́лтика	Baltikum	
	испа́нский	spanisch	испа́нский язы́к
	°испа́нец (-нца, -нцу, …)	Spanier	
	вообще́	überhaupt	Я его́ вообще́ не ви́дел.
	°одни́ богачи́	nur Reiche	
	ве́рить	glauben	Я вам ве́рю.
	я ве́рю		
	ты ве́ришь		
	они́ ве́рят/		
	пове́рить		
	°шу́ба	Pelz(mantel)	дорога́я шу́ба
	°но́рка	Nerz	шу́ба из но́рки
	прогу́лка	Spaziergang	
	хоте́ть/**захоте́ть**	wollen, möchten	
	я захочу́		
	ты захо́чешь		
	они́ захотя́т		
	организова́ть *(uv. und vo.)*	organisieren, veranstalten, unternehmen	Гид организу́ет путеше́ствие в Москву́.
	я организу́ю		
	ты организу́ешь		
	они́ организу́ют		
	ве́чер *(Pl. -á)*	*hier:* Abendveranstaltung	шко́льный ве́чер
	ты́сяча	tausend; Tausend	
	°Проща́й(те)!	Leb/Lebt/Leben Sie wohl!	
	пра́вда	Wahrheit	Он сказа́л пра́вду.
	лу́чший	beste(-r, -s)	Она́ моя́ лу́чшая подру́га.

Это вы уже́ понима́ете

1	тра́ктор	Traktor	поли́тика	Politik

⟨5⟩ **Wolga, Wolga, Mutter Heimat**

1. Von der Insel in die Strömung,
   auf die Weite der Flusswellen
   fahren bunt bemalte
   Schiffe mit spitzem Bug.

2. Auf dem vordersten sitzt Stenka Rasin
   mit einer Fürstin im Arm,
   er feiert eine neue Hochzeit,
   ist gut gelaunt und angeheitert.

3. Hinter ihnen ist Murren zu hören:
   „Gegen ein Weib hat er uns eingetauscht;
   hat er erst eine Nacht mit ihr verbracht,
   ist er am Morgen selbst ein Weib."

4. „Wolga, Wolga, Mutter Heimat,
   Wolga, russischer Fluss,
   noch nie hast du so ein Geschenk
   von einem Donkosaken gesehen."

5. Und mit mächtigem Schwung hebt
   er die schöne Fürstin hoch
   und wirft sie über Bord
   in die heranströmende Welle.

Урок 12

 Багаж

S. Marschak

Eine Dame gab als Gepäck auf
    einen Diwan,
    einen Koffer,
    eine Reisetasche,
    ein Bild,
    einen Korb,
    einen Pappkarton
und ein kleines Hündchen.

Man gab der Dame an der Haltestelle
vier grüne Quittungen
darüber, dass als Gepäck erhalten wurde:
    ein Diwan, ...
und ein kleines Hündchen.

Man bringt die Sachen auf den Bahnsteig,
wirft sie in den geöffneten Waggon.
Fertig. Verstaut ist das Gepäck:
    ein Diwan, ...
und ein kleines Hündchen.

Aber kaum ertönte die Klingel —
da riss der Welpe aus dem Waggon aus.

Man begann, an der Haltestelle Dno
zu suchen, denn eines der Dinge von
der Liste war verloren gegangen.

In Angst und Schrecken zählt man das Gepäck:
    ein Diwan, ...
— Kameraden! Wo ist das Hündchen?

Plötzlich sehen sie: bei den Rädern steht
ein riesiger ausgewachsener Köter.
Sie fingen ihn — und ab zum Gepäck,
dorthin, wo die Reisetasche lag,
    das Bild, ...
wo vorher das Hündchen war.

Sie kamen in der Stadt Schitomir an.
Der Gepäckträger Nummer 15
bringt auf dem Karren das Gepäck:
    einen Diwan, ...
und hinten führen sie das Hündchen.

Da fängt der Hund zu knurren an,
und die Dame fängt zu schreien an:

„Räuber! Diebe! Scheusale!
Der Hund ist nicht die richtige Rasse!"

Sie schleuderte den Koffer weg,
stieß mit dem Fuß den Diwan fort,
    das Bild, ...
„Gebt mein Hündchen zurück!"

„Gestatten Sie, Mütterchen, an der
Haltestelle hat man entsprechend
der Gepäckquittung
von Ihnen als Gepäck erhalten:
    einen Diwan, ...
und ein kleines Hündchen.

Jedoch hat während der Reise
der Hund ja wachsen können!"

Фо́рточка 1

1б)	Здра́вствуй(те)! [-аст-]	Guten Tag!	
2	уже́	schon, bereits	
4а)	Ах!	Ach! *(drückt Verwunderung, Schrecken aus)*	
	Ну и что?	Na und?	
6	рису́ет	zeichnet *(3. Pers. Sg.)*	Во́ва рису́ет Оле́га.
7	так	so	Э́то так ску́чно!

Э́то вы уже́ понима́ете

4а)	буфе́т	Büfett, Erfrischungsraum

Фо́рточка 2

1	маги́ческий	magisch, Zauber-	
2	семья́ *(Pl.* се́мьи*)*	Familie	моя́ семья́
	ма́льчик	Junge	Ма́льчику 5 лет.
	ба́бушка	Großmutter, Oma	моя́ ба́бушка
4	без *(mit Gen.)*	ohne	Он идёт в кино́ без меня́.
8	ша́хматы *(Pl.)*	Schach, Schachspiel	Мы игра́ем в ша́хматы.
11	о себе́	über sich	
	сейча́с	jetzt, augenblicklich	
	„А́нна Каре́нина"	„Anna Karenina" *(Roman von L. N. Tolstoj)*	

Э́то вы уже́ понима́ете

1	квадра́т	Quadrat
11	фильм	Film

Фо́рточка 3

2	у́лица Свобо́ды	Straße der Freiheit	
⟨3⟩	про́тив *(mit Gen.)*	gegenüber	Она́ сиди́т про́тив него́.
	в э́том до́ме	in diesem Haus	
	мы по ле́стнице бежи́м	wir laufen die Treppe (hinauf)	
	раз	eins *(beim Zählen)*	
4	страни́ца	Seite *(in Druckerzeugnissen)*	

---

4 Кто живёт ря́дом с кем? *(стр. 153)*:

Бори́с живёт ря́дом с Оле́гом. Ната́ша живёт ря́дом с Ди́мой. Татья́на живёт ря́дом с Ната́шей.

6	газе́та	Zeitung	Э́то ста́рая газе́та.
	Кио́ск рабо́тает.	Der Kiosk ist geöffnet.	
	де́вушка	(junges) Mädchen	
7	Слу́шай(те)!	Höre/Hört/Hören Sie zu!	
	лу́чше	besser	Э́то лу́чше.
	у *(mit Gen.)*	an, bei, neben	у окна́
	всё ещё	immer noch	Пе́тя всё ещё смо́трит телеви́зор.

Форточка

Это вы уже понимáете

6 киóск   Kiosk   план   Plan
   спорт   Sport   8 вариáнт   Variante

Фóрточка 4

1 стадиóн „Локомотив"   Lokomotive-Stadion
   Алексáндр Сергéевич   Alexander Sergejewitsch
     Грибоéдов   Gribojedow (russ. Dramatiker;
                                  1795 bis 1829)
   аэропóрт (в mit Präp. -ý)   Flughafen
   дéньги (Pl.)   Geld   Он считáет дéньги.
   женá (Pl. жёны)   Frau, Ehefrau

Это вы уже понимáете

1 таксú (n., indekl.)   Taxi
   сýмма   Summe

2 в день   täglich, pro Tag   Я сплю 8 часóв в день.
3 мы с ней   sie und ich   Мы с ней чáсто гуляем в пáрке.
4 продýкты (Pl.)   Lebensmittel
   холодúльник   Kühlschrank   Продýкты в холодúльнике.
5 °скóлько человéк   wie viel Personen

5 **Большáя семья́** (стр. 156):

Es ist am leichtesten, diese Aufgabe vom Ende her aufzurollen. Selbstverständlich ist, dass der, der sowohl Huhn als auch Kotelett und Fisch gern isst, auch Huhn und Kotelett, Kotelett und Fisch sowie Huhn und Fisch mag.

	1	2	3	4	5	6	7	8	9	10
Huhn	+		+	+	+	+			+	
Kotelett	+	+			+	+	+		+	
Fisch	+	+	+	+				+		

⟨6⟩ **Ein leidenschaftlicher Angler**

1. Seit dem Morgen sitzt am See
   ein leidenschaftlicher Angler.
   Er sitzt und summt ein Liedchen.
   Das Liedchen ist ohne Worte.

2. Das Liedchen ist wunderbar.
   Es ist fröhlich und traurig zugleich.
   Und dieses Liedchen kennen
   alle Fische auswendig.

3. Wenn das Liedchen beginnt,
   schwimmen alle Fische fort.

⟨7⟩ шýтка   Scherz, Spaß

Фóрточка 5

3 контрóльная рабóта   Klassen-, Kontrollarbeit   Они пишут контрóльную
                                                            рабóту.

Форточка

6 °капитули́ровать	aufgeben, kapitulieren	
я капитули́рую		
ты капитули́руешь		
они капитули́руют		
дура́к	Dummkopf	
°Ходи́ конём!	Zieh den Springer!	
гость	Gast	
7 сло́во *(Pl.* -á*)*	Wort	Каки́е слова́ говори́т попуга́й?

⟨10⟩ **Суперпопуга́й**

Говори́т попуга́й попуга́ю: Es spricht ein Papagei zu einem Papageien:
— Я тебя́, попуга́й, попуга́ю! „Ich werde dich, Papagei, erschrecken."
Отвеча́ет попуга́ю попуга́й: Es antwortet dem Papageien der Papagei:
— Попуга́й, попуга́й, попуга́й! „Schreck doch, schreck doch, Papagei!"

Э́то вы уже́ понима́ете

1	турни́р	Turnier	6	супертре́нер	Supertrainer
	орке́стр	Orchester	9	су́пер	Super-, Spitzen-

Фо́рточка 6

1	неда́вно	unlängst, vor kurzem
	°Ему́ сто́лько ме́сяцев, ско́лько мне лет.	Er ist so viele Monate alt, wie ich Jahre alt bin.

1 Сего́дня день рожде́ния *(стр. 161)*

Па́пе 24 го́да, а сы́ну два го́да.

2	°ри́мский	römisch	
3	секре́т	Geheimnis	У меня́ секре́т.
4	оригина́льный	originell	оригина́льный пода́рок
	Пу́шкин, Алекса́ндр Серге́евич	Alexander Sergejewitsch Puschkin *(russ. Dichter; 1799 bis 1837)*	
	у́лица Смирно́ва	Smirnowstraße	

Э́то вы уже́ понима́ете

1	почтальо́н	Brieftäger, Postbote
	телегра́мма	Telegramm
4	радиопрогра́мма	Radiosendung, Radioprogramm

⟨7⟩ Апре́ль, апре́ль — никому́ не верь! April, April (glaube niemandem)!
С пе́рвым апре́ля вас! April, April! *(spöttisch, wenn jemand in den April geschickt worden ist)*

Форточка 7

1	в шесть лет	mit sechs Jahren	
2	ю́ноша	(großer) Junge, Jüngling	
	°после́дний	letzte(-r, -s)	после́дний час
	зо́лото	Gold	
	°копа́ть/вы́копать	(um-, aus-) graben	
	за *(mit Akk.)*	für *(Preis, Wert)*	за эти де́ньги
	больши́е де́ньги	viel Geld	
	земля́ *(Akk.* зе́млю*)*	Erde, Boden	Они́ копа́ют зе́млю.
6	Иди́(те)!	Geh!/Geht!/Gehen Sie!	
	Принеси́(те)!	Bringe!/Bringt!/Bringen Sie!	
	Я — сейча́с!	Ich bin gleich wieder da!	
	а) °карти́нка *(Dimin. zu* карти́на*)*	Bildchen	
	в) одна́жды	einmal, eines Tages	Одна́жды они́ бы́ли в лесу́.

Это вы уже́ понима́ете		
6	рюкза́к (-а́, -у́, …)	Rucksack

7	некраси́вый	nicht schön, hässlich	
	гря́зный	schmutzig	гря́зная соба́ка; гря́зное окно́
	Незнако́мка	Unbekannte	
	°бежа́ть/побежа́ть	laufen, loslaufen	Соба́ка побежа́ла в лес.
	я бегу́		
	ты бежи́шь		
	они́ бегу́т		
	снача́ла	zuerst, zuvor, anfangs	
	понима́ть/**поня́ть**	verstehen	
	по́нял, -ла́, -ло; -ли		
	лу́чший	beste(-r, -s)	лу́чший друг
	хоте́ть/**захоте́ть**	möchten, wollen	
	глаз *(Pl.* глаза́*)*	Auge	

Форточка 8

1	официа́нтка	Kellnerin	Официа́нтка рабо́тает в рестора́не.
	шути́ть/**пошути́ть**	scherzen, spaßen	
2	де́вушка	*hier:* Verkäuferin	
3	не быва́ет (чего)	es gibt kein(-e, -en)	Не быва́ет городо́в без домо́в.
6	часы́ *(Pl.)*	Uhr	Мои́ часы́ стоя́т.
	чек	Kassenzettel, Bon; Scheck	Иди́ в ка́ссу за че́ком!
	за *(mit Instr.)*	nach *(vor Personen und Sachen, die man holt)*	У́тром я хожу́ за хле́бом.

Это вы уже́ понима́ете				
2	рома́н	Roman	6 витри́на	Vitrine, Schaufenster

8	продолжа́ть/ продо́лжить	weitermachen, fortfahren	
	по понеде́льникам, по вто́рникам, …	montags, dienstags,…	
9	°составля́ть/ соста́вить	zusammenstellen, bilden	
	предложе́ние	Satz	

Форточка 9

2а)	„Бе́лые но́чи"	die „Weißen Nächte"	
б)	переда́ча	Sendung, Übertragung *(Radio, Fernsehen)*	
4	число́ *(Pl.* чи́сла*)*	Zahl	
7	°дина́мовец (-вца, -вцу, …)	*Sportler des Sportklubs „Dynamo"*	
	°укра́л	*Präteritum zu* stehlen	Кто укра́л мои часы́?
	°вор	Dieb	Ты зна́ешь во́ра?

Форточка 10

⟨3⟩	доро́га	Weg, Straße	моя́ доро́га в шко́лу
5	пятёрка	(die) Fünf *(beste Zensur in der russ. Schule)*	
	четвёрка	(die) Vier	
	тро́йка	(die) Drei	
	дво́йка	(die) Zwei	
	микрорайо́н	Neubauviertel	
	райо́н	Bezirk, Stadtbezirk	
	ко́рпус	Gebäudetrakt	
	ре́чка *(Dimin. zu* река́*)*	Flüsschen	
	°в три ра́за быстре́е, чем …	dreimal schneller als …	
	„Спарта́к"	„Spartak" *(Sportclub)*	
	°У кого́ что боли́т, тот о том и говори́т.	*etwa:* Wem das Herz voll ist, dem fließt der Mund über.	

Форточка 11

1	нельзя́ *(mit Inf. des uv. Verbs)*	(man) darf nicht	Вам смотре́ть э́тот фильм нельзя́.
3	на́до	müssen, notwendig sein	Ему́ на́до бо́льше занима́ться.
6	язы́к	Zunge	
7	рабо́тник	Angestellter	
8	°фанта́стика	Science Fiction	
	°инопланетя́не *(Pl.)*	Außerirdische	
	челове́чек (-чка, -чку, …) *(Dimin. zu* челове́к*)*	Menschlein, Männchen	
	фиоле́товый	violett(farben)	
	Тьфу!	Pfui!	
	ведь	ja, doch	
	сон (сна, сну, …)	Traum, Schlaf	Она́ ча́сто ви́дит сны.

Это вы уже понимаете			
8 экземпля́р	Exemplar	плане́та	Planet
		анте́нна	Antenne

Форточка

Форточка 12

4	**че́рез** *(mit Akk.)*	nach, in *(zeitl.)*		че́рез год, че́рез неде́лю
	учи́ть	(er-)lernen		
	я учу́			
	ты у́чишь			
	они́ у́чат/			
	вы́учить			
	Бо́же мой!	Mein Gott!		
6	**в гостя́х**	zu Gast (sein)		

Это вы уже понимаете

1	пикни́к	Picknick	7	**А́зия**	Asien
4	катастро́фа	Katastrophe			

Textquellen

© Detskaja literatura, Sankt-Petersburg: S. 113 Больше не приходи! von A. Tolstikow aus Дружба; © Nedelja, 1992, Moskau: S. 80 Свой дом на своей земле; © Panorama, Moskau: S. 165 Макс и Рекс aus Забава, 1991; © Pedagogitscheskij institut im A. I. Gerzena, Sankt-Petersburg: S. 132 А жуки живут жужжа von S. Schtschukina aus Фонетические пяти-минутки, 1977; © Puschkin Verlag Köln: S. 175 Моя маленькая Москва von V. Alekseev, 1993; © Reclam Verlag, Leipzig, 1990: S. 63 Чудная картина aus Afanasij Fet, Gedichte; © Respublika, Moskau: S. 168 Чего без чего не бывает von M. Pjazkowskij aus Миша, 1988; © Russkij jazyk, Moskau: S. 51 Большая семья von N. Lutschinskij, 1984 und S. 152 Новый дом aus P. M. Baew Играем на уроках русского языка, 1989; © Sowjetskij pisatel, Moskau, 1960: S. 134 Тридцать лет спустя von M. Soschtschenko aus Рассказы и повести 1923–1956; © WAAP, Moskau: S. 85 В небо-дыра aus Izd. Malysch, 1986, S. 78 В январе von S. Marschak, S. 24 До свидания von Awia, S. 157 Любитель-рыболов von A. Barto/M. Starokodomskij, S. 43 Миленький ты мой, S. 85 Песенка крокодила Гены von A. Timofeewskij/B. Žainskij, S. 137 План Крыма aus Крым, Атлас туриста, 1987, S. 118 Подмосковные вечера von M. Matusowskij/Solowjow-Sedij.

Cartoons

© Izwestija Moskau: S. 180; © Krokodil S. 51 Heft 14, 1980, S. 126 Heft 10, 1991; © Politizdat, Moskau: S. 112 aus Женский календарь, 1985, S. 115 o. und m. aus Настольный календарь, 1978, S. 115 u. aus Настольный календарь, 1989, S. 142 aus Настольный календарь, 1987, S. 157 re. aus Календарь Спорт 91; © Russkij jazyk, Moskau: S. 131 re. aus 26 уроков по развитию речи 1975, S. 174 aus Корректир. курс русского языка, 1980; © Sowjetskij Sojus, 1990; © Sputnik 12, 1982;

Bildquellen

Photos von Ilja Medowoj außer: Archiv für Kunst und Geschichte, Berlin: S. 36. 5., S. 116 u. li. von R. Werbezahl; Arthotek, Preissenberg, S. 116 mi. li. Iwan IV von V. Wasnezow; Bayerische Staatsbibliothek, München, S. 116 li. o.; Bilderberg, Hamburg, S. 99.3 (Reiser), S. 126 o. (Kunz); Der Kinderbuchverlag, S. 92 aus „Löwen an der Ufertreppe", illustriert von Konrad Golz; dpa, Frankfurt, S. 36 1., 2., 3., 4.; P. Eising, München, S. 97 re. o.; IFA Bilderteam, München, S. 96 li. mi.; Nicolai Ignatiev, Focus, Hamburg, S. 64 re. o.; re. mi. u. S. 99.2; Izdatelstwo „Plakat", S. 75 li. o.; Izdatelstwo „Prawda", S. 75 u.; Izobrazitelnoe iskusstwo, S. 75 re. o., re. mi. o.; Janicek/Bavaria, S. 96 re. mi.; Janicke, München, S. 96 o., S. 99.1; Jürgens Ost und Europa Photo, Berlin, S. 37 1.–7., S. 54 u., S. 79, S. 86 re. o., re. mi., S. 87, S. 96 li. u., S. 97 li. o., li. u., S. 117 mi. o., mi. u., S. 119 mi., S. 122, S. 126 li. u., S. 140 re. mi., S. 170, S. 175; Keystone, Hamburg, S. 136 li. u.; E. Mamonow, 1852, S. 31 re. o.; Mauritius Bildagentur, Stuttgart, S. 169; The Miasnikowa Collection, Moskau, S. 116 li. mi. von A. M. Wasnezow; Museum of the History and Reconstruction of Moscow, S. 116 re. mi. von A. M. Wasnezow; Musik + Show, Nana Botsch, Hamburg, S. 24 re. u.; Nowosti Press Agency, Berlin, S. 35 re. mi., S. 42, S. 64 li. o., mi., li. u., mi. u., S. 117 mi., S. 119 o., mi., S. 126 re. u., S. 136 re. o., li. o., re. mi., li. mi., re. u.; Panorama, Moskau S. 75 li. mi.; Piper, Frankfurt a. M., S. 31 u. li. von Hans Fronius; Planeta, S. 75 mi. u. re.; Heinz Steenmans, Korschenbroich, S. 37 8., S. 85, S. 97 li. o., S. 100 o.; Superbild, München, all rights reserved by Bernd Ducke, S. 117 mi. o.; Verlag Junge Welt, S. 116 re. o. von A. M. Wasnezow und re. u. von K. F. Juon; VG Bild-Kunst, Bonn 1993, Edition Hazan, Paris, S. 82 Visum, Hamburg, S. 64 re. mi. o., S. 99.7 (Timm Rauter), S. 105, S. 117 u. (Rudi Meisel)

Alphabetische Wortliste

А

а aber, und; sondern Е1
а́вгуст August 6Б
авто́бус Autobus Е4
а́втор Autor, Verfasser 5В
Ага́! Aha! 1Г
а́дрес Adresse 10В
ай лю́ли *etwa:* la, la, la ⟨7Б⟩
Алло́? Hallo? *(am Telefon)* 1В
алфави́т Alphabet Е6
альбо́м Album А2
америка́нский amerikanisch 5В
ана́лиз Analyse 11Б
анги́на Angina 11А
англи́йский englisch 8Г
анекдо́т Witz, Anekdote 9В
°анке́та Fragebogen, Umfrage 5О
анте́нна Antenne А11
апельси́н Apfelsine, Orange 11Г
аппети́т Appetit 4Б
   Прия́тного аппети́та! Guten Appetit! 4Б
апре́ль April 6Б
   Апре́ль, апре́ль — никому́ не верь! April, April (glaube niemandem)! ⟨А6⟩
   С пе́рвым апре́ля вас! April, April! *(spöttisch, wenn jemand in den April geschickt worden ist)* ⟨А6⟩
а́рмия Armee 10О
архите́ктор Architekt(-in) Е6
астроно́м Astronom 10Б
лёгкая атле́тика Leichtathletik 5Б
афи́ша Aushang, Anschlagzettel 1А
Ах! Ach! *(drückt Verwunderung, Schrecken aus)* А1, 6А
аэро́бика Aerobik 5Б
аэропо́рт Flughafen А4

Б

ба́бушка Großmutter, Oma 2Б
бадминто́н Federball, Badminton Е5
бале́т Ballett 5Г
балко́н Balkon 3Б
баскетбо́л Basketball 5Б
баскетболи́ст Basketballspieler 5Б
баскетболи́стка Basketballspielerin 5Б
бассе́йн Bassin, Schwimmbad 3А
°Бах! Бух! Бац! Bum! Krach! Bauz! 6Г
ба́шня Turm 10А
бежа́ть laufen, rennen А7, 9Г
   Мы по ле́стнице бежи́м. Wir laufen die Treppe (hinauf). ⟨А3⟩
без ohne А2, 6Б
бе́лый weiß 9О
бе́рег Ufer, Küste 8Б

беспоря́док Unordnung 3Б
библиоте́ка Bibliothek Е3
бики́ни *(n.)* Bikini 12А
биле́т (Eintritts-)Karte, (Fahr-)Schein 2А
билья́рд Billard 11Г
бинт Binde 9Г
био́лог Biologe 2Б
биоло́гия Biologie 1Б
°блин (flacher) Pfannkuchen 8Б
блу́зка Bluse 9О
°одни́ богачи́ nur Reiche 12Г
Бо́же мой! Mein Gott! А12
боле́ть weh tun, schmerzen 5Г
   krank sein 11Г
   У кого́ что боли́т, тот о том и говори́т. *etwa:* Wem das Herz voll ist, dem fließt der Mund über. А10
больни́ца Krankenhaus 11А
больно́й krank 11А
бо́льше mehr 9Г
большо́й groß 3А
   большо́й па́лец Daumen; große Zehe 11Б
   Большо́е вам спаси́бо. Vielen Dank! Ich danke Ihnen vielmals. 6Г
больши́е де́ньги viel Geld А7
брат Bruder 2А
брать nehmen 8Б
броса́ть werfen, schleudern ⟨10Б⟩
бро́сить *vo.* werfen, schleudern ⟨10Б⟩
брю́ки *(Pl.)* Hose(n) 9О
бу́дет ist gleich *(math.)* 2О
   у нас бу́дет... wir werden haben... 4Г
буди́льник Wecker 8А
буди́ть wecken 4А
бу́ду ich werde 9Г
бу́дущий (zu)künftig 7В
Бу́дь(те) здоро́в(а; ы) Bleib/Bleibt/Bleiben Sie gesund! *(beim Niesen)* Lebe/Lebt/Leben Sie wohl! *(beim Abschied)* 11О
буке́т Blumenstrauß 7Г
бургоми́стр Bürgermeister(-in) 8Г
бутербро́д belegte Schnitte 4Б
буты́лка Flasche 4В
буфе́т Büfett, Erfrischungsraum А1
бу́хта Bucht 2Б
не быва́ет es gibt kein(-e, -en) А8
бы́стро schnell 8Г
   °в три ра́за быстре́е, чем... dreimal schneller als... А10
быть sein 7А
   у нас не́ было... wir hatten (besaßen) kein(-e, -en)... 7А
   у них был... sie hatten (besaßen)... 7А

°Их бы́ло двена́дцать. Es waren zwölf. 7Г
бюро́ Büro Е6

В

в in, an, nach, zu Е4; am 1Б; um *(Uhrzeit)* 4А
в гостя́х zu Gast (sein) А12
в день täglich, pro Tag А4
в ... лет mit ... Jahren А7, 10Б
°в три ра́за быстре́е, чем... dreimal schneller als ... А10
ваго́н Waggon, Eisenbahnwagen ⟨11В⟩
ва́нная Badezimmer 3Б
вариа́нт Variante А3
вверх nach oben, hinauf 11Б
вдруг plötzlich 7В
ведь ja, doch А11
°ве́жливый höflich 9Б
век Jahrhundert; Zeit(-alter) 8О
вели́кий groß; bedeutungsvoll 8Б
вели́к zu groß 9В
велосипе́д Fahrrad 5Б
   ката́ться на велосипе́де Rad fahren 5Б
велосипеди́ст Fahrradfahrer 5Б
велосипеди́стка Fahrradfahrerin 5Б
ве́рить glauben 12Г
   Апре́ль, апре́ль — никому́ не верь! April, April (glaube niemandem)! ⟨А6⟩
весёлый fröhlich, lustig, heiter 6В
ве́село fröhlich, lustig 6А
весна́ Frühling 6Б
весно́й im Frühling 6Б
°вестибю́ль Vorhalle, Vestibül 5В
весь, вся, всё; все ganz; alle 10В
ве́тер Wind 2Б
ве́чер Abend 4А; Abendveranstaltung 12Г
вече́рний abendlich, Abend- 12В
   вече́рний звон Abendgeläut ⟨4О⟩
ве́чером am Abend, abends 1А
ве́щи *(Pl.)* Sachen, Gepäck 6А
взволнова́ться *vo.* sich aufregen, beunruhigen 8А
взрыв Explosion, Detonation 11Г
взять *vo.* nehmen 8Б
видеосало́н Videosalon, Videoraum 5В
видеофи́льм Videofilm 2В
ви́деть sehen 5Г
°виктори́на Quiz, Frage-, Antwortspiel 8Г
°винегре́т Gemüsesalat 6Г

Alphabetische Wortliste

висе́ть hängen 1Б
витри́на Vitrine, Schaufenster A8
вку́сный schmackhaft, wohlschmeckend 4Б
вме́сте zusammen, gemeinsam E4
вниз abwärts, hinunter, nach unten 11Б
внук Enkel 7A
вода́ Wasser 4Б
во́дка Wodka 8Г
вокза́л Bahnhof E3
волейбо́л Volleyball E5
волейболи́ст Volleyballspieler 2Б
волейболи́стка Volleyballspielerin 5Б
волк Wolf 1В
волнова́ться sich aufregen, beunruhigen 8A
во́лос Haar 9Б
вообще́ überhaupt 12Г
вопро́с Frage E5
  Что за вопро́с! Was für eine Frage! E5
°вор Dieb A9
°во́рон Rabe 7Б
ворочать bewegen; verfügen ⟨6В⟩
восемна́дцатый achtzehnte 3В
восемна́дцать achtzehn 2O
во́семь acht 2O
воскресе́нье Sonntag 1Б
восто́к Osten 2Б
восьмо́й achte 3В
вот hier, da E4
  Вот они́. Da sind sie. E4
вперёд vorwärts, nach vorn ⟨10Б⟩, 11Б
врач Arzt, Ärztin 11A
вре́мя (n.) Zeit 5O
вре́мя го́да Jahreszeit 7Б
всё вре́мя die ganze Zeit 5O
свобо́дное вре́мя Freizeit 5O
все alle 1A
всегда́ immer 2В
всего́ хоро́шего alles Gute 6Б
всё 3A
всё (ещё) immer (noch) A3; dauernd 11A
всё вре́мя die ganze Zeit 5O
всё да́льше immer weiter 9Г
  К чему́ ей всё э́то? Wozu braucht sie das alles? 3Б
всё равно́ sowieso; egal 9Г
встава́ть aufstehen 4A
встать vo. aufstehen 7В
встре́титься vo. sich treffen, begegnen 12A
встреча́ться sich treffen, begegnen 5A
всяк jeder ⟨6В⟩
вся́кий jeder ⟨7Г⟩
вто́рник Dienstag 1Б
  по вто́рникам dienstags A8
второ́й zweite(-r, -s) 3В
вчера́ gestern 7A
вы ihr; Sie E4
выбира́ть (aus-)wählen, aussuchen 8Б

вы́брать vo. (aus-)wählen, aussuchen 8Б
вы́глядеть aussehen 9Б
вы́йти vo. hinausgehen; aussteigen 10Б
выклева́ть aushacken ⟨7Г⟩
°вы́копать vo. (um-, aus-)graben A7
Вы́пьем за…! Trinken wir auf…! Lasst uns auf … trinken! 6Г
высо́кий hoch, hoch gewachsen, groß 8Б
°Без труда́ не вы́тащишь и ры́бку из пруда́. Ohne Fleiß kein Preis. (wörtl.: Ohne Anstrengung ziehst du auch nicht ein Fischlein aus dem Teich.) 5В
вы́учить vo. lernen, erlernen A12
выходи́ть hinausgehen; aussteigen 10Б

Г

газе́та Zeitung A3, 3Г
галере́я Galerie 10A
гандбо́л Handball ⟨2В⟩, 5Б
°гвоздь Nagel 6Г
где wo E5
  Где они́? Wo sind sie? E5
геогра́фия Geographie 1Б
гид Fremden-, Reiseführer(-in) E3
гимна́стика Gymnastik, Turnen 5Б
гита́ра Gitarre 2В
гитари́ст Gitarrist 2Б
гитари́стка Gitarristin 5Б
гла́вный hauptsächlich, wesentlich, Haupt- 8O
глаз Auge A7, ⟨7Г⟩, 9Б
глухо́й taub 9Г
говори́ть sprechen, reden 1A
°У кого́ что боли́т, тот о том и говори́т. etwa: Wem das Herz voll ist, dem fließt der Mund über. A10
  Что мно́го говори́ть! Wozu viel reden! 7Г
год Jahr 2A
  С Но́вым го́дом! Frohes neues Jahr! 6O
голла́ндский holländisch 8Г
голова́ Kopf 9Б
°го́лод Hunger, Hungersnot 10Г
голо́дный hungrig 4В
голубо́й blau, himmelblau 9O
гора́ Berg 12Б
го́рло Hals; Kehle; Gurgel; Rachen 11A
го́род Stadt E3
°горчи́чник Senfpflaster 11A
гости́ная Wohnzimmer, Gästezimmer 3Б
гости́ница Hotel, Gasthof 10A
гость Gast A5, 6A
  в гостя́х zu Gast (sein) A12
госуда́рственный staatlich, Staats- 10A
гото́вить zubereiten, kochen 4A

гото́виться sich vorbereiten 5A
грамма́тика Grammatik 10Б
°гриб Pilz 7Б
грипп Grippe 2В
гру́ппа Gruppe 1A
гру́стный traurig 9Г
°гру́ша Birne; Birnbaum 7Б
гря́зный schmutzig A7
гуля́ть spazieren gehen 3A

Д

да ja E3, und (oft lit.) 7Г
°В тесноте́, да не в оби́де. In Enge, aber nicht in Zwietracht. 3Г
Дава́й(те)…! Lass(t) uns…!/ Lassen Sie uns…!/Wollen wir …!/Na los! E5
дава́ть geben 2A
давно́ längst, schon lange, seit langem 2A
да́же sogar 6Г
далеко́ weit (weg), weit entfernt 2Б
да́льше weiter 2O
дать vo. geben 7В
да́ча Landhaus, Sommerhaus, Datsche 3Г
два zwei 2O
двадца́тый zwanzigste(-r, -s) 3В
два́дцать zwanzig 2O
две zwei 3A
двена́дцатый zwölfte (-r, -s) 3В
двена́дцать zwölf 2O
°Их бы́ло двена́дцать. Es waren zwölf. 7Г
дверь (f.) Tür 3Б
дво́йка (die) Zwei A10
двор Hof 7В
в/на дворе́ draußen ⟨6Б⟩, 7Г
дворе́ц Palast, Schloss 8O
де́вочка (kleines) Mädchen 2A
де́вушка (junges) Mädchen A3, 5Б; Verkäuferin A8, 8Б
девятна́дцатый neunzehnte (-r, -s) 3В
девятна́дцать neunzehn 2O
девя́тый neunte(-r, -s) 3В
де́вять neun 2Б
де́душка Großvater, Opa 2Б
декабрь Dezember 6Б
де́лать tun, machen, handeln E5
де́лать уро́ки Hausaufgaben machen E5
де́ло Sache 6В
  Как дела́? Wie geht es? E2
день Tag 1A
день рожде́ния Geburtstag 5Г
в день täglich, pro Tag A4
де́ньги (Pl.) Geld A4, 12Б
больши́е де́ньги viel Geld A7
дере́вня Dorf 3A
деся́тый zehnte(-r, -s) 3В
де́сять zehn 2O
детекти́в Kriminalroman, Krimi; Detektiv 5Г
де́ти (Pl.) Kinder 3A
джи́нсы (Pl.) Jeans 9O

Alphabetische Wortliste

дзюдо́ Judo 5Б
диало́г Dialog E2
дива́н Couch, Sofa 3Б
°дина́мовец Sportler des Sport-
  clubs „Dynamo" A9
дире́ктор Direktor 1B
диске́та Diskette 5Б
дискоте́ка Diskothek 2B
дли́нный lang 9Б
для für A3, 6A
дневни́к Tagebuch; Aufgaben-
  heft 1Б
днём am Tage, tagsüber 4O
  С днём Восьмо́го ма́рта!
  Glückwünsche zum 8. März!
  6O
  С днём рожде́ния! Alles Gute
  zum Geburtstag! 6O
до bis, bis zu (zeitl. und räuml.)
  5A
  До но́вых встреч! Auf ein
  baldiges Wiedersehen! 1A
  До свида́ния! Auf Wiedersehen! 1A
до́брый gut; gutmütig 6Г
  Догада́лись? Habt ihr es
  erraten? ⟨A3⟩
до́ждик (Dimin.) Regen ⟨6Б⟩
дождь Regen 7Б
  дождь идёт (шёл) es regnet(e)
  7Б
до́ктор Doktor(-in), Arzt,
  Ärztin 11Б
до́лго lange 7B
дом Haus 3A
до́ма zu Hause E5
до́мик Häuschen 7Б
домово́й Hausgeist, Gespenst ⟨7B⟩
домо́й nach Hause E4
доро́га Weg, Straße ⟨A10⟩, 10B
дорого́й lieb, teuer 6A
доска́ (Schul-) Tafel; Brett 1Б
до́чка Töchterchen 7Г
дочь (f.) Tochter E6
дра́ма Drama 6Г
друг Freund 1A
друго́й andere(-r, -s) 6Г
дружи́ть befreundet sein 9Г
друзья́ (Pl.) Freunde 2A
°дуб Eiche 7Б
ду́ма hier: Erinnerung ⟨4O⟩
ду́мать denken, nachdenken 2B
дура́к Dummkopf A5
дуэ́ль (f.) Duell 10Б
дя́дя Onkel E2

E

е́здить fahren 11B
е́сли wenn, falls ⟨10Б⟩, 12B
есть essen 4Б
  у меня́ есть... ich habe,
  besitze... 2A
е́хать fahren E4
ещё noch E6

Ё

ёлка Tanne, Fichte;
  Weihnachtsbaum 6Б

Ж

жа́рко heiß 7Б
же denn, doch (zur Verstärkung
  des vorangehenden Wortes) 5Г
жела́ть wünschen 6Б
жена́ (Ehe-) Frau A4, 6Г
же́нский Frauen-, Damen- 6Б
же́нщина Frau 6Б
жёлтый gelb 9O
°жёлудь Eichel 7B
живо́т Bauch; Magen 11Б
жизнь (f.) Leben 8Г
жил-был es war einmal (Ein-
  leitung zu einem Märchen) 7Г
жить leben, wohnen E6
журна́л Zeitschrift 2Б
журнали́ст Journalist E6
журнали́стка Journalistin 5Б

З

за hinter 3A; für (Preis, Wert)
  A7; nach (vor Personen oder
  Sachen, die man holt) A8;
  anstelle von 10Г
  за столо́м bei Tisch 4A
  Вы́пьем за ... Trinken wir auf
  ...! Lasst uns auf ... trinken!
  6Г
  спаси́бо за ... Danke für ... 2Г
  °Что за фо́кусы? Was sind das
  für Mätzchen? Was soll das?
  11A
заболе́ть vo. krank sein/werden
  11Г
забыва́ть vergessen 8Б
забы́ть vo. vergessen 8Б
зави́довать beneiden, neidisch
  sein 11Г
заво́д Werk (Betrieb) 4Б
за́втра morgen 12A
за́втрак Frühstück 4A
за́втракать frühstücken 4A
загора́ть sich sonnen, braun
  werden 12A
загоре́ть vo. sich sonnen,
  sonnengebräunt sein 12A
закрича́ть vo. aufschreien,
  zu schreien beginnen A11
закрыва́ть schließen, zumachen
  11Б
закрыва́ться sich schließen, zu-
  gehen, geschlossen werden 10Б
закры́ть vo. schließen, zumachen
  11Б
закры́ться vo. sich schließen, zu-
  gehen, geschlossen werden 10Б
зал Halle, Saal 10Б
°замёрз (er) ist erfroren. 9Г
°Она́ замёрзла. Sie ist erfroren. 7Г
°за́навес Vorhang 6Г
занима́ться sich beschäftigen
  (mit); sich befassen (mit) 5Б
за́пад Westen 2Б
за́падный West-, westlich 10Б
запи́ска Notizzettel, (kurzer)
  Brief 1B
запла́кать vo. (los-)weinen 9Г

заплати́ть vo. bezahlen 8Б
зараба́тывать verdienen 12Б
зарабо́тать vo. verdienen 12Б
засмея́ться vo. (los-)lachen 8Г
  Заходи́(те)! Komm/Kommt/
  Kommen Sie herein! 3Б
захоте́ть vo. möchten, wollen
  A7, 12Г
звать (herbei) rufen; nennen
  ⟨7Г⟩
звони́ть (tel.) anrufen; klingeln
  11A
звоно́к Klingelzeichen, Klingel
  1Г
зда́ние Gebäude 3A
здесь hier 2A
здо́рово (umg.) toll,
  ausgezeichnet, prima E4
здоро́вый gesund 11O
здоро́вье Gesundheit 6Б
  Здра́вствуй(те)! Guten Tag! A1,
  3B
зелёный grün; unreif ⟨7Б⟩, 9O
земля́ Erde, Boden, Land ⟨6B⟩,
  A7
зима́ Winter 6Б
зимо́й im Winter 2Г
знако́миться kennen lernen, sich
  bekannt machen 12Б
знамени́тый berühmt, bekannt
  8Б
знать wissen, kennen E5
  Как тебя́ зову́т? Wie heißt du?
  E2
  Его́/Её зову́т... Er/Sie heißt
  ... 2A
зо́лото Gold A7
золото́й golden, Gold- 5Г
  золоты́е ру́ки geschickte Hände
  5Г
зуб Zahn 11Б

И

и und E1, auch, ebenfalls 1B
и ... и ... sowohl ... als auch
  ... 3A
игра́ Spiel 5A
игра́ть spielen E5
  игра́ть в бадминто́н Federball
  spielen E5
  игра́ть в волейбо́л Volleyball
  spielen E5
  игра́ть в ка́рты Karten spielen
  E6
  игра́ть в футбо́л Fußball
  spielen 1B
  игра́ть в ша́хматы Schach
  spielen A2, 5Б
  игра́ть на компью́тере ein
  Computerspiel machen 5Г
  игра́ть на пиани́но Klavier
  spielen 5B
иде́я Idee, Einfall 8A
идти́ gehen E4
  дождь идёт es regnet 7Б
  снег идёт es schneit 7Б
  Это ему́/ей идёт. Das steht
  ihm/ihr. 9A

·Иди́(те)! Geh!/Geht!/ Gehen Sie! A7, 7Г
из aus 2A
изве́стный bekannt, berühmt 8O
Извини́(те)! Entschuldige!/Entschuldigt! Entschuldigen Sie! 8Б
ико́на Ikone, Heiligenbild 3A
и́ли oder E4
и́мени (им.) namens, mit dem Namen (in Namen oft unübersetzt) 10Б
и́мя (n.) Name, Vorname E6
инжене́р Ingenieur(-in) E6
иногда́ manchmal, ab und zu 7B
°инопланетя́не (Pl.) Außerirdische A11
иностра́нец Ausländer 8Г
иностра́нный ausländisch, Fremd- 8Г
институ́т Institut, Hochschule E3
интервью́ Interview 4Б
интере́сно interessant 1A
интере́сный interessant 3A
интересова́ться sich interessieren, Interesse haben 5Б
информа́ция Information 10B
иска́ть suchen 5Б
°испа́нец Spanier 12Г
испа́нский spanisch 12Г
истори́ческий historisch, geschichtlich, Geschichts- 3A
исто́рия Geschichte 1Б
италья́нский italienisch 8Г
ию́ль Juli 6Б
ию́нь Juni 6Б

К

к zu, an 1B
к сожале́нию leider 5B
К чему́ ей всё э́то? Wozu braucht sie das alles? 3Б
кабине́т Fachraum, Arbeitszimmer 1Г
ка́ждый jede(-r, -s); alle 5B
как wie E2
Как дела́? Wie geht es? E2
Как добра́ться до... Wie kommt/gelangt man zu...? 10Б
Как и я. Wie ich auch. 2A
Как тебя́ зову́т? Wie heißt du? E2
°как раз genau passend 9B
кака́о Kakao 11Г
како́й was für ein(-e), welche(-r, -s) 3A
Како́го числа́? Am Wievielten? Wann? (Frage nach einem Datum) 6Б
календа́рь Kalender 5Г
кали́нка Schneeballstrauch ⟨7Б⟩
ка́менный steinern, Stein- 8Г
кана́л Kanal 2Б
кани́кулы (Pl.) (Schul-)Ferien 12A
капитали́ст Kapitalist 12Б

капита́н Kapitän 2Б
°капитули́ровать aufgeben, kapitulieren A5
капу́ста Kohl, Kraut 7Б
каранда́ш Bleistift 1Б
карате́ Karate 9Г
ка́рий (kastanien-)braun (von Augen, Pferden) 9Б
ка́рта (Spiel-), (Land-) Karte E6
карти́на Gemälde, Bild 3A
°карти́нка Bildchen A7
карто́шка Kartoffel(n) 4Б
ка́сса Kasse, Kassenschalter 5B
кассе́та Kassette 2A
кассе́тник Kassettenrekorder 1Б
катастро́фа Katastrophe A12
ката́ться fahren, sich fortbewegen 8A
ката́ться на велосипе́де Rad fahren 5Б
ката́ться на конька́х Schlittschuh laufen 5Б
ката́ться на ло́дке Boot fahren 7A
ка́тер Kutter; Ausflugsschiff 8Б
кафе́ Café, Kaffeehaus 5O
ка́шель Husten 11Б
квадра́т Quadrat A2
кварти́ра Wohnung; Quartier 3Б
ке́мпинг Camping 12B
килогра́мм Kilogramm, Kilo 4B
кино́ Kino E4
киноза́л Kinosaal, Zuschauerraum (im Kino) 5B
кинотеа́тр Kino E4
кио́ск Kiosk, Verkaufsstand A3, 10Б
Кио́ск рабо́тает. Der Kiosk ist geöffnet. A3
класс Klasse, Schulklasse 1Б
в одно́м кла́ссе in einer Klasse 2A
класси́ческий klassisch 5B
класть legen 9Г
клуб Klub, Klubhaus E3
кни́га Buch 1Б
ковёр Teppich ⟨6B⟩
когда́ wann, als, wenn 1A
ко́ккер-спа́ниель Cockerspaniel 3Г
ко́ла Cola 11A
коле́но Knie 11Б
кома́нда Mannschaft 5A
°командиро́вка Dienstreise 8Г
коми́ссия Kommission 10Г
ко́мната Zimmer 3Б
композ́итор Komponist 9Г
компо́т Kompott (Saft mit Früchten) 4Б
компре́сс Kompresse, Umschlag 11A
компью́тер Computer 5O
игра́ть на компью́тере ein Computerspiel machen 5Г
компью́терный Computer- 5Г
коне́ц Ende 9Г

коне́чно natürlich, gewiss 1A
°Ходи́ конём! Zieh den Springer! A5
контро́льный Kontroll- 11A
контро́льная рабо́та Klassen-, Kontrollarbeit A5
конфе́та Bonbon, Praline, ein Stück Konfekt 6A
конце́рт Konzert 1A
конце́ртный Konzert- 10Б
конча́ться zu Ende gehen, enden, zu Ende sein 5A
°Хорошо́ то, что хорошо́ конча́ется. Ende gut, alles gut. 5A
°ко́нчиться vo. zu Ende gehen, enden, zu Ende sein 12Б
°копа́ть (um-, aus-)graben A7
кора́бль Schiff 8O
коридо́р Korridor, Flur 1A
кори́чневый braun 9O
коро́ва Kuh 12Г
коро́ткий kurz 9Б
ко́рпус Gebäudetrakt A10
ко́смос Kosmos 5B
костёр Lagerfeuer 7B
костю́м Anzug, Kostüm 9O
кот Kater 3A
котле́та Bulette, Frikadelle 4Б
кото́рый der, die, das; die (Rel. pron.) 7Б
Кото́рый час? Wie viel Uhr/Wie spät ist es? 4O
ко́фе (m.) Kaffee 4Б
ко́шка Katze 6Г
°Кошма́р! Grässlich! Schrecklich! 11B
краси́вый schön, hübsch 3A
°красне́ть erröten, rot werden 11Г
кра́сный rot 9O
в краю́ родно́м in der Heimat ⟨4O⟩
кремль Kreml, Festung E3
°крепостно́й Festungs- 8Б
кре́пость (f.) Festung 8O
кре́сло Sessel 3Б
крест Kreuz 10Г
крик Schrei, Ruf 9Г
кри́кнуть vo. schreien, rufen 9Г
крича́ть schreien, rufen 9Г
кро́ме того́ außerdem 11B
круи́з Kreuzfahrt 12Б
кто wer E1
ку́бик Würfel ⟨10Б⟩
куда́ wohin E4
кузи́на Cousine 2Б
кузне́ц Schmied ⟨6B⟩
°кули́ч (hoher, zylinderförmiger) Osterkuchen 6Б
купа́ться baden 12A
купи́ть vo. (ein-)kaufen 8A
ку́рица Huhn 4Б
куро́рт Kurort, Bad 2Б
кусо́к Stück (Teil eines Ganzen) 4B
ку́хня Küche 3A

Alphabetische Wortliste

Л

ла́герь Lager 12Б
ла́дно O.K., einverstanden 8A
ла́мпа Lampe 3Б
ла́сточка Schwalbe ⟨7Г⟩
ле́вый linke(-r, -s) 11Б
лежа́ть liegen 1Б
  лежа́ть на со́лнце in der Sonne liegen, sonnenbaden 5Б
лени́вый faul, träge 9Б
лес Wald 7A
  Мы по ле́стнице бежи́м. Wir laufen die Treppe (hinauf). ⟨A3⟩
лет Jahre 2A
  °Ему́ сто́лько ме́сяцев, ско́лько мне лет. Er ist so viele Monate alt, wie ich Jahre alt bin. A6
ле́тний Sommer-, sommerlich 12A
ле́то Sommer 6Б
ле́том im Sommer 2Г
лечь *vo.* sich hinlegen, niederlegen; schlafen legen 11Г
лёгкий leicht 5Б
  лёгкая атле́тика Leichtathletik 5Б
лёд Eis 4Г
ли́бо ... ли́бо entweder ... oder ⟨7Г⟩
лимона́д Limonade 4Б
литерату́ра Literatur 1Б
литр Liter 4B
лицо́ Gesicht 11Б
ли́шний übrig, überzählig, überflüssig 10B
лови́ть fangen 4Г
ло́дка Boot 7A
  ката́ться на ло́дке Boot fahren 7A
ложи́ться sich hinlegen, niederlegen; schlafen legen 11Г
°**лук** Zwiebel(n) 7Б
лу́на-па́рк Vergnügungspark 10A
лу́чше besser A3, 7A
лу́чший beste(-r, -s) A7, 12Г
°**льди́на** Eisscholle 9Г
люби́ть lieben, mögen 1A
любо́вь *(f.)* Liebe ⟨9Д⟩
лю́ди *(Pl.)* Menschen, Leute 6Б

М

магази́н Geschäft, (Kauf-)Laden 3A
маги́ческий magisch, Zauber- A2
май Mai 6Б
ма́йка *(ärmelloses)* Sporthemd, T-Shirt 9O
мал zu klein 9B
ма́ленький klein 3A
мали́нка Himbeere; Himbeerstrauch ⟨7Б⟩
ма́ло wenig 7Г
ма́льчик Junge A2, 2A
ма́ма Mutti, Mama E4
мане́ры Manieren, Benehmen 10Г
ма́рка (Brief-)Marke; Mark 5Б
март März 6Б
матема́тика Mathematik 1Б
матрёшка Matrjoschka 8Б
матро́с Matrose 8Г
мать *(f.)* Mutter E6
маши́на Maschine; Auto 3Г
медсестра́ Krankenschwester 11Б
°**мемориа́льный ко́мплекс** Gedenkstätte 8Г
меня́ зову́т... ich heiße... E2
меня́ть tauschen, umtauschen, eintauschen 3Г
ме́сто Platz, Ort; Sitzplatz 3A
ме́сяц Monat 6Б
  °Ему́ сто́лько ме́сяцев, ско́лько мне лет. Er ist so viele Monate alt, wie ich Jahre alt bin. A6
металли́ческий metallisch, Metall- 11Г
метро́ Metro, U-Bahn 10A
мечта́ Wunschtraum 3Б
мечта́ть tagträumen, schwärmen 9Б
мёртвый tot 10Г
микрорайо́н Neubauviertel A10
ми́нус minus 2O
мир Erde, Welt; Frieden 10A
мно́гие *(Pl.)* viele 10Г
мно́го viel 3Г
мо́да Mode 10Г
мо́жет(быть) vielleicht 6A
мо́жно man kann, man darf 7Б
  °**мо́жно мне ...?** darf ich.../kann ich...? 7Г
мой, моя́, моё; мои́ mein (-e) 1Б
°**молоде́ц** Prachtkerl 12Б
молодо́й jung 3A
  молодо́й челове́к junger Mann 3Г
молоко́ Milch 4Б
°**молото́к** Hammer 6Г
моне́та Münze 5Б
мо́ре Meer, die See 2Б
°**морж** Walroß; Bezeichnung für Eisbader 5B
моро́женое (Speise-)Eis 4Б
моро́з Frost 7Г
морско́й Meer(es)-, See- 10A
москви́ч Moskauer *(Einwohner von Moskau)* 10A
москви́чка Moskauerin 10B
мост Brücke 8O
мочь können, imstande sein 5A
муж (Ehe-)Mann 6Г
мужчи́на Mann 6Б
музе́й Museum E3
му́зыка Musik E5
музыка́льный musikalisch, Musik- 5B
мы wir E4
  мы с Ви́кой Wika und ich 4Г
мя́у! Miau! 6Г

Н

на auf, in, nach, an, zu E4
На здоро́вье! Zum Wohl! Prost! 6Г
на у́лице draußen 7Б
наве́к für immer ⟨4O⟩
наве́рно(е) wahrscheinlich, wohl 3A
наводи́ть bringen ⟨4O⟩
над über *(räuml.)* 3Б
надева́ть anziehen; aufsetzen 9B
наде́ть *vo.* anziehen; aufsetzen 9B
на́до müssen, notwendig sein A11, 11A
наза́д zurück, (nach) rückwärts ⟨10Б⟩, 11Б
назва́ться *vo.* genannt werden, heißen, sich nennen 8O
называ́ться genannt werden, heißen, sich nennen 8O
наконе́ц endlich, schließlich 4A
нале́во nach links, zur linken Seite 10Б
написа́ть *vo.* (auf-)schreiben 7B
напра́во nach rechts, zur rechten Seite 10Б
наприме́р zum Beispiel 5Б
напро́тив gegenüber 8Б
нарисова́ть *vo.* zeichnen 7B
на́сморк Schnupfen 11Б
насто́льный Tisch- 5Б
  насто́льный те́ннис Tischtennis 5Б
научи́ться *vo.* lernen, studieren 10Б
находи́ться sich befinden; liegen 5A
национа́льный national, National- 12Б
нача́ло Anfang, Beginn *(zeitl. und räuml.)* 8O
нача́ть *vo.* anfangen, beginnen 8A
начина́ть anfangen, beginnen 8A
начина́ться anfangen, beginnen 5A
наш, на́ша, на́ше; на́ши unser(-e) 6A
не nicht, kein(-e) E3
не быва́ет es gibt kein(-e, -en) A8
  у нас не́ было... wir hatten (besaßen) keine(-e, -en)... 7A
не́бо Himmel ⟨9Д⟩, ⟨10Б⟩
небольшо́й klein, gering 8B
неда́вно unlängst, vor kurzem A6
недалеко́ nicht weit, nahe 2Б
неде́ля Woche 11A
незнако́мка Unbekannte A7
неизве́стный unbekannt, nicht berühmt 8O
неинтере́сно uninteressant 3A
неинтере́сный uninteressant 8Б

Alphabetische Wortliste

не́которые einige, manche 6Б
некраси́вый hässlich, unschön А7, 8В
нельзя́ man darf nicht А11, 11А
неме́цкий deutsch 5В
неме́цкий язы́к deutsche Sprache, Deutsch 1Б
немно́го etwas, ein wenig, ein bisschen 9Б
ненорма́льный unnormal А9, 11Б
непло́хо ganz gut, nicht schlecht 1Г
неплохо́й ganz gut, befriedigend 8В
непра́вильно falsch, unrichtig 1Г
нет nein Е3, ist nicht, 2А
нехоро́ший nicht gut, ungut 8В
нехорошо́ nicht gut, unschön 3Б
ни ... ни weder ... noch 12Б
ни́зкий niedrig 8Б
Апре́ль, апре́ль — никому́ не верь! April, April (glaube niemandem)! ⟨А6⟩
Э́то ничего́. Das macht nichts. 3В
ничьи́ niemandes, niemandem, niemanden ⟨6А⟩
но aber Е4
новгоро́дский Nowgoroder 3А
новосе́лье Einzug in eine neue Wohnung; Einzugsfeier 6О
С новосе́льем! Alles Gute zum Einzug in die neue Wohnung! 6О
но́вый neu 3А
Но́вый год Neujahr 6О
С Но́вым го́дом! Frohes neues Jahr! 6О
нога́ Bein; Fuß 11Б
нож Messer 10Г
но́мер Nummer 2Б
°**но́рка** Nerz 12Г
норма́льно normal, O.K., ganz gut Е2
нос Nase 1Г
ноя́брь November 6Б
нра́виться gefallen 9А
ну nun, na Е2
Ну и что? Na und? А1, 7В
ну́жен, нужна́, ну́жно; нужны́ brauchen 12В
ня́ня Kinderfrau 10Б

О

о von, über 1А
о себе́ (refl.) über sich/mich/dich/uns/euch А2, 3В
обе́д Mittagessen 4А
обе́дать (zu) Mittag essen 4А
°**В тесноте́, да не в оби́де.** In Enge, aber nicht in Zwietracht. 3Г
обма́нывать betrügen, täuschen 11Г
обману́ть vo. betrügen, täuschen 11Г
образе́ц Beispiel, Muster 3В

о́бувь (f.) Schuhe 12Б
обы́чно gewöhnlich 5О
объявле́ние Anzeige, Aushang 3Г
обяза́тельно unbedingt, bestimmt 8А
о́вощи Gemüse 7Б
Ого́! Oho! (drückt Verwunderung aus) 11А
огоро́д (Gemüse-)Garten 7Б
°**огуре́ц** Gurke 6Г
оде́жда Kleidung, Kleider 9А
оди́н eins 2О
оди́н, одна́, одно́; одни́ allein 5Б
одни́ богачи́ nur Reiche 12Г
оди́надцатый elfte(-r, -s) 3В
оди́ннадцать elf 2О
одна́жды einmal, eines Tages А7, 7Г
одни́м сло́вом mit einem Wort, kurzum 9Б
в одно́м кла́ссе in einer Klasse 2А
о́зеро (der) See Е3
Ой! Oi! Ach! O weh! Au! (drückt Verwunderung, Schrecken oder Schmerz aus) 3А
окно́ Fenster 3Б
октя́брь Oktober 6Б
октя́брьский Oktober- 10О
он er Е4
она́ sie (3. Pers. Sg.) Е4
они́ sie (3. Pers. Pl.) Е4
оно́ es Е5
опа́сный gefährlich 9Г
о́пера Oper 10Б
оптими́ст Optimist ⟨9Д⟩
опя́ть wieder, wiederum 1Г
ора́нжевый orange(farben) ⟨9Д⟩
организова́ть uv. und vo. organisieren, veranstalten, unternehmen 12Г
оригина́льный originell А6
орке́стр Orchester А5
о́сень (f.) Herbst 6Б
о́сенью im Herbst 7Б
осма́тривать besichtigen 12Б
осмотре́ть vo. besichtigen 12Б
основа́тель (Be-)Gründer 10А
основа́ть vo. gründen, errichten 8О
осно́вывать gründen, errichten 8О
осо́бенно besonders 9В
остано́вка Haltestelle 10Б
°**Осторо́жно!** Vorsichtig! Vorsicht! 3В
осторо́жный vorsichtig, behutsam 9Г
о́стров Insel 8О
о́стров чуде́с Insel der Wunder 12Г
от von 2Б
отве́т Antwort 10Г
отве́тить vo. antworten 7В
отвеча́ть antworten 2Г
отдохну́ть vo. sich ausruhen, erholen 10В

отдыха́ть sich ausruhen, sich erholen Е5
оте́ц Vater Е6
открыва́ть öffnen 6Б
откры́ть vo. öffnen 7В
откры́тка (Post-, Ansichts-)Karte 5Б
отку́да woher А12, 12В
о́тпуск Urlaub 12Б
о́тчество Vatersname Е6
официа́нтка Kellnerin А8, 8Б
Ох! Ach! O weh! 1Г
°**о́хать** ächzen, seufzen 11Г
°**о́хнуть** vo. ächzen, seufzen 11Г
о́чень sehr 1А
о́тчий дом Vaterhaus ⟨4О⟩
оши́бка Fehler ⟨10Б⟩

П

па́дать fallen ⟨7Г⟩, 11Г
°**па́дчерица** Stieftochter 7Г
пала́тка Zelt 12Б
па́лец Finger; Zehe 9Г
пальто́ Mantel 9В
па́мятник Denkmal 8О
па́па Papa, Vati Е1
па́почка Papi, Vati 9В
парк Park Е3
па́сха Osterfest, Ostern 6О
С Па́схой! Frohe Ostern! 6О
пацие́нт Patient 11Б
пе́рвый erste(-r, -s) 3В
С пе́рвым апре́ля вас! April, April! (spöttisch, wenn jemand in den April geschickt worden ist) ⟨А6⟩
пе́ред vor 3Б
переда́ча Sendung, Übertragung (Radio, Fernsehen) А9
перее́хать vo. umziehen, übersiedeln 10Б
переме́на Pause (in der Schule) 1В
перепи́сываться einander schreiben, im Briefwechsel stehen 5Б
Перескажи́(те)! Erzähle (Erzählt) nach! 7Г
пе́сня Lied 1А
петербу́ргский Petersburger 8Б
петь singen 7В
пешко́м zu Fuß ⟨10Б⟩, 11Б
пиани́но Klavier 5Б
игра́ть на пиани́но Klavier spielen 5В
пиани́ст Pianist 5Б
пиани́стка Pianistin 5Б
пиджа́к Jacke, Jackett 9В
пикни́к Picknick 12Б
писа́тель Schriftsteller 10В
писа́ть schreiben 4А
письмо́ Brief 2Г
пи́шет schreibt (3. Pers. Sg.) 1В
пить trinken 4Б
пла́вать schwimmen 5Б
пла́кать weinen 9Г
план Plan, Grundriss А3, 8Б

Alphabetische Wortliste

планéта Planet A11
платИ́ть bezahlen 8Б
плáтье Kleid 9О
плóхо schlecht 1A
плохóй schlecht, schlimm 4В
плóщадь *(f.)* Platz 10A
плюс plus 2О
пляж Strand, Badestrand 12A
по durch, in … umher 4A; jeweils, je ⟨3B⟩
Э́то не по мне. Das ist nichts für mich. 5Г
по-мóему meiner Meinung nach, meines Erachtens 9В
по понедéльникам, по втóрникам, … montags, dienstags, … A8
побежáть laufen, rennen A7, 9Г
°пóвар Koch 8Г
повéрить *vo.* glauben 12Г
Поверни́(те)! Biege/Biegt/ Biegen Sie ab! 10Б
погóда Wetter 2Г
прогнóз погóды Wettervorhersage 2Г
погуля́ть *vo.* (einige Zeit) spazieren gehen 8A
под unter 3Б
подáрок Geschenk 5Г
подрýга Freundin 1A
°подснéжник Schneeglöckchen 7Г
подýмать *vo.* denken; nachdenken, überlegen 8Б
подъéзд Eingang, Aufgang *(eines Gebäudes)* E6
Поéдем! Lasst uns fahren! Fahren wir! E4
пóезд Zug ⟨11В⟩
поéздка Fahrt, Reise 12Б
поéхать *vo.* (los-)fahren 12A
пожáлуйста bitte (sehr) 3Б
пожелáть *vo.* wünschen 10В
позави́довать *vo.* beneiden, neidisch sein 11Г
позвони́ть *vo.* anrufen, klingeln 11A
поздравля́ть gratulieren, beglückwünschen 6Б
познакóмиться *vo.* kennen lernen sich bekannt machen 12Б
Пойдём! Lasst uns gehen! Gehen wir! E4
пойти́ *vo.* (los-)gehen 12A
Покá! Bis bald! E2
показáть *vo.* zeigen 8A
покáзывать zeigen 1В
покатáться *vo.* (eine Zeitlang) fahren, sich fortbewegen 8Б
покраснéть *vo.* erröten 11Г
покупáть (ein-)kaufen 8A
пол Fußboden 3Б
поли́тика Politik 12Г
пóлка Bücherbrett, Regal, Schrankfach 3Б
°пóлный voll; mollig, korpulent 9Б
положи́ть *vo.* (hin-)legen 9Г

Положи́(те)! Lege/Legt/ Legen Sie! 3Б
получáть erhalten, bekommen 6Б
получи́ть *vo.* erhalten, bekommen 7Б
пóльский polnisch 10Г
поля́к Pole 10Г
°поля́рный Polar- 12Б
помидóр Tomate 7Б
пóмнить (sich) erinnern 11Г
помогáть helfen, Hilfe leisten 2A
помóчь *vo.* helfen, Hilfe leisten 7В
понедéльник Montag 1Б
по понедéльникам montags A8
понимáть verstehen, begreifen 3Г
понрáвиться *vo.* gefallen 9A
поня́ть *vo.* verstehen, begreifen A7, 9Г
попугáй Papagei 3A
популя́рный populär 10A
порт Hafen 2Б
портрéт Porträt, Bild 1Г
пóсле nach 4A
послéдний letzte(-r, -s) A7, 12Г
послóвица Sprichwort ⟨7Г⟩
послýшать *vo.* (zu-)hören, (an-)hören 8A
посмотрéть *vo.* (an-)schauen, (an-)sehen 7В
Посмотри́(те)! Sieh! Schau!/ Seht! Schaut!/Sehen Sie! Schauen Sie! 3A
поспеши́ть *vo.* sich beeilen 11В
постáвить stellen, auflegen 11A
Постáвь(те)! Stelle!/Stellt!/ Stellen Sie! 3A
постóить *vo.* (er-)bauen 7В
посчитáть *vo.* zählen 8A
потóм dann, danach, später 4A
потомý deshalb, deswegen 9Г
потомý что weil, da 2Г
поýжинать *vo.* (zu) Abend essen, Abendbrot essen 10В
°похóд Wanderung, Ausflug 11В
похóжий ähnlich 9В
поцеловáть *vo.* küssen 8A
почемý warum 2Г
пóчта Post E3
почтальóн Briefträger, Postbote A6
почти́ beinahe, fast 4Б
пошути́ть *vo.* scherzen, spaßen A8, 11Г
поэ́т Poet, Dichter 10Б
поэ́тому deshalb, darum, deswegen 9Г
прав, -á, -о; -ы recht haben 9В
прáвда Wahrheit 12Г
прáвило Regel ⟨10Б⟩
прáвильно richtig 1Г
прáвый rechte(-r, -s) 9Г
прáздник Feiertag, Feier, Fest 6О
прáздничный Fest-, Feiertags- 7В
прáздновать feiern, (festlich) begehen 6Б

предложéние Satz A8
прекрáсный (wunder-)schön, herrlich; ausgezeichnet, vortrefflich 7Б
при zur Zeit, unter 10О
Привéт! Hallo! Grüß dich!/ Grüß euch! E1
пригласи́ть *vo.* einladen 6В
пригласи́ть в гóсти zu Gast laden, einladen 6В
приглашáть einladen 6Г
приготóвить *vo.* zubereiten, kochen 7В
приезжáть kommen, ankommen 12О
приéхать *vo.* kommen, ankommen 12О
прийти́ *vo.* kommen, ankommen 7В
Принеси́(те)! Bringe!/Bringt!/ Bringen Sie! A7, 7Г
прирóда Natur 7Б
приходи́ть kommen, ankommen 4A
Прия́тного аппети́та! Guten Appetit! 4Б
провИ́нция Provinz 1A
провести́ *vo.* verbringen 12Б
проводи́ть verbringen 12Б
°проглáтывать verschlucken 11Г
°проглоти́ть *vo.* verschlucken 11Г
прогнóз погóды Wettervorhersage 2Г
прогрáмма Programm 4В
прогýлка Spaziergang 12Г
продавáть verkaufen 10В
продáть *vo.* verkaufen 10В
продолжáть weitermachen, fortfahren A8
продóлжить *vo.* weitermachen, fortfahren A8
продýкты Lebensmittel A4
пропускáть auslassen, durchlassen ⟨10Б⟩
пропусти́ть *vo.* auslassen, durchlassen ⟨10Б⟩
проспéкт breite und lange Straße 8О; Prospekt 12Б
реклáмный проспéкт (Werbe-) Prospekt 12Б
прости́ться sich verabschieden ⟨4О⟩
прóтив gegenüber A3; gegen 10Б
профéссор Professor(-in) E6
прочитáть *vo.* (durch-)lesen 7В
°Прощáй(те)! Leb/Lebt/Leben Sie wohl! 12Г
°Без трудá не вы́тащишь и ры́бку из прудá. Ohne Fleiß kein Preis. *(wörtl.:)* Ohne Anstrengung ziehst du auch nicht ein Fischlein aus dem Teich.) 5В
пря́мо geradeaus; direkt 3Б
пти́ца Vogel 7Б
пункт Punkt; Stelle ⟨10Б⟩

двéсти пятьдеся́т три 253

Alphabetische Wortliste

путеше́ствие Reise 12Б
путёвка Ferienplatz; Reisegutschein 12А
°пу́шка Kanone 8Б
пюре́ Püree 4Б
пятна́дцатый fünfzehnte(-r, -s) 3В
пятна́дцать fünfzehn 2О
пя́тница Freitag 1Б
пятёрка (die) Fünf A10
пя́тый fünfte(-r, -s) 3В
пять fünf 2О

Р

рабо́та Arbeit 2Г
  контро́льная рабо́та Klassen-, Kontrollarbeit A5
рабо́тать arbeiten E5
  Кио́ск рабо́тает Der Kiosk ist geöffnet. A3
рабо́тник Angestellter A11
ра́дио Radio, Funk, Rundfunk E6
радиопрогра́мма Radioprogramm ‹2В›, ‹А6›
радиоста́нция Rundfunksender 10А
раз eins (beim Zählen) ‹A3›, mal, Mal 11А
°в три ра́за быстре́е, чем... dreimal schneller als... A10
разбуди́ть vo. wecken 8А
разгова́ривать sich unterhalten, sprechen 9Б
разгово́р Gespräch, Unterhaltung 9Б
раздева́ть ausziehen, entkleiden 11Г
разде́ть vo. ausziehen, entkleiden 11Г
ра́зный verschieden ‹11В›
разруша́ть zerstören, zunichte machen 10О
разру́шить vo. zerstören, zunichte machen 10О
райо́н Bezirk, Stadtbezirk A10
ра́ньше früher 7А
расписа́ние Stundenplan; Verzeichnis 1Б
расска́з Erzählung 1Г
рассказа́ть vo. erzählen 7Г
  Расскажи́(те)! Erzähle!/Erzählen Sie! 3В
расска́зывать erzählen E6
расти́ wachsen, groß werden 7Б
ребя́та Kinder, junge Leute (auch als Anrede) E4
револю́ция Revolution 10О
результа́т Ergebnis, Resultat ‹2В›, 5О
резюме́ Resümee, Zusammenfassung 11Г
река́ Fluss E3
рекла́мный проспе́кт Werbeprospekt 12Б
ремо́нт Reparatur; Renovierung 11В
рестора́н Restaurant 4А

реце́пт Rezept 11А
ре́чка Flüsschen A10
реша́ть (sich) entscheiden, (sich) entschließen, beschließen; lösen 8Б
реши́ть vo. (sich) entscheiden, (sich) entschließen, beschließen; lösen 8Б
°ри́мский römisch A6
рис Reis 4Б
рисова́ть zeichnen 5А
рису́ет zeichnet (3. Pers. Sg.) 1Г
рису́нок Zeichnung 8В
ро́дина Heimat 5В
роди́тели Eltern 11Г
роди́тель Vater (veraltet), Erzeuger ‹3В›
роди́ться vo. geboren werden 10Б
  в краю́ родно́м in der Heimat ‹4О›
рожда́ться geboren werden 10Б
С днём рожде́ния! Alles Gute zum Geburtstag! 6О
Рождество́ Weihnachten 6О
С Рождество́м! Frohe Weihnachten! 6О
ро́за Rose 11В
ро́зовый rosa(farben) ‹9Д›
рок-гру́ппа Rockgruppe 1А
рок-конце́рт Rockkonzert E5
рок-му́зыка Rockmusik 1А
рома́н Roman A8, 10Б
рост Größe 9Б
рот Mund ‹7Г› , 11Б
руба́шка Hemd 9О
рука́ Hand; Arm 5Г
  золоты́е ру́ки geschickte Hände 5Г
ру́сские Russen 6Б
ру́сский russisch 3А
  ру́сский алфави́т das russische Alphabet E6
  ру́сский язы́к russische Sprache, Russisch 1Б
ру́чка Federhalter, Füller 1Б
ры́ба Fisch 4Б
рыба́к Fischer 10Б
°рыба́лка Angeln 4Г
°ры́бная соля́нка Fischsuppe 4Г
Без труда́ не вы́тащишь и ры́бку из пруда́. Ohne Fleiß kein Preis. (wörtl.: Ohne Anstrengung ziehst du auch nicht ein Fischlein aus dem Teich.) 5В
°рыболо́в Fischer, Angler 4Г
ры́жий rot(-haarig), fuchsrot 9В
рюкза́к Rucksack A7, 12Б
ряд Reihe, Linie 5В
ря́дом с neben, nebenan 3Б

С

с mit (zusammen, gemeinsam mit) 1В von, aus 10В
С днём Восьмо́го ма́рта! Glückwünsche zum 8. März! 6О

С днём рожде́ния! Alles Gute zum Geburtstag! 6О
С новосе́льем! Alles Gute zum Einzug in die neue Wohnung! 6О
С Но́вым го́дом! Frohes neues Jahr! 6О
С Па́схой! Frohe Ostern! 6О
С пе́рвым апре́ля вас! April, April! (spöttisch, wenn jemand in den April geschickt worden ist) ‹А6›
С Рождество́м! Frohe Weihnachten! 6О
с удово́льствием mit Vergnügen, gern 6В
мы с Ви́кой Wika und ich 4Г
сад (Obst-)Garten 7Б
сала́т Salat 4Б
сам selbst 8В
самова́р Samowar 7А
са́мый bei Adjektiven zur Bildung des Superlat. 10А
санда́ле́ты Sandaletten 12 A
све́тит (die Sonne) scheint 2Б
све́тлый hell 9Б
До свида́ния! Auf Wiedersehen! 1А
°свинья́ Schwein 7В
сви́тер Pullover 9О
свобо́да Freiheit ‹9Д›
свобо́дное frei 5О
свобо́дное вре́мя Freizeit 5О
сде́лать vo. tun, machen, handeln 7В
себя́ sich (refl.) 10Г
се́вер Norden 2Б
се́верный nördlich 8Б
сего́дня heute 1А
седьмо́й siebente(-r, -s) 3В
сейча́с jetzt, augenblicklich А2, 3В
Я сейча́с! Ich bin gleich wieder da! А7
секре́т Geheimnis A6
семна́дцатый siebzehnte(-r, -s) 3В
семна́дцать siebzehn 2О
семь sieben 2О
семья́ Familie А2, 2Б
сентя́брь September 6Б
се́рдце Herz 10О
середи́на Mitte 6Г
се́рый grau 9О
серьёзный ernst, ernsthaft 9Б
сестра́ Schwester 2А
сиде́ть sitzen 4А
си́льный stark, kräftig 7Б
си́мвол Symbol 8О
симпати́чный sympathisch, hübsch 3А
си́ний blau 9О
сказа́ть vo. sagen, sprechen 7В
так сказа́ть sozusagen 9Б
Скажи́(те)! Sag!/Sagt!/Sagen Sie! 3А
ска́зка Märchen 6В
скаме́йка (Sitz-)Bank 8Б

Alphabetische Wortliste

скейт-борд Skateboard **8А**
сколько wie viel **2О**
 Сколько ... лет? Wie alt ...? **2А**
°сколько человек wie viel Personen **А4**
°Ему столько месяцев, сколько мне лет. Er ist so viele Monate alt, wie ich Jahre alt bin. **А6**
скоро bald, schnell **10Г**
скромный bescheiden **9Б**
скучно langweilig **1Г**
скучный langweilig **4В**
слабоумный geistesschwach **10Г**
слабый schwach **7Б**
слева links **1Б**
следующий nächste(-r, -s), folgende(-r, -s) **10Б**
°слива Pflaume; Pflaumenbaum **7Б**
слово Wort **А5, 9Г**
случаться geschehen, vor sich gehen, sich ereignen, vorfallen **10Г**
случиться *vo.* geschehen, vor sich gehen, sich ereignen, vorfallen **10Г**
слушать (zu-, an-)hören, **Е5**
Слушай(те)! Höre/Hört/Hören Sie zu! **А3**
слышать hören **8Г**
смелый mutig, tapfer **9Г**
смешной komisch, lustig **11Г**
смеяться lachen **8Г**
смотреть schauen, sehen **1А**
смочь *vo.* können, imstande sein ⟨**10Б**⟩
сначала zuerst, zuvor, anfangs **А7**
снег Schnee ⟨**6Б**⟩, **7А**
 снег идёт(шёл) es schneit(e) **7Б**
собака Hund **3А**
собирать (ein-)sammeln **5Б**
собой *(refl.)* (mit) mir, dir, sich, uns, euch **12А**
собор Dom, Kathedrale **Е3**
собрать *vo.* (ein-)sammeln **7В**
современный zeitgenössisch, modern, Gegenwarts- **5Б**
совсем ganz, völlig **5В**
совсем не gar nicht, überhaupt nicht **5В**
согласен einverstanden **9В**
к сожалению leider **5В**
солнце Sonne **2Б**
 лежать на солнце in der Sonne liegen, sonnenbaden **5Б**
 солнце светит die Sonne scheint **2Б**
солянка Soljanka *(dicke Fleisch- oder Fischsuppe)* **4Г**
сон Schlaf, Traum **А11**
сосиска Würstchen **4Б**
сослать *vo.* verbannen, deportieren **10Б**
сосна Kiefer ⟨**7Б**⟩

°составить *vo.* zusammenstellen, bilden **А8**
составлять zusammenstellen, bilden **А8**
спальня Schlafzimmer **3Б**
спасибо danke **Е4**
 спасибо за... danke für... **2Г**
 Большое вам спасибо. Vielen Dank! Ich danke Ihnen vielmals. **6Г**
спать schlafen **4А**
специалист Spezialist, Fachmann **8Г**
спешить sich beeilen, es eilig haben **11Б**
спорт Sport **А3, 5А**
спортзал Sporthalle, Turnhalle **5А**
спортивный sportlich, Sport- **9Б**
спортлото Sportlotto ⟨**2В**⟩
спортсмен Sportler **Е4**
спортсменка Sportlerin **А12**
справа rechts **1Б**
спрашивать fragen, sich erkundigen **2В**
спросить *vo.* fragen **7В**
°спустя später, nach (Ablauf von) **11Г**
среда Mittwoch **1Б**
средний Mittel-, mittlere(-r, -s) **9Б**
ссылать verbannen, deportieren **10Б**
ставить stellen, auflegen **11А**
стадион Stadion **Е3**
стакан Glas **4В**
стало es wurde **7Г**
становиться werden **10О**
станция Station **10А**
°стареть altern, alt werden **9В**
старик Alter, Greis **Е5**
старушка altes Weiblein ⟨**11В**⟩
старый alt **3А**
стать *vo.* werden **10О**
стена Wand, Mauer **3А**
стихи *(Pl.)* Gedicht, Verse **10Б**
стол Tisch **1Б**
столица Hauptstadt **2Б**
столовая Gaststätte, Mensa, Kantine; Esszimmer **4Б**
°Ему столько месяцев, сколько мне лет. Er ist so viele Monate alt, wie ich Jahre alt bin. **А6**
сторона Seite ⟨**11В**⟩
стоять stehen **1А**
страна Land **2Б**
страница Seite *(in Druckerzeugnissen)* **А3, 5О**
страшно schrecklich, unheimlich **11Б**
стрельнуть *vo.* schießen, erschießen **8Б**
стрелять schießen **8Б**
°строитель Bauarbeiter, Baumeister **8Г**
строить bauen **7В**
стройный schlank **9Б**

студент Student **3А**
стул Stuhl **1Б**
суббота Sonnabend **1Б**
сувенир Souvenir, Andenken **8Б**
сумка Tasche, Schulmappe **1Б**
сумма Summe **А4**
суп Suppe **4Б**
супер super **А5**
супертренер Supertrainer **А5**
сфотографировать *vo.* fotografieren **7В**
сцена Szene **6Г**
счастливый glücklich **9Б**
счастье Glück **6Б**
считать zählen, rechnen **2О**
сшить *vo.* nähen **9В**
сын Sohn **Е6**
съесть *vo.* (auf-)essen, (auf-)fressen **7В**

Т

таблетка Tablette **11А**
так so **А1, 4А**
 так сказать sozusagen **9Б**
такой solch ein(-е), solch(-е, -ес, -ер), so ein(-е) **9Б**
такси Taxi **А4**
таксист Taxifahrer **А4**
там dort, da **Е2**
танцевать tanzen **5А**
тарелка Teller **4В**
°татарский tatarisch, Tataren- **12Б**
татары *(Pl.)* Tataren **10О**
твой, твоя, твоё; твои dein(-е) **1Б**
театр Theater **Е3**
Хорошо тебе! Du hast es gut! **11А**
текст Text **9Г**
телебашня Fernsehturm **10А**
телевизор Fernsehgerät, Fernseher **1А**
телеграмма Telegramm **А6**
телефон Telefon **1В**
телефонист Telefonist **2Б**
°телик *(umg.)* Fernseher, Röhre **12В**
тело Körper **11Б**
тема Thema **1Г**
темно dunkel **6Г**
темнота Dunkelheit, Finsternis **6Г**
температура Temperatur **2Г**
теннис Tennis **5Б**
 настольный теннис Tischtennis **5Б**
теннисист Tennisspieler **5Б**
теннисистка Tennisspielerin **5Б**
теперь jetzt, nun **3Г**
°теплица Gewächshaus **12Г**
тепло warm **7Б**
теплота Wärme ⟨**9Д**⟩
°теплоход Motorschiff **12Б**
термос Thermosflasche **4Г**

Alphabetische Wortliste

°В тесноте́, да не в оби́де. In Enge, aber nicht in Zwietracht. 3Г
тетра́дь *(f.)* Schreibheft 1Б
те́хника Technik ⟨11В⟩
течёт fließt *(3. Pers. Sg.)* 2Б
тёмный dunkel 8В
тёплый warm 7Б
тётя Tante 2Е
тигр Tiger Е6
ти́хо leise 7Б
тогда́ dann; damals, zu jener Zeit 11Г
то́же auch, ebenfalls Е4
то́лько nur, bloß, erst 1А
торт Torte ⟨6В⟩
тот jener, der 7В
тот, та, то; те jene(-r, -s); der, die, das 10В
°Хорошо́ то, что хорошо́ конча́ется. Ende gut, alles gut. 5А
°У кого́ что боли́т, тот о том и говори́т. *etwa:* Wem das Herz voll ist, dem fließt der Mund über. А10
тра́ктор Traktor 12Г
тре́нер Trainer 2А
трениро́вка Training *(im Sinne einer Trainingsstunde)* 5А
тре́тий dritte(-r, -s) 3В
три drei 2О
три́дцать dreißig 2О
трина́дцатый dreizehnte(-r, -s) 3В
трина́дцать dreizehn 2О
тро́йка (die) Drei А10
°Без труда́ не вы́тащишь и ры́бку из пруда́. Ohne Fleiß kein Preis. *(wörtl.:* Ohne Anstrengung ziehst du auch nicht ein Fischlein aus dem Teich.) 5В
тру́дно schwer, schwierig 4А
тру́дный schwierig, mühsam 5В
туале́т Toilette 3Б
туда́ dorthin 5Г
ту́ндра Tundra *(baumlose Kältesteppe)* 2Б
тури́ст Tourist Е3
турни́р Turnier А5
тут hier, da 6Г
ты du Е4
ты́сяча tausend, Tausend 12Г
Тьфу! Pfui! А11
тяжёлый schwer 11Г

У

у an, neben, bei А3, 7Б
°У кого́ что боли́т, тот о том и говори́т. *etwa:* Wem das Herz voll ist, dem fließt der Mund über. А10
у меня́ не́ было... wir hatten (besaßen) kein(-e, -en)... 7А
у них был... sie hatten (besaßen)... 7А
у меня́ есть... ich habe, besitze 2А
у меня́ нет... ich habe (besitze) kein(-e, -en)... 2А
убива́ть töten, umbringen, ermorden 10Г
убира́ть aufräumen, in Ordnung bringen 4А
уби́ть *vo.* töten, umbringen, ermorden 10Г
убра́ть *vo.* wegräumen, aufräumen, in Ordnung bringen 10В
уви́деть *vo.* erblicken, sehen 7В
у́гол Ecke 3Б
удиви́ться *vo.* sich wundern 8Г
удивля́ться sich wundern 8Г
с удово́льствием mit Vergnügen, gern 6В
У́жас! Schrecklich! Furchtbar! 2Г
ужа́сный furchtbar, schrecklich 10В
уже́ schon, bereits 1В
у́жин Abendessen 4А
у́жинать (zu) Abend essen, Abendbrot essen 4А
узнава́ть erkennen, erfahren 8Г
узна́ть *vo.* erkennen, erfahren 8Г
уйти́ *vo.* fortgehen 7Г
°укра́л *Präteritum zu* stehlen А9
у́лица Straße 3А
умере́ть *vo.* sterben 10Б
уме́ть können, verstehen *(Fähigkeit)* 5А
умира́ть sterben 10Б
у́мный klug 9Б
универса́льный Universal-, vielseitig 10А
университе́т Universität Е6
упа́сть *vo.* (herunter-)fallen 11Г
уро́к Unterrichtsstunde; Lektion 1В
де́лать уро́ки Hausaufgaben machen Е5
услы́шать *vo.* hören 8Г
у́тренний morgendlich, Morgen- 12В
у́тро Morgen 4А
у́тром am Morgen, morgens 1А
у́хо Ohr 11Б
уходи́ть fortgehen 7Г
уче́бник Lehrbuch 1Б
учени́к Schüler Е6
учени́ца Schülerin Е6
учи́тель Lehrer 1Б
учи́тельница Lehrerin 1Б
учи́ть (er-)lernen А12
учи́ться lernen, studieren 10Б

Ф

фа́брика Fabrik Е6
факт Fakt, Tatsache 8Г
фами́лия Familienname Е2
°фанта́стика Science Fiction А11
°фа́ртук Schürze 9О
февра́ль Februar 6Б
фе́рма Bauernhof, Farm 12Г
фестива́ль Festival, Festspiele 8О
фигу́ра Figur 5Г
фигури́ст Eiskunstläufer 2А
фигури́стка Eiskunstläuferin 2А
фи́зик Physiker(-in) Е6
фи́зика Physik 1Б
физкульту́ра Sport, Körperkultur 1Б
филолог Philologe 10Б
фильм Film А2, 4А
фиоле́товый violett ⟨9Д⟩, А11
°Что за фо́кусы? Was sind das für Mätzchen? Was soll das? 11А
фортепиа́но Fortepiano, Klavier 10Б
фо́то Foto, Fotografie 2А
фотоаппара́т Fotoapparat 2В
фото́граф Fotograf(-in) Е6
фотографи́ровать fotografieren 5А
францу́зский französisch 9О
фру́кты Obst 7В
фунда́мент Fundament; Basis 7В
футбо́л Fußball *(Spiel)* 1В
игра́ть в футбо́л Fußball spielen 1В
футболи́ст Fußballspieler 2Б
футболи́стка Fußballspielerin 5Б
футбо́льный матч Fußballspiel ⟨10Б⟩

Х

Ха-ха-ха! Hahaha! Е5
хара́ктер Charakter 9Б
хи́мик Chemiker(-in) 2В
хи́мия Chemie 1Б
хлеб Brot 4Б
хо́бби Hobby 5Б
ход Fahrt; Gang; Zug *(beim Spiel)* ⟨10Б⟩
ходи́ть gehen, besuchen 5О
°Ходи́ конём! Zieh den Springer! А5
ходи́ть на лы́жах Skilaufen 4Г
хокке́й Hockey 5Б
хоккеи́ст Hockeyspieler 5Б
хоккеи́стка Hockeyspielerin 5Б
холоди́льник Kühlschrank А4, 4Г
хо́лодно kalt 2Б
хоро́ший gut, schön 4В
хорошо́ gut, schön Е4
Хорошо́ тебе́! Du hast es gut! 11А
°Хорошо́ то, что хорошо́ конча́ется. Ende gut, alles gut. 5А
хоте́ть wollen, möchten 4В
храм Tempel, Kirche 10А

Ц

царе́вич Zarensohn, Zarewitsch 10Г
цари́ца Zarin 8О
ца́рский Zaren-, zaristisch 10Г